간호사를 위한 창업 교과서

병원을 나선 간호사 19인의 생생한 스타트업 스토리

학지사 메디컬

서문

경계를 넘어 새로운 세계에서 창의적인 일터를 일구어낸 간호사 19인의 스타트-업 스토리이다. 이 용감한 19인은 당연시 되던 경계를 수없이 넘은 분들이다. 업무의 경계를 넘었으며, 편견의 벽을 넘었고, 상상의 한계를 뛰어넘었다.

우리 저자 7인은 간호계 젊은이들 사이에서 스타트-업, 창업에 대한 관심이 높아지고 있는 현실에 대한 요구로 간호현장의 경험을 바탕으로 창업한 간호사의 스토리를 발굴하기 시작했다. 병원 문 밖에서 주체적으로 '돌봄' 가치를 폭넓게 실현하고 있는 간호사를 찾아 나섰다. 저자들은 몇 차례 회의를 거쳐 창업동기와 과정, 홍보전략, 고객관리 등 생생한 경험담을 듣기 위한 구체적인 '면접 질문지'를 만들었다. 최종적으로 19명의 창업자를 방문하여 인터뷰하고 보충 자료를 받았다. 창업자 19인의 목소리와 더불어 생생한 모습까지 전하기 위해 현장 사진도 포함하였다.

이 책은 3부로 구성되어 있다. '1부 경계를 넘어 돌봄 문화를 펼치다'에서 여러분은 창업을 통해 인간의 생명과 간호대상자에게 더 깊게 더 가까이 다가가 새로운 간호문화를 창출해온 주인공들의 모습을 만날 수 있다. '2부 새로운 세계에서 참만남의 선물을 나누다'에서는 코칭이나 상담, 정신간호를 새롭게 탄생시켜서 다양한 고객을 만나며 선물 같은 참만남을 실현하는 분들의 따뜻한 목소리를 만날 것이다. '3부 창의성으로 상상을 뛰어넘다'에서 여러분은 간호사의 일상 업무 속에서 접하고 있는 작은 불편감을 발상의 전환으로 특허출원까지 한 스토리, 온 · 오프라인을 넘나들며 간호사를 돕는 간호사의 모습까지 만날 수 있다.

우리가 만난 19인은 교수직도 미련 없이 박차고 나와 대상자들과 함께 인간존재의 본질 속으로 더욱 깊게 들어간 코칭 전문가, 영적 돌봄과 호스피스 케어를 더 잘 하기 위해 기꺼이 신학대학과정을 마치고 목사가 된 가정간호사, 알콜중독자가 실패를 거듭한다 해도 다시 치료를 시작하고 건강하게 사회에 복귀할 수 있도록 사회적 협동조합을 만들어 돕고 있는 정신전문간호사, 질 좋은 의료인 가운을 만들기 위해 겁 없이 해외 공장까지 세운 사업가가 된 간호사, 환자에게 필요한 물품을 직접 개발까지 시도하며 의료기사업자로 거듭난 간호사 등, 그 존재만으로도 새로운 꿈과 도전 자체였다.

간호현장에서 접한 새로운 아이디어로 창업을 꿈꾸는 사람, 나만의 독창성으로 세계에 도전해보고 싶은 청년 간호사가 멋지게 모험할 수 있도록 이 책이 실제적인 안내서가 되어주길 기대한다. 뿐만 아니라 간호학과에 진학하려는 고등학생을 포함하여, 나만의 새로운 진로를 탐색하려는 간호학과 학생이나 간호사에게도 희망찬 꿈을 키워주는 기회가 되기 바란다.

끝으로 이 책을 엮을 수 있도록 개인적인 체험을 기꺼이 나누어 준 19인의 간호사에게 깊이 감사한다.

2020. 7.

저자 일동

차례

1부 경계를 넘어 돌봄 문화를 펼치다

2부 새로운 세계에서 참만남의 선물을 나누다

병원 문화의 새로운 창출 〈메디탑서비스연구소〉

소통의 선순환으로 건강한 '조직성장'을 돕는 〈이로운 컨설팅〉

사회변화에 부응하는 돌봄 인력 양성 〈천안베스트간호학원〉

1부

경계를 넘어 돌봄 문화를 펼치다

'자연스러운 출산 문화'를 주도하는 〈아기탄생조산원〉 _ 김옥진 원장

아기, 엄마, 아빠 모두가 행복한 〈포시즌 산후조리원〉 _ 김주하 원장

모유수유의 기적 체험에서 시작된 〈모유사랑〉 _ 박보림 대표

별처럼 빛나는 노년 〈실버스타〉 _ 최혜미 대표

부부의 화음으로 이뤄내는 기쁨 〈주빌리너싱홈〉 _ 김선숙 대표

영혼까지 돌보려고 목사가 된 가정전문간호사 〈호스피스 케어〉 _ 김주단 대표

'자연스러운 출산 문화'를 주도하는 〈아기탄생조산원〉

행복한 조산사 김옥진 원장

새로운 출산 문화

저는 집에서 태어났는데 아버지가 산파를 불러오셨대요. 그런데 제가 너무 작아서 조산사가 도착하기 전에 태어났습니다. 역사를 살펴보면 산파가 안전한 출산을 돕고 우리나라의 모성 사망률을 줄이는데 큰 기여를 했어요. 1970~1980년대는 서울에서 한 구에 20개 이상 조산원이 있었습니다. 그런데 건강보험이 시행되어 병원에서 출산하기 시작하면서 그 많던 조산원이 문 닫기 시작한 거죠. 지금은 거의 없어졌어요. 국민건강보험공단에 등록되어 있는 조산원은 20여 개 정도에 불과해요. 실제로 아기를 받고 있는 곳은 더 적죠. 몇 군데 되지 않아요.

조산원을 오픈하려면 경험만으로도 부족하고 탁월한 스킬도 필요하거든요. 굉장히 많은 다양한 경험이 있어야 해요. 병원에서 출산을 하는 경우엔 회음 절개하고 봉합도 해야 되는 걸 봐 오던 조산사가, 개원하면 "혼자 다 해야 하는데 난 못할 것 같아."라며 겁을 내게 되거든요. 더구나 출혈 등의 위험한 상황을 많이 본 사람들은 더 겁을 내게 되죠. 저는 2002년도부터 조산원을 시작을 했어요. 그때도 조산원은 그렇게 많지 않았어요. 지금 조산원은 두 부류로 나눌 수 있어요. 옛날부터 조산원을 하셨던 선배님들 유형이 있고, 또 하나의 유형은 '출산여성과 아기 중심의 출산'을 주도적으로 하는 새로운 형태의 조산원이죠. 최근에 조산원을 오픈하는 사람들은 새로운 출산 문화를 가꾸는 사람들이죠.

산모는 제 스승이에요. 그 사람들 덕분에 제가 '회음을 절개하지 않고도 출산할 수 있구나.'라는 걸 알게 되었죠. 저 혼자만의 판단대로 했던 것도 아니에요. 우리 조산원에 온 여성들과 상담을 하면서 저도 변화된 거예요. 병원에 근무하는 의사나 조산사들은 "회음 절개를 하지 않으면 다발성 열상이 될 텐데 어떻게 봉합하려고 그래?" 하고 묻죠. 초임부의 경우 열상이 조금 생기는 경우가 있긴 해요. 그러나 그 열상이 절대로 여러 군데 발생하지 않아요. 아주 드물게 1년에 한두 번 정도는 심부열상도 되는 경우도 있긴 있어요. 근데 대부분 회음 쪽 근육에는 지방이 별로 없기 때문에 절개한 것처럼 열상을 입어요. 아주 깨끗하죠. 그리고 중요한 건 근육까지 안 나가요. 피부만 열상을 입어요. 상처가 아주 얕아요. 회복도 쉽게 되죠. 제가 아기 낳을 때, 이런 자연스러운 분만을 몰라서 아이가 2.4kg에 불과했는데도 회음 절개를 받았죠. 그 때 지금 제가 하고 있는 자연스러운 분만을 알았더라면 "절개하지 말아 달라."고 했을 거예요. 첫애 낳을 때 진통도 되게 세게 왔어요. 작으니까 쑥-쑥- 진행되는 거예요. 아기 낳고 집에 가서도 보름 동안 너무 아파서 한밤중에도 혼자 물 끓여서 좌욕를 해야 할 정도였어요.

〈아기탄생조산원〉의 탄생

모성간호학의 분만실 실습을 순천향대학교에서 했어요. 학기 처음 시작할 때 분만실 실습을 했는데, 뒤에 시간이 남아서 마지막도 분만실 실습을 하여, 결국 분만실 실습을 두 번 한 거예요. 순천향대학병원엔 지금도 모자보건센터가 따로 있어요. 분만실 간호사가 모두 다 조산사였어요. 모두 굉장히 멋있어 보였죠. 여자와 아이를 돌보는 게 더 행복할 것 같은 생각이 들었어요. 그래서 망설임 없이 졸업하자마자 23살에 조산사과정에 들어갔죠.

조산사 면허증을 받고 처음엔 병원에 근무했는데, 그때 '의사 오더 없이 내가 최대한 자연스러운 출산을 해보고 싶다.'는 소망을 키우게 되었죠. 처음에는 '김옥진 아기탄생조산원'이라는 이름으로 등록을 했었어요. 제가 출장 등으로 자리에 없을 때 방문한 고객들이 "'김옥진 아기탄생조산원'에 김옥진이 없냐?"고 묻는 일도 종종 있었고, 안산에서 의왕으로 이사 올 때 그냥 '아기탄생조산원'으로 바꾸었어요. 2014년에요. '누가 아기를 받아 주더라도 여기는 자연 출산 센터이고 김옥진은 꼭 옆에 있지 않아도 당신들이 와서 자연스럽게 아기를 낳을 수 있는 곳이다.'라는 의미로 이름은 그렇게 다시 정정을 했죠.

저는 평생 분만실을 떠나 본 적이 없어요. 결혼해서 아이를 키우느라 주로 밤에 당직을 많이 했어요. 그 당시에는 작은 병원에서 밤에 당직의사 대신 조산사를 많이 썼었거든요. 아기를 많이 받았어요. 제가 조산원을 오픈할 수 있었던 것 중에 하나는 그렇게 많은 경험을 할 수 있는 실습지가 있었기 때문이에요. 조산사 트레이닝 땐 큰 문제없이 정상적인 출산을 배웠다면 병원 근무하면서 '어, 저렇게 나오네? 어, 이럴 땐 이렇게 도와줘야 되는구나.' 등 다양한 경험을 한 거죠.

아기머리가 보이기 시작하면 저도 가슴이 벌렁-벌렁-해져요. 힘도 있어야 하고 판단도 해야 되고 다급한 상황이거든요. 노련한 의사는 아기를 보다 자연스럽게 받지만, 그리 노련하지 않거나 경험이 많지 않은 의사이거나 너무 바쁜 상황에서 출산은 그저 하나의 일에 불과하죠. 그런 상황에서 상처가 만들어지기 쉽죠. 그런 상처 때문에 사람들이 '아기를 낳는 행복감' 보다 '그냥 너무 끔찍스러웠어.'라고 출산을 기억하기 때문에 아기를 덜 낳지 않나 하는 생각마저 들죠.

산모는 제 스승입니다.
아기탄생조산원 김옥진 원장.

'행복한 조산사' 다큐멘터리의 주인공

조산원을 열고 처음엔 막막했어요. 누가 조산원에 와요? 누가 저를 아나요? 시간이 날 때마다 조사를 아주 많이 했어요. 국내외 케이스를 폭넓게 찾아봤죠. 그리고 우리 조산원을 약물 개입이 없이, 되도록이면 과학적 근거에 따르면서 산모의 요구를 최대한 받아들이고, 지지를 해 주는, 자연스런 출산을 돕는 곳으로 운영했습니다. 차츰 산모들 사이에 입소문이 나면서 우리 조산원이 산모들이 다양한 이유로 찾는 곳이 되었어요. 한 예로 첫애가 아토피로 고생하는 엄마들이 '난 이번에는 정말로 자연스럽게 아무 약물의 개입 없이 어떤 인위적인 개입 없이 낳겠다.'고 우리 조산원을 찾았어요. 대개는 병원에서 출산하는 과정에 대해 나름대로 공부해서 '3종 굴욕세트'라 불린 '관장, 제모, 회음절개' 등을 피하려고 우리 조산원에 오는 거예요.

제가 2003년도 후반에 '울지 않는 아기'라는 다큐멘터리를 찍었어요. 구성애 선생님이랑 같이 일을 하셨던 분들 중에 부부가 함께 일한 분이 있었어요. 그 부부가 첫 아기를 잃는 가슴 아픈 일이 있었나 봐요. '출산이 이런 게 아니다. 내가 다큐멘터리를 찍어야겠다.'고 생각해서 그 부부가 자신들의 친구가 아기 낳는 거를 다큐멘터리로 찍고 싶어 했어요. '울지 않는 아기' 제작해서 무슨 이권을 챙기려고 하신 게 아니라 그야말로 운동 차원이었죠. 나중에 〈병원 24시〉라는 프로그램에서 산부인과 파트에 자료를 일부분 사용하고 제가 친구 부부를 조산원에서 상담하고 교육하는 장면들, 나중에 조산원에 와서 진통하고 출산하는 장면까지 찍었죠. "서울에 사는 산모가 아기 낳으러 왜 그 먼 안산까지 갔을까?"라는 내레이션도 들어갔죠.

그게 10월이었는데, 12월 초에 EBS에서 연락이 왔어요. "다큐멘터리를 찍자. 제목은 '행복한 조산사'로 하자." 이렇게 다큐멘터리가 2부가 찍혔어요. 산모들 중에는 다소 불편해하는 분들도 있지만, 대부분 정의감이 있는 분들이어서 기꺼이 참여해 주셨어요. PD도 "대학병원에서 딸을 낳았는데, 정말 많이 다르다."고 하면서 저와 거의 열흘 정도 같이 먹고 자면서 밀착취재를 했어요. 나중에 보니 인터뷰도 잘 되었지만, 편집도 굉장히 잘 됐더라고요. 카메라가 무거우니 대개 남자가 카메라를 갖고 오죠. 다른 방송국에선 카메라 메고 있는 게 힘드니까 남자들이 최소한 3명은 왔댔어요. 그 PD는 여자였지만 혼자 다녔어요. 제가 가정 출산 가는 것까지 찍었죠. 지금 제가 생각해도 스스로에게 '그래, 너 잘 했다.'는 생각이 많이 들어요. 그 후에 방송에 굉장히 많이 나갔어요. EBS 탄생의 봄날 그것도 다큐멘터리로 나갔고요. 잠깐 나오는 장면엔 KBS, EBS, SBS, MBC 다 나갔었어요.

방송에 나가면서 전화가 불통이 될 정도로 전화가 많이 왔었어요. 대부분의 시청자들은 '어떤 이상한 조산사가 옛날에나 했었던……. 이제는 안 하는 그 일을 하고 있구나.' 하는 정도로 생각했죠. 사회적인 운동이나 관점의 변화 차원까지는 못 간 것 같아 아쉬워요.

가정출산의 선구자

산모들에게 무엇이든 더 해주려고 '아로마, 히프노버딩, 라마즈' 등도 배우고, 심지어 CPE(임상사목교육)까지 공부했어요. 또 2014년엔 생명대학원까지 진학했어요. 너무 좋았어요. 덕분에 생각의 폭이 많이 넓어졌어요. 그냥 막연하게 '이게 옳은 거야, 이렇게 해야 돼.'라는 예전의 모호한 생각에 명확한 근거를 제공해 주는 과목들을 공부하는 기회가 되었죠. 진짜 생명이 뭔지 다시 생각해보는 기회였죠.

어느 강의 토론 중에 대학원 동기인 수의사가 "탄생과 죽음은 집에서!"라는 말을 했어요. 정말 명언이란 생각이 들었죠. 요즘은 병원 분만실에서 태어나고 병원중환자실에서 임종을 맞이하기 마련이죠. 그 수의사의 말을 듣고 '맞아! 다시 다 집으로 가야 돼!'라는 생각이 들었어요.

제가 방송에 나가니 신문에서 인터뷰 하자 하여 기사가 실리기도 했어요. 신문기사 밑에 달린 리플을 우연히 보게 되었는데, "옛날 우리 엄마 다~ 집에서 애 낳았다. ○○신문은 쓸 기사 진짜 없나보다. 집에서 아기 낳은 여자 얘기를 이렇게 대문짝같이 앞뒤로 냈다."고 썼더라고요. 일반인의 의식변화까지 기대하려면 아직 멀었다는 걸 알 수 있죠. 그래도 제가 방송을 많이 탔기 때문에 사람들이 '아, 출산을 저렇게 해도 되는구나. 또 하나 집에서 낳아도 되는구나. 아, 저 여자가 가는구나.' 어느 곳이든지 갔어요. 제주도,

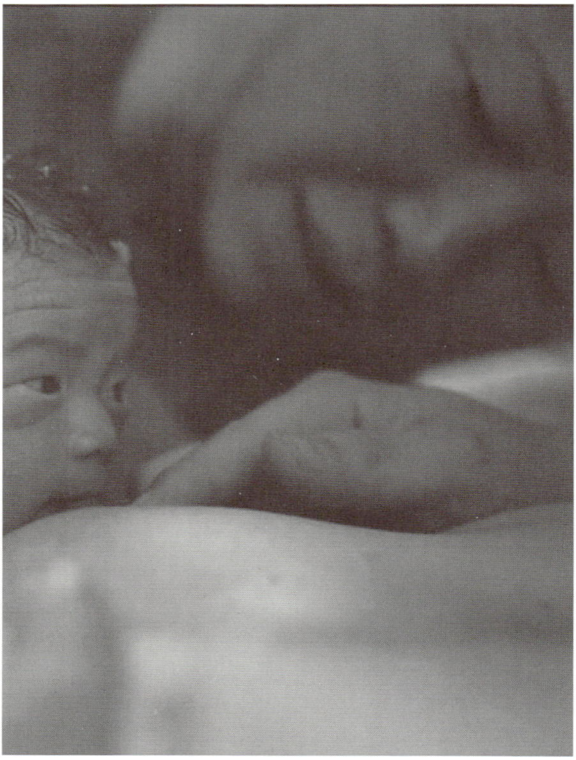

과학적 근거를 따르며
최소한의 약물 개입과
산모의 요구를 받아들이고
지지해 주는
자연스러운 출산

해남, 부산도 가고요. 집에서 아기를 낳고 싶은데요, 집이 먼데 오실 수 있어요? 이랬을 때 제가 처음에는 저도 운동하는 차원으로 갔어요.

생명을 살리는 돌봄

제가 하는 일은 순간순간이 간절한 기도의 마음으로 하는 돌봄이죠. 간호나 임상사목이나 모두 돌봄이 핵심이죠. 꼭 간호가 아니라도, 모든 인간은 누군가의 돌봄을 받고 누군가한테 돌봄을 주고 그러면서 사는 거잖아요. 그래서 돌봄이란 말이 참 좋아요. 그 많은 사람들 중에 나에게 내 돌봄을 원해서 온 사람, 한 명 한 명에게 감사하죠. 그냥 감사해요. 저한테 와 준 게. 물론 피하고 싶을 만큼 어려운 경우도 많긴 해요. '하… 경산만 받았으면 좋겠다.' 이런 생각이 들 때도 있죠. 초산은 너무 오래 걸려요. 심지어 24시간 걸린 사람도 있었어요. 산모도 지치니 12시간 지나서 제가 "병원에 갑시다."고 말할 정도였죠. 초산이니까 아기 아빠는 사색이 돼 있죠. 그런데도 산모가 진통 사이사이에 "어, 선생님!" 아주 말똥말똥한 얼굴로 "저 잘 할 수 있을 것 같아요. 그냥 조금만 더 기다려 주시면 안 되겠어요?" 그래서 그로부터 12시간을 더 기다렸어요. 결국 우리 조산원에서 아기를 낳았어요. 이런 분들이 바로 제 스승들이에요. 그 엄마가 둘째 아기는 집에서 진통 다 하고 힘주면서 들어와서 올라와서 두 번 힘주고 낳았어요. 지금도 그 첫 아기의 태명인 "새싹이"가 잊히지 않을 정도죠.

'자연주의 출산'과정에서 출산과정 내내 조산사가 옆에 있어 주는 것이 최고의 서비스죠. '이렇게 경력 많은 조산사가 그냥 나의 출산에 오롯이 나를 위해서 옆에 있어주고 있다.'는 것을 산부와 가족이 함께 느낄 수 있어야죠. 잘못하면 자연주의 출산과정에서 산부가 '혼자 버려졌다.'는 느낌을 갖기 쉬워요. "당신은 인위적인 것은 아무것도 하지 않기를 원한다고 했다. 내진도 싫다고 하지 않았냐?"고 하며 진통실에 들어가서 태아심음 청진만 하고 내버려두면, 정말로 버림받은 기분이 들겠죠. 플러스 알파가 중요한데, 그게 바로 '같이 있어주는 것'이에요. 옆에 있으면서 온갖 것 다 해주죠. 심지어는 토하면 다 닦아 주고, 힘줄 때 나오는 대변도 다 닦아 주고 패드도 갈아 주죠. 그러면서 아기가 회전을 잘 할 수 있도록 "일어나 앉아 보세요. 의자에 앉아 볼래요? 서서 엉덩이 좀 돌려 보세요. 공 위에 앉아 볼까요? 공 위에 엎드려 보세요. 옆으로 누워서 잠깐 쉬세요."와 같이 출산 진행과정에 따라 그 사람한테 맞게 도와주죠. 그야말로 시시때때로 개인의 상황에 맞춰 주는 맞춤형 간호를 하죠. 그 사람만을 위한 조산사. 그래서 저는 산모가 많아지면 안 돼요.

제가 생각하는 이상적인 조산원은 예를 들어서 이 건물이 5층이면 1층에 개똥이 조산원, 2층에 소똥이 조산원, 3층에 뭐 별이 조산원, 4층엔 딱 각각의 조산사들이 다 있는 시스템이죠. 서로 네트워킹도 되고 또 힘들 때 도와주고 응급 때 도와주는 네트워킹을 만들고 싶은데 쉽지는 않아요.

이론적으로 '조산원의 질 관리'라 할 때 공간의 넓이나 주차장과 같은 물리적인 것보다 조산사가 몸으로 하는 서비스의 질이 제일 중요해요. 산모가 조산원을 찾아오는 가장 중요한 이유는 '의사는 없지만 나는 잘 낳을 수 있어. 그리고 난 병원 다니면서 건강했어. 의사가 잘 낳을 수 있대.'라는 거죠. 조산원에 와서 '본인이 원하는 방식대로 내 아기를 받아주는 조산사를 옆에 두고 있다.'는 게 가장 큰 메리트죠.

저는 산부인과나 무슨 임산부한테 "조산원에서 낳는 게 좋으니까 오세요."라고 얘기하고 싶진 않아요. 사람들의 사고의 전환이 그렇게 쉬운 건 아니니까요. 의식을 바꾸는 운동을 하는 사람들, 자연스러운 출산에 조금 더 관심을 가진 사람들이 분명히 있거든요. 처음에는 자연스럽게 아기를 낳으려고 하는 사람들이 스스로 인터넷 서치를 해서 저를 찾아왔어요. 제가 굳이 홍보를 안 해도 저는 이미 많은 사람들이 알고 있어요. 오히려 홍보만 듣고 오는 사람들은 준비가 안 된 경우가 많더라고요. 그래서 제가 더 힘들어요. '여기 조산원으로 오세요.'라는 '조산원 홍보'보다는 '여성이 임신해서 아이를 어떻게 낳고 어떻게 키워야 하는지 올바른 인식을 갖는 것이 왜 중요한지'에 대한 임신, 출산과 더불어 육아 및 자녀관에 대한 기본적인 정보를 제공하는 노력을 더 많이 했어요. 특히 홈페이지나 블로그를 통해서 많이 노력했죠. 옛날에는 아기 받고 장갑을 벗자마자 산모가 괜찮으면 바로 앉아서 그 산모에 대한 글을 다~ 썼었어요. 그런 현실감 있는 제 글을 사람들이 아~주 많이 봤어요. 요즘은 홈페이지보다 더 수월하고 소통력이 더 좋은 트

위터, 페이스북같은 SNS나 블로그로 많이 나누죠. 제가 글을 올리면 저를 늘 스토킹하는 부류들이 있긴 있어요. 그래서 기본은 늘 채워 주고 있어요.

특히 네이버에 '똑똑한 엄마의 자연스러운 출산'이라는 블로그를 통해 임신부들과 친분을 쌓고 있죠. 제 개인적인 이야기도 쓰고 한 여성이 임신을 기점으로 해서 일어나는 변화나 출산 등에 대한 궁금증도 나눠요. 저한테 와서 아기 낳을 사람들한테는 "제가 블로그에 쓰고 모아 놓은 자료들을 반드시 미리 다 읽어 보세요. 올려놓은 동영상도 가능한 다 보세요. 당신들이 시간이 부족하거나 찾아보는 수고를 덜어 주는 자료들이니 최소한 그것만은 보고 오세요."라고 부탁하죠. 제가 직접 "자연 출산은 이런 겁니다."라고 이야기하지 않아도 기본적인 정보를 다 접하며 준비하는 계기가 됩니다. 이렇게 기본적인 정보를 접하면 스스로 더 많은 자료도 찾아보게 되나 봐요. 유튜브에서도 요즘은 좋은 선생님을 찾을 수 있잖아요.

최근엔 정말 우리나라 출산율 자체가 많이 낮아졌다는 생각이 들긴 해요. 제가 이번에 몽골 갔다 왔는데요. 거기서 임신한 사람이 정말 눈에 많이 띄더라고요. 차를 타고 다니면 그 안에 아기들이 최소한 세 명이 바글바글 타고 있어요. 제가 초등학교 다닐 때 혹은 중고등학교 다닐 때 우리나라 같았어요. 그런데 우리는 지금 아기들이 너무 없어요.

아직도 갈 길이 멀다

자연주의 출산을 펼쳐나감에 있어 가장 큰 난관은 조산원에 대한 선입견이죠. 산모는 이렇게 낳고 싶은데 남편이 반대하는 경우도 있었어요. 남편이 약간이라도 의심하고 있거나 의혹의 눈초리를 계속 보이면, 아주 점잖게 "첫 아기는 병원 가서 낳아보시고 둘째 낳을 때 오시는 게 좋겠다."고 권하며 보내드리거든요. 조산사로서 최선을 다했는데 병원을 가야 되는 상황이 됐을 때, 받게 되는 비난이 가장 힘들었어요. 그래서 우리 조산원에 와서 아기 낳으려는 임산부에게는 미리 교육을 다 시키고 '어떤 경우에는 어떻게 한다.'라는 얘기까지 다~ 하죠. 막달에 아무 준비 없이 오는 사람은 안 받아요.

게다가 아직 홍보가 덜 되어 그렇겠지만, 조산원에서 조산사라는 사람은 병원의 산부인과의사보다 낮춰 보는 경향이 있죠. 우리 스스로 노력해야 할 부분이 많다고 봐요. 우선 조산사협회 차원에서 조산사를 더 많이 양성하는 데 힘을 써야 되겠죠. '조산사가 아직도 살아있다.'는 것을 사회에 알려야 해요. 저는 정말 국회의사당 앞에 가서 '일인 시위'라도 하고 싶을 정도예요. '여성의 몸, 임신과 출산에 대한 사회 인식과 의료 환경이 더 이상 지금과 같아선 안 된다.'는 의식이 아주 굳건한 엄마들이 있어요. 그런 여성들이 아기 낳고 갈 때 "제가 나중에 자연출산 운동할 때 도와주세요."라고 부탁하죠. 대학원 동기인 수의사 선생님이 동물 복지에 대해 일인 시위 하는걸 보면서 '아, 저렇게 소리를 내야 되겠구나.' 하는 걸 깨닫고 있어요. 이제 저도 뭔가 액션이 없으면 그냥 사장될 것 같은 위기감이 들어요. 우리나라 출산율이 이 정도로 줄어드는 걸 보면 위기감은 더 크게 다가오죠.

제가 생각하는 출산 환경이란 '사랑과 건강이 있는 환경'이죠. 동물도 새끼 낳으면 꼭 붙어서 보살피고 젖먹이죠. 우리 인간은 우리가 만든 제도 때문에 진짜 더 깊이 더 많이 사랑을 서로 주고받아야 될 그 중요한 시기를 놓쳐 버리는 거죠. 병원에서 신생아실을 만들어 산모와 아기를 떼어 놓는 게 대표적인 예입니다. 요즘 병원도 변화하고 있긴 하지만 아직 대부분 엄마와 아기를 분리시키고 있는 게 현실이죠.

엄마랑 애착을 형성하는 중요한 시기를 놓치면 나중에 자라서도 그 트라우마가 남는다고 해요. 산후조리원에서도 힘든 줄 모르고 자기 아기는 돌보는 모습을 볼 수 있죠. 이런 게 실제로 엄마 마음이겠죠. 어떤 사람들은 "산후 조리하러 와서 왜 24시간 애랑 씨름을 하는지 모르겠다."고 말하기도 하지만, 애착 형성이 잘 되면 계속하여 아기를 자연스럽게 잘 돌보게 되죠.

생명 돌봄자로서의 자부심

저는 제 일이 참 좋아요! 여자들과 건강한 아기가 있잖아요. 힘들지만 여성을 돌보는 특별한 분야죠. "여성과 영유아를 돌보는 게 아주 많이 보람되다."고 얘기해 주고 싶어요. 이 세상에 반은 여

자잖아요. 이 세상의 반은 대부분은 결혼을 하고 아이를 낳아요. 그 일이 얼마나 좋아요? 후배들도 이렇게 자기에게 꼭 맞는 보람 있는 일터를 찾으면 좋겠어요.

사람을 진정으로 돌볼 수 있는 마음이 있는 학생이었으면 좋겠다는 생각을 해요. 그리고 아는 만큼 보인다고 공부를 열심히 해야겠죠. 몰라서 하는 실수는 정말 큰 죄예요. 생명대학원 다닐 때 어느 교수님이 "남보다 더 많이 배우고 남보다 내가 더 가진 게 많으면, 그만큼 남보다 더 정직해야 되고 남보다 더 정의로워야 되고 남보다 더 윤리적이어야 된다."고 말씀하셨어요.

요즘 후배들은 더 똑똑하고 영어도 잘하니 외국의 간호사들과 연대하고, 외국에 가서 여성건강, 조산사 공부도 하면 좋겠어요. 덕분에 우리 조산사 분야가 활성화되고 전문성도 높아지겠죠?

아기, 엄마, 아빠 모두가 행복한 〈포시즌 산후조리원〉

엄격한 간호원칙을 지키는 김주하 원장

봄, 여름, 가을, 겨울, 한결같은 '포시즌'

봄, 여름, 가을, 겨울, 사계절을 의미하는 '포시즌'이라는 이름은 사계절 내내 쉼 없이 365일, 24시간 항상 아기와 엄마를 돌보는 산후조리원의 특성을 잘 나타낸다는 생각이 들어서 개원하면서 직접 지었습니다.

산후조리원은 산모의 산욕기 동안 건강하게 회복하도록 돕고 신생아를 돌보는 곳입니다. 아빠까지 함께 이곳에서 집처럼 편안하게 머물 수 있도록 필요한 서비스를 모두 제공하고 있습니다. 산전, 산후로 제공하는 전신 마사지와 샴푸 서비스는 산모들의 신체적 회복을 돕고 정서적 안정과 서비스 만족도를 높여 줍니다.

무엇보다도 전문성을 갖춘 간호사가 운영하기 때문에 산모들이 걱정 없이 필요한 서비스를 받을 수 있고, 저도 두루뭉수리한 대화가 아니라 정확한 정보를 가지고 조언할 수 있습니다. 예를 들어, 간호사 원장으로서 감염에 대한 전문 지식이 있고 위생관리를 철저히 할 수 있습니다. 하루에 두 번 실시하는 모자동실 시간에 아기들이 산모 방으로 가면 그 시간에 신생아실을 소독하고 있습니다. 물론 산모 방도 전문업체에 맡겨 매달 소독하고 있습니다.

산모들에게 '아이통곡'이라는 서비스를 통해 매일 가슴 마사지를 해주어 젖몸살도 없고 모유수유에 잘 적응할 수 있도록 돕습니다. 또한 바로 가까이에 있는 병원과 제휴되어서 신생아에게 건강문제가 발생하는 응급 상황에도 빠르고 적절하게 대처할 수 있습니다.

산후조리원 창업에 최고 자산은 병원 간호사 경험

개원한 대학병원에 처음 취업을 했었고 정형외과 등 여러 병동과 외래 관리 업무까지 다양한 경험을 했습니다. 매일 새로운 도전이 있었지만 최선을 다해 열심히 일하다보니 어느 새 어느 정도 자신감을 가진 간호사로 성장하였습니다. 그런데 어렵게 임신을 하면서 업무에 대한 부담감이 느껴져서 사직을 하게 되었습니다. 출산을 하고 산후조리원에서 몸조리를 하면서 산후조리원이야말로 간호사가 잘 할 수 있는 분야라는 것을 알게 되었습니다. 그래서 김혜숙 교수님의 '맘밀크'라는 산모도우미 서비스 사업을 시작

전문성을 갖춘 간호사가 운영하기 때문에
정확한 정보를 가지고
산모에게 필요한 서비스를 제공하고 있습니다.

하게 되었습니다. 현재는 '맘밀크'가 '닥터맘'으로 이름을 변경했는데, 일반 산모도우미를 교육해서 가정으로 내보내는 사업입니다. 당시 산모 간호에 대한 지식이 부족하다고 생각해서 1년 동안 매주 일요일마다 국제모유수유 전문가 과정을 공부했었고, '맘밀크' 사업을 하면서 얻은 경험을 바탕으로 첫 산후조리원을 개원했습니다.

현재 산후조리원은 모자보건법(제15조의2)에서 말하는 결격 사유만 없으면 누구나 개업하도록 하고 있습니다. 따라서 창업에 필요한 자격증은 없지만, 간호사처럼 전문가가 개업한다면 전문성이 높아서 고객들의 신뢰도 높은 편입니다. 그래서 일반인이 개업을 하는 경우에 경력 있는 간호사를 원장으로 두는 경우가 많습니다.

간호사로서 필수 자격증은 요구되지 않지만 산모 간호에 대한 역량을 갖추기 위해 모유수유, 신생아 돌봄에 대해 공부한다면 많은 도움이 될 것입니다.

산후조리원은 산부인과와 인접해 있으면 가장 좋습니다. 산모들이 퇴원 후 바로 산후조리원으로 입소할 수 있고, 필요하면 진료도 용이하기 때문입니다. 보통 고층은 좀 선호하지 않고 있고, 교통이 좋아서 산모와 가족이 오가기 편한 곳이 좋습니다.

산후조리원은 개원할 때 시설 투자비용이 매우 높습니다. 일반 건물에 수십 개의 산모 개인실을 만들기 위해 보일러, 수도, 타일 공사를 해야 하고 집기를 마련해야 합니다. 예를 들어, 임대료가 2억일 때 시설비용이 8억 정도 들어가는 것 같습니다.

제가 첫 산후조리원을 임대해서 운영했을 때 임대료를 너무 많이 올려달라고 해서 어려웠는데, 시설 투자비용이 높다보니 쉽게 이동을 하기 어렵습니다. 그 경험이 계기가 되어 건물을 매입하겠다는 결심을 하게 되었고, 시간을 갖고 많은 정보를 수집해서 수지점 건물을 매입하고 개원을 하게 되었습니다. 당시에 사업 자금은 그동안 모아둔 자금도 있었고 상당한 금액의 은행 융자를 얻었습니다. 하지만 사업이 성공을 거두면서 은행 융자금을 갚는 것이 어렵지 않았고 2년 후에 다시 서현점을 열게 되었습니다.

현재 포시즌 산후조리원 수지점과 서현점을 운영하고 있고, 직원은 산모와 아이를 돌보는 간호사와 간호조무사, 그리고 음식 조리, 청소, 빨래를 담당하시는 여사님 등 약 50명 정도입니다.

첫 산후조리원에서 5년, 포시즌 산후조리원 두 곳에서 각각 7년, 5년 정도 운영했는데 매우 성공적이었습니다. 제가 병원에서 일하면서 배운 강인한 정신, 인내심, 배려심이 성공 비결이 되었고 지금은 의사, 간호사분들이 산후조리원을 개원할 때 컨설팅을 요청받고 있습니다. 중국이나 일본 등 해외에서도 개원하자는 제안을 받기도 했습니다. 이 분야에서 성공한 전문가로 인정받는 것 같아서 뿌듯합니다.

간호사의 병원 임상 경험이 제 성공의 비결입니다. 창업을 생각하는 간호사라면 무조건 임상경험을 제대로 갖추라고 조언하고 싶습니다. 간호사는 의사, 환자, 병원 경영진의 생각을 읽으면서 가장 일선에서 일하다보니 진료 지원은 물론이고 다양한 민원, 인력 관리 등 정말 많은 어려움을 경험합니다. 하지만 그 어려움을 피하지 않고 최선을 다해 당당하게 해결해 나가는 경험이 저를 몰라보게 성장시켰습니다. 그래서 이 사업을 처음 하면서도 생소한 일들도 지혜롭게 헤쳐 나갈 수 있었습니다.

성공비결은 엄격한 간호 원칙

간호사이기 때문에 원칙을 중요하게 지키는 것이 몸에 배어 있습니다. 산후조리원도 청결과 위생을 철저하게 지켜야 하는 곳입니다. 누가 보지 않아도 정직하게 원칙을 지키면서 산모와 신생아를 돌보도록 직원 교육도 철저히 하고, 원장인 저도 항상 직접 이들을 돌보고 있습니다. 또한 진심을 가지고 산모와 가족을 돌보거나 조언을 드리고 있습니다. 서비스의 외형적인 면도 중요하지만 그들을 진심으로 위하는 마음이 없다면 고객들도 금방 알아채고 신뢰가 떨어집니다. 제 경험으로는 대부분 고객들은 제가 진심을 가지고 대할 때 이를 알아보고 신뢰가 쌓이는 것 같습니다.

산후조리원에서 가장 큰 위기는 신생아가 아플 때인데 이를 예방하기 위해 철저한 위생 관리가 중요합니다. 저는 간호사이기 때문에 위생 관리 방법에 대해 잘 알고 있지만, 오랜 경력 단절 후 취업하는 유휴간호사나 간호조무사 중에는 위생 관리 지식이 부족한 경우가 종종 있습니다. 한국산후조리업협회에서 발행하는 감염관리 지침을 이용해 직원 교육을 하고 철저하게 원칙이 준수되고 있는지 모니터링합니다. 한편 제가 매일 상시적으로 근무하고 있기 때문에 서비스 질 관리도 자연스럽게 이루어진다고 봅니다.

직접 산모와 신생아를 만나며 건강도 확인하고 요구 사항을 듣고 있고, 문제가 발생하면 즉시 대처하고 있습니다.

산후조리원 사업의 성패는 사람에 달려 있습니다. 직접 간호를 해야 하는 간호사나 간호조무사를 채용할 때 인품을 가장 중요하게 봅니다. 업무 능력도 중요하지만 우선 인성이 바른 사람, 정직하고 이 업무에 대해 사명감을 가지고 일할 수 있는 사람이어야 합니다.

직원들은 고정근무제를 하면서 3교대로 움직입니다. 낮 근무, 저녁 근무, 밤 근무자가 분리되어 있어서 근무 시간이 다른 직원들은 서로 만나기 어렵습니다. 직원들에 대한 특별한 관리 노하우는 없지만 일반 직장처럼 회식 자리를 마련하거나, 직원 경조사를 챙기려고 노력합니다. 그리고 사직하는 직원도 좋은 인상을 가지고 퇴사할 수 있도록 노력하고 있습니다.

위기 속에 빛나는 진실과 진심

요즘은 인터넷 시대라서 직접 홍보를 하기보다는 고객들의 이용후기, 입소문, 엄마들이 모이는 인터넷 카페가 중요합니다. 여기서 이루어지는 이야기들이 잠재 고객들에게 큰 영향을 미치기 때문에 퇴원하는 산모들에게 이용후기를 부탁하고 있습니다. 한편으로는 여성전문병원과 제휴되어 있어서 서로 간에 협력적으로 홍보 효과가 나타나기도 합니다.

간호사이기 때문에 원칙을 중요하게
지키는 것이 몸에 배어 있습니다.
포시즌 산후조리원 김주하 원장

가장 어려웠던 일 중 하나가 인터넷에 산후조리원에 대한 악의적인 글을 올려서 사이버수사대에까지 도움을 요청한 일입니다. '네이버' 같은 인터넷 포털 사이트에서는 악의적인 글에 대한 불만이 접수되면 이를 심사하여 문제가 인정되면 글을 내리고 있습니다. 하지만 글 작성자가 이의제기를 하면 다시 게시될 수도 있습니다. 저도 이런 과정을 경험했는데, 한 사람이 주도하면서 다수가 우리 산후조리원에 대해 근거 없는 혹평과 불만스런 글을 인터넷에 올려서 결국 사이버수사대가 그 주도한 사람에게 '기소유예'라는 판결을 했습니다. 이런 경우에 금품을 요구하는 경우도 있어서 초기부터 강력하게 대응하는 원장님들도 있습니다.

또 다른 위기는 바로 신생아가 아팠을 때입니다. 신생아가 로타바이러스나 RSV(호흡기세포융합) 바이러스에 감염된 경우에 그 감염원이 잠복기를 거쳐 산후조리원에서 발병하면 산후조리원이 감염원이 아니더라도 모든 원망이 산후조리원에게 돌아옵니다. 이런 경우를 대비해 책임보험을 가입하고 있고, 만약 문제가 발생하면 보험사 손해사정인이 고객을 직접 만나서 보상 처리를 하고 있습니다. 그러나 산후조리원에 추가 보상을 원하면서 협박을 하는 경우도 있습니다. 저희 산후조리원은 소아과 의사가 정기적으로 회진을 와서 신생아 건강을 살피고 있고, 무엇보다도 직원들이 감염 관리 원칙을 철저하게 지키도록 교육, 감독하고 있습니다.

새로운 미래: 다문화와 저출산

우리 사회의 저출산으로 인해 산후조리원 고객의 수도 많이 줄어 들고 있습니다. 10년 전과 비교하면 산후조리원 사업도 예전보다 어려워지고 있다고 봅니다. 하지만 결혼 연령이 높아지면서 산모 연령도 높아졌기 때문에 산후 관리에 대해 전문적인 돌봄 요구가 높습니다. 그리고 가족들이 모두 일을 하기 때문에 집에서 산모 몸조리를 하는 것이 어려우니 산후조리원에 대한 필요성은 상당히 높습니다. 한편 소비자의 기대 수준은 더 높아지고 있기 때문에 시설 투자도 많이 해야 하고, 간호사처럼 전문가의 노하우가 필수적이라고 봅니다.

요즘 국제결혼이 늘면서 산후조리원에 엄마나 아빠가 외국인인 고객들도 종종 만납니다. 부부간 문화의 차이로 인해 산후조리에 대한 생각이 다르니 처음 산후조리원에 방문해 상담을 받을 때는 의견 차이가 큰 경우가 많습니다. 하지만 대부분 산후조리원을 이용하고 퇴원할 때는 서비스에 대해 손가락을 치켜세우며 만족감을 표시합니다.

기억에 남는 사람 중에 이슬람교 교인인 산모가 생각납니다. 이들은 이슬람식으로 도축된 고기만 먹기 때문에 산모를 위해 이태원에서 그런 고기를 구해서 산모식을 준비했었습니다. 이처럼 외국인 산모들의 문화를 존중하는 서비스를 제공하려고 노력하고 있습니다.

당분간 두 곳의 산후조리원을 충실하게 운영할 예정입니다. 하지만 출산율 저하로 수요가 줄어들고 있고, 새로운 도전을 하고 싶은 생각도 있어서 요양원 개원도 고려하고 있습니다. 지금까지 배운 노하우를 바탕으로 늘어나는 노인들을 대상으로 질 좋은 간호를 제공할 수 있다면 보람도 있고 좋은 사업 기회도 될 것 같습니다.

창업을 통해 그동안 몰랐던 제 자신의 능력을 발견한 것이 너무 기쁩니다. 창업을 하면서 제가 결단력, 카리스마, 사업에 대한 안목이 있다는 것을 알게 되었는데 만약 병원에서만 일했다면 이런 제 장점을 몰랐을 것 같습니다. 그동안 이런 장점을 본 가족이나 지인들이 항상 저를 믿고 더 격려해 주었습니다.

그리고 무엇보다도 친구들은 이제 퇴직을 하고 있지만 저는 제가 원할 때까지 현장에서 활동할 수 있는 일을 찾았다는 것이 큰 보람입니다. 제가 열심히 하는 만큼 성과가 있었기 때문에 더욱 즐겁게 일할 수 있었고 앞으로도 사명감을 가지고 이 일을 열심히 하려고 합니다.

지금 그 자리에서 빛을 찾으세요

간호사의 꽃은 임상 현장이라고 생각합니다. 창업에 맞는 임상 간호 분야가 따로 있다고 보지는 않고, 어느 분야든 간호사로 일하면서 얻는 임상 경험이 정말 귀중하다고 봅니다. 병원에서 간호사는 정말 다양한 사람을 만나게 되고 복잡한 상황에서도 정확하게 판단하고 일할 수 있는 능력을 키우게 됩니다. 간호사로서 훌륭하게 일할 수 있는 사람이라면 창업을 해도 성공 가능성이 높다고 생각합니다. 그러니 후배들에게 간호사로서 최선을 다해 임상 경험을 쌓도록 권유하고 싶습니다. 이 과정에서 간호 지식과 기술도 얻지만 더 중요한 인내심과 강인함, 관리 능력을 얻을 수 있을 것입니다. 과거와 달리 간호사 위상이 많이 올라갔고 전문직으로 자리 잡아서, 선배로서 보람 있고 자랑스럽습니다. 산후조리원에서 고객들에게 간호사라고 말했을 때 반응이 과거보다 더 긍정적입니다. 간호사가 할 수 있는 일들이 점점 더 많아지고 있어서 후배들도 다양한 분야에서 능력을 발휘할 수 있으리라 기대합니다.

모유수유의 기적 체험에서 시작된 〈모유사랑〉

행복한 모유육아 전도사 박보림 대표

꿈의 실현: 모유사랑운동을 방글라데시까지

'창업'이 낯선 일이라, 처음엔 두려움이 있었어요. '23년간 몸담았던 병원이라는 조직에서 벗어나 경제적으로 독립을 할 수 있을 것인가?'에 대한 걱정도 있었죠. 창업한지 10년이 넘어가면서 조금은 나눌 수 있는 여유를 갖게 되었습니다. 대학을 졸업하고 간호사가 된지 30주년이 된 2014년에 저 스스로에게 약속을 하나 했어요. 그동안 저를 찾아 준 고객님들 덕분에 제 꿈을 이루게 되었으니 저도 누군가에게 '꿈 꿀 수 있는 힘을 보태 주어야겠다.'는 약속이죠. 하루 만 원의 기부를 실천하게 되었고 그것이 이어져 지금은 캄보디아의 위드헤브론에 있는 작은 간호대학에 기숙사 비용을 후원하게 되었습니다. 캄보디아 미래를 이끌어 나갈 간호인을 돕는 일에 큰 보람을 느끼고 있습니다.

2년 전부터 방글라데시에 모유수유 운동도 시작했어요. 그 이전에는 경제적인 후원만 했다면 지금은 제가 직접 실천할 수 있는 일을 찾아 시작했죠. 가까운 간호학과 교수님의 전화 한 통이 저를 변화시켜 준 계기가 되었어요. 그 교수님이 오래전 묻어 두었던 저의 초보 간호사적 꿈을 꺼내 주신 거죠. 방글라데시에 분유회사가 진출하면서 아기에게 분유를 먹이는 것이 '부잣집 아이처럼 기르는 것'이라는 인식이 퍼졌고, 모유보다 분유를 선호하는 현상이 확산되었다고 해요. 과거 우리나라 1980년대 시절 벌어진 현상이 고스란히 재현되고 있는 상황이죠. 더 큰 문제는 경제적 상황이 여의치 않은 가정에서 분유 한 스푼에 물 다섯 배로 희석해 먹여 영양결핍을 겪게 되고 신생아 사망률이 1,000명당 31명에 이르는 것도 이런 현상과 무관치 않다고 해요. '모유수유 인식 운동이 시급하다.'는 생각이 들었어요.

이런 문제 인식을 공유한 주변 모유수유클리닉 동료 원장님들이 비용과 재능을 기부해 주셔서 방글라데시로 가서 〈모유수유 대회〉를 개최하게 되었습니다. 1회를 성공리에 마치고 2019년에 두 번째 대회를 개최했어요. 확실히 모유수유에 대한 인식이 좋아지는 걸 몸소 느꼈습니다. 2차 대회에 방글라데시의 차기 총리로 거론되는 국회의원도 참석하고 지역사회 시의원도 참석할 정도로 인식이 높아지고 있어요. 그 지역 간호대학에서도 관심을 보이고 방글라데시 국영 방송에서도 취재하러 왔죠. 앞으로도 지속적으로 후

방글라데시에서 모유수유 운동도 시작했어요
후원만 하다가 직접 실천할 수 있는 일을 찾았습니다.

원도 하고 직접 봉사도 해나가겠지만 궁극적으로는 그들 스스로 현지 간호사가 주도적으로 일할 수 있도록 도움을 드리려고 해요. 방글라데시의 건강개선 국민보건사업 중 하나로 자리 잡을 수 있도록 여러 선생님들과 함께 작은 손이 되는 것이 제 바람이죠.

미숙아에게 일어난 모유의 기적 체험

대학병원 수술실 간호사로 근무하던 중 수간호사로 승진하면서 처음 신생아실에 근무하게 되었어요. 새내기 수간호사로 일을 하는데 막막하고 당혹스러운 상황이 종종 생겼죠. 퇴원하는 산모에게 모유수유 교육을 해야 하는데 나도 아이 둘을 키운 엄마이긴 하지만 모유수유 경험도 부족했고 간호사로서 전문적인 지식도 부족한 상황이었거든요. 대학시절 모성 간호학에서 한두 시간 배운 모유수유 지식만으로는 실무에서 실행하기 마땅치 않은 이론에 불과했어요. '과연 이런 형식적인 수유교육이 옳은가?'라는 질문이 제 안에서 생겨났죠. 스스로 너무나 부족함을 느끼고 그때부터 모유수유 공부를 시작했습니다.

공부를 시작하며 모유수유의 현실이 하나 둘 보이기 시작했어요. 특히 NICU(신생아중환자실)에 입원하고 있는 미숙아 대부분은 모유수유를 못하고 있었어요. 나중에 안 일이지만 미숙아를 낳은 경우, 산부인과에서 젖 말리는 약을 처방하고 있었던 거예요. 당시 미숙아의 생존율도 낮았고 모유수유에 대한 신념이 있는 의료인도 거의 없었으며 모유를 저장하는 지식 또한 부족했던 시절이었거든요.

어느 날, NICU에 입원하고 있는 미숙아의 엄마가 작은 요구르트 병에 초유를 짜서 얼려온 것을 먹여 달라고 가져오셨어요. 처음엔 갈등에 휩싸였죠. '미숙아에게 먹여도 괜찮을까? 책 내용처럼 모유의 면역력을 믿을 것인가? 이러다 감염이 되면…?' 여러 가지 생각이 맴돌면서 망설여졌죠. 하지만 그 미숙아 엄마의 강경한 의지에 따라 녹여서 먹이기 시작했는데 놀라운 일이 생긴 거예요. 아기가 아주 노랗게 예쁜 황금똥을 누기 시작한 거예요. 미숙아들이 흔히 겪던 장염도 없어지고 미숙아 분유를 먹고 있던 다른 환아가 겪기 쉬운 폐혈증도 무사히 넘어갔으며 몸무게도 아주 잘 늘었어요. 그래서 (지금은 현실적으로 불가능한 일이지만) 한번 녹인 모유를 '다른 중환아에게도 먹여 볼까?' 하는 생각이 들었어요. 물론 내용을 설명하고 허락을 받은 경우에만 했지요. 기적이 일어난 거예요! 역시 모유를 먹인 미숙아와 분유를 먹인 미숙아의 변에 눈에 띄는 차이가 나타난 거예요. 이를 계기로 수간호사로서 제가 할 수 있는 업무 범위 내에서 'NICU에 입원하는 모든 환아에게 모유를 먹이자!'고 미숙아 수유 방침을 완전히 바꾸었죠.

이렇게 모유의 기적과 모유의 절대적 중요성을 현장에서 직접 느끼다 보니 자연스럽게 모유에 대해 점점 깊게 공부하게 되었죠. 이런 현장 체험이 국제 모유수유 상담 전문가(international breast feeding lactation consultant)가 되는 결정적인 계기가 되었어요. 마침 그 당시 우리나라 모유수유율이 10% 언저리로 사상 최대로 떨어지면서 개업까지 결심하게 되었습니다. 미숙아뿐 아니라 집에 있는 건강한 모든 아기들에게, 한 명의 아기라도 더 모유를 먹이고 싶은 마음이 그만큼 간절해진 거예요. 일종의 책임감이자 제가 할 수 있는 역할이 그만큼 많아진다는 스스로에 대한 격려도 창업 계기가 되었죠.

처음엔 저 혼자 독자적으로 〈박보림국제모유수유 클리닉〉으로 창업을 했는데, 나중에 〈모유사랑〉의 네트워크에 참여하여 현재 〈모유사랑 천안두정점〉을 운영하고 있어요.

〈모유사랑〉이란 '모유로 전하는 아기와 엄마의 특별한 사랑'이란 뜻으로 지은 거예요. 모유가 가진 가장 내밀하고 근원적인 '사랑'이라는 순우리말을 더해 만든 이름이죠. 담백하면서도 깊은 의미를 지니고 있다고 할 수 있어요. 실제로 현재 우리나라에 여러 다양한 모유수유 클리닉이 운영되고 있긴 해요. 저는 모유사랑이라는 이름처럼 모유로 전하는 사랑 이야기를 만들어 가기 위해 마음을 다해 일하고 있어요.

'국제모유수유전문가' 자격증 취득으로 시작된 창업

모유수유 전문가로 창업하려면 우선 간호사로서 다양한 경험과 모유수유 관련 자격증이 필요해요. 국제 모유수유 자격증이 필요한데, 국제모유수유전문가는 모유수유와 관련된 업무를 일정 기간 수행한 경험이 있는 간호사와 의사 등이 국제 수유전문가시험원(IBLCE)이 인정한 수유와 관련된 전문 지식을 습득한 뒤에 전 세계적으로 동시에 시행되는 시험에 합격해야 합니다. 합격 이후 5년간의 자격이 주어져요. 하지만 IBCLC 자격이 있더라도 전문지식을 일정 기간 이수하거나 재시험을 보아야 다시 5년간의 자격이 인정되며 10년이 되는 시점에는 반드시 재시험을 보아야 합니다.

또한 '유방관리 수유 전문가 과정'의 이수도 꼭 필요해요. 현재 한국에서는 모유사랑 아카데미와 그 외 두 세 곳 정도에서 운영되고 있는 과정인데, 6개월에서 1년 정도의 이론과 실기를 이수해야 자격이 주어집니다. 무통식 일본식 손기술 외에도 SMC(자기유방관리법) 등을 교육해요. 그 외에도 불편한 유방 관리와 더불어 수유 코치, 육아 상담 등의 일을 하는데 아무래도 상담하는 동안 많은 시간들을 산모와 같이 있다 보니 산모의 어려움도 자연스럽게 접하게 되므로, 산모에게 필요한 지식과 산모 상담에 필요한 전문성도 교육받아야 하죠. 예를 들면 임산부 기태교 자격증, 출산 교육자 과정, 듈라자격증, 베이비 마사지자격증, 태교전문가 자격증, 약물전문가과정 등 폭넓고 전반적인 교육도 받아야 해요.

기본적인 자격이 갖춰지면, 다음 필요한 것은 사업자금이에요. 국가의 정책 가운데 여성이 소상공인으로 등록이 되면 적은 이자율로 사업자금을 대출해 주고 있어요. 이 대출도 받고 그동안 병원에 근무하면서 모아둔 자금을 더해 시작했어요. 또한 부가가치세법상 의료법에 의한 간호사가 제공하는 용역은 면세사업자이기 때문에, 이를 활용하면 운영에 큰 도움이 됩니다.

사업장 위치 선정은 제가 하는 일의 고객층이 확실했기 때문에 주위에 산부인과와 조리원 등이 가까운 곳을 위주로 선정했어요. 그동안 몇 번 장소를 옮겼는데, 최근에는 산부인과에서 모유수유 클리닉의 중요성이 날로 높아지면서 산부인과 안에 조리원이 들어가듯 모유수유 클리닉도 유치하려는 경향이 있어요. 산부인과 소비자들의 욕구가 높아짐에 따라 병원 운영에 도움이 되기 때문이라는 생각이 들어요. 병원 안에 클리닉을 운영하는 것도 결과적으로 두루 효율적인 선택이 되겠죠.

마음을 울리는 홍보 전략

사업을 시작하는 데 큰 난관은 없었어요. 하지만 제가 수간호사로 간호과장으로 병원에 근무했던 몸에 배인 습관들이 사업을 시작할 당시에는 너무 힘든 일이었어요. 병원에 근무할 때는 너무나 분업화가 잘 되어 있어 물건을 구입하거나 고치거나 세금문제라든가 의료보험 등등의 행정 업무들을 해결할 때 각 담당 부서에서 하나같이 전화 한 통화만으로도 일사천리로 문제를 해결해 주잖아요. 심지어 청소까지도. 너무 감사함을 모르고 살았습니다. 하지만 개업을 하고 보니 전기문제, 전화설치, 소방신고, 물건구입, 세무문제, 사업자 등록, 인테리어 등등 하나 같이 전부 제가 모르는 분야였어요. 전에 없었던 새로운 사업을 시작하다 보니 세무서에서도 난감해 했던 기억이 납니다. 무엇보다 병원에 근무할 때는 수간호사나 간호과장으로서 그 위치에 맞는 대접을 받았었던 것 같은데 홍보하기 위해 찾아갔던 곳에서는 잡상인 취급 정도는 아니더라도 여하간 좋은 기억은 아니었던 것 같아요. 그래서 결심을 한 계기가 되기도 했죠. '꼭 성공하자! 2~3년 뒤에는 그들이 나를 찾아오게 하자!'고 결심했어요.

처음 개원할 당시 모유수유 클리닉은 전혀 새로운 분야였죠. 참고할 만한 사례가 없어서 누구나 하는 현수막 광고, 지역신문 광고 등 일반적인 방식으로 했지만 거의 반응이 없었어요. 하지만 반드시 모유수유 클리닉이 필요할 거라는 확신이 있었기에 조바심을 버리고 천천히 고객의 입장에서 생각해 보기로 하고 플랜을 세웠습니다. 저의 장점인 현장 강의를 하면서 모유수유의 중요성을 알리려는 노력을 했어요. 보건소에 간호사 출신으로 민간 위촉을 받아 모유수유 교육, 신생아 교육, 산후관리 교육, 1:1 수유코치, 임산부 체조까지 제가 가지고 있는 모든 자격과 전문성을 이용해서 임산부 교실을 운영했죠. 가장 가까이에서 고객을 만날 수 있는 방법이었죠. 산모가 있는 현장을 찾아 아주 적극적으로 발로 뛰어다녔어요. 제 클리닉 안에서도 시간이 날 때마다 베이비 마사지 교실이나 수유코치 교실, 부부육아 교실 등 야간 강의도 마다하지 않고 불철주야 노력했어요. 그러다 보니 고객 한 분 한 분이 늘어나게 되고, 시간이 지나면서 고객에게 입소문이 나서 자연스럽게 고객이 늘어나게 되었어요.

최근에는 지역사회 맘카페에서 육아 상담을 무료로 하고 있어요. 그리고 요즘 유행처럼 분만 후 조리원에서 만나 조리원 동기 모임(조동모)하는 모임들이 많이 만들어지고 있잖아요. 이분들과 육아에 관한 양질의 정보나 육아의 팁 등을 부지런히 공유하고 있죠.

저만의 깨알 홍보도 만들어 진행하고 있어요. 만 1년 이상 수유를 하신 산모에게 '세상에서 가장 훌륭한 어머니상'을 제작해 상장과 꽃다발을 드리고 있어요. 우리 센터 내에 포토존을 만들어 그 순간을 기억할 수 있도록 사진도 찍어 드리고 있죠. 엄마들이 모유수유하느라 일 년 동안 밤잠도 제대로 못자고 수시로 깨어나야 했을테고 끼니도 제대로 못 챙겼겠죠. 엄마가 되어, 한 여성으로서 한 인간으로서 개인적인 모든 시간을 아기를 위해 희생했을 엄마들의 애씀에 대해 드리는 작은 위로죠. 비록 융숭한 선물 꾸러미는 아닐지라도 그 상을 받고 눈물을 비치는 아기 엄마들을 보며 저 자신이 '더 잘해야겠다.'는 다짐도 새롭게 해요.

'행복한 모유육아'

대체로 고객이 젊은 산모 층이기 때문에 고객들의 흐름을 빨리 파악하지 않으면 뒤떨어질 수 있어요. 어떤 일이나 마찬가지지만 이 일도 시대를 읽어야 가능한 일이죠. 실제로 고객의 니즈에 대한 소통 부족으로 문을 닫고 이직하는 모유수유 클리닉도 있거든요. 저는 엄마들이 가장 많이 보는 맘카페를 수시로 이용하며 현재 그녀들에게 가장 필요한 것이 무엇인가 늘 찾고 고민해요. 과거의 것이 아니라 최근 읽히는 육아 책도 빠짐없이 읽죠. 그러다 보면 마치 제가 다시 산모가 된 것 같기도 해요. 어쩌면 저 자신이 늘 산모의 마음 상태를 유지하고 있는 것이 가장 중요하겠다는 생각도 들죠. 그래야 산모가 알기 쉽도록 전달해 줄 수 있고 그들의 고충도 반영할 수 있기 때문이죠. 지역사회나 국가 정책을 빨리 파악해서 맘카페에 올려 주기도 하고 병원과 연계해서 수유코치 교실도 운영해요. 정보를 빠르게 파악하고 취합해 전달하는 것이 최대의 서비스라고 생각합니다.

이렇게 열심히 일하다 보니, 2007년 모유수유를 위해 지역사회에 기여한 공로를 인정받아 충남 도지사상을 받았어요. 2009년부터 아기 낳기 좋은 세상 운동본부에서 자문 위원으로 활동하며 2011년에는 공모사업으로 시와 협력하여 예비군 교육장을 출산장려 교육의 장으로 활용하는 위탁사업을 하기도 했습니다. 도내 인식개선 전문가를 위촉해서 예비군 부대와 MOU를 맺고 4,800여 명의 예비군들에게 남편 교실, 아버지 교실, 가족 세우기, 혼수 준비하기 등을 교육하여 젊은 층의 저출산 인식개선 운동에 참여하기도 했죠. 2012년 10월 10일 "제7회 임산부의 날"에는 모유수유 활성화, 임산부와 태아의 건강 증진, 그리고 지역사회 출산 장려 문화를 확산한 공로를 인정받아 국무총리상도 받았어요. 제가 이런 상과 인정을 받을 수 있었던 것은 병원 현장에서 해보지 못한 일들을 지역사회 안에서는 할 수 있는 기회가 있었기 때문이라고 생각합니다. 생생하게 살아 있는 지역의 요구와 필요들을 눈으로 보고 느꼈기 때문이죠. 이 요구들을 국가의 모유수유 정책과 유기적으로 연계해 적극적으로 활동할 수 있었거든요. 의료요원 교육과 산전, 산후, 임산부 교실 등을 운영했으며 국가적 차원에서 추

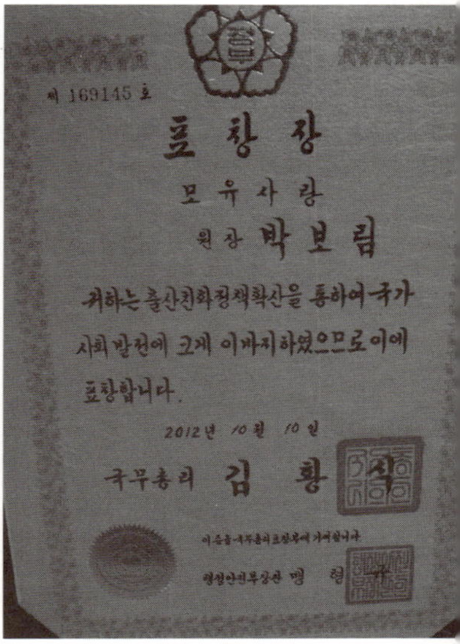

제가 인정을 받을 수 있었던 건
병원 현장에서 해보지 못한 일들을
지역사회 안에서 할 수 있는 기회가 있었기 때문입니다.
모유사랑 박보림 대표

진하고 있는 "모유 먹이기 운동"의 일환으로 보건복지부가 후원하고 충남 간호사회가 주최하는 "건강한 모유수유 아기 선발대회"에 18년 동안 해마다 빠짐없이 심사위원으로 참여하고 있습니다.

소비자가 임산부나 수유부이다보니 출산, 모유수유, 육아문제 등 공통된 어려움을 가지기 마련이죠. 그러한 문제를 해결해 드렸을 때 일에 대한 벅찬 감동이 찾아오곤 해요.

신생아실에서 근무했던 경험과 산부인과에서 쌓았던 경험들은 현재 제가 하는 일에 단단한 디딤돌이죠. 신생아실에서 청진으로 심장 잡음을 듣고 심장병을 발견하거나, 신생아를 사정하면서 설소대, 사경, 사시 등을 발견했던 일, 청진 중 폐렴 또는 호흡기 이상을 발견하는 일 등 간호사로 근무했던 경험들이 수많은 응급처치 및 육아상담을 하는 계기가 되거든요. 신생아실 간호사로서 겪었던 경험들이 고스란히 지금의 일로 이어져 저만의 전문성을 높이고 있죠. 제게 찾아오는 고객은 산모뿐만 아니라 신생아도 포함되기 때문이에요.

어느 날, 전화 상담 중 너무나 걱정이 많은 목소리로 "모유는 잘 나오는데 한 달된 아기 몸무게가 너무 안 늘어 모유에 문제가 있는 것 같다."고 말하며 단유 상담을 하자고 해요. 내원했을 때 상태를 보니 유질도 아주 좋고 유두와 유방도 무척 좋은 상태였어요. 아기에게 문제가 있을지도 모른다는 생각에 아기 신체 사정을 해보니 입 근처 청색증이 보이고 호흡음도 다소 불규칙해요. 청진을 해보니 심잡음이 예사롭지 않아요. 아기 상태가 걱정되어 가슴이 두근거렸죠. 바로 협약을 하고 있던 병원에 전원을 권했습니다. 전원한 병원의 소아과 원장님은 함께 근무하며 제게 심잡음 청진하는 법을 알려준 스승이기도 했거든요. 그날 바로 응급심장초음파를 하고 그 소아과에서 서둘러 서울로 전원을 했습니다. NICU로 입원을 하고 이틀 뒤 아기는 응급으로 심장 수술을 받게 되었죠. 나중에 들으니 시간을 다투는 상황이었다고 해요. 간호사로서의 저의 빠른 판단이 아기를 살린 계기가 된 거예요. 지금은 건강하게 잘 자라 네 살이 되었고 이따금 찾아와 세상에서 제일 예쁘게 웃어 준답니다.

뿐만 아니라 여성병원 간호사로서의 경험이 있어 산모를 보다 폭넓게 도울 수 있죠. 모유수유 중 유방암 검사는 모유가 차 있어서 특별한 경우를 제외하고는 발견하기 힘들잖아요. 아무래도 손기술을 이용해 가슴 관리를 하다 보니 유방암을 발견하는 경우가 종종 있고 유선염이나 유방 농양 등 병원 진료가 필요한 경우 시간을 지체하지 않고 바로 병원으로 전원을 하는 경우도 많아요.

우리 클리닉을 방문하는 산모 중에 모유수유가 어려운 경우 산후우울증을 겪는 산모님들이 많았어요. 역시 간호사로 일했던 경험을 활용해 부드럽게 상담과 대화를 한 뒤 산모를 병원으로 전원하는 일도 있죠. 제가 여성병원 간호사가 아니었다면 감당하기 어려운 일이라 생각해요. 지금 하는 일의 장소가 병원은 아니지만, 역시 간호 업무의 연장이라고 할 수 있죠. 그래서 저는 소아과, 산부인과, 유방외과, 내과, 심지어 한의원과도 협력 체계를 운영하고 있어요.

모유사랑 모유수유 클리닉은 미국의 IBCLC, 일본의 통곡식 유방관리방법, 일본의 SMC유방 자가관리법, 유럽의 Herb 자연주의 수유법, 한국의 전통적인 수유법 등을 기초로 하여 시작되었습니다. 다양한 외국 사례와 방대한 자료를 바탕으로 우리나라의 여건과 환경에 맞춰 끊임없이 보완하고 개발하고 있어요. 이를 토대로 전문화를 완성시키고 후배들을 양성하고 있죠.

〈모유사랑〉은 100% 간호사와 조산사로 구성되어 있고, 모유사랑의 모든 운영자는 국제모유수유 전문가(IBCLC) 과정을 이수하였으며 국제모유수유상담 전문가, 무통식 유방관리 전문가, 베이비 마사지 전문가 과정을 이수해야 하고 일본 무통 유방관리기술을 보유한 유방관리수유 전문가로 구성되어 있답니다. 전국 40여 개의 지사로 운영되는 〈모유사랑〉은 '행복한 모유육아, 따뜻한 사랑, 부드러운 손기술, 전문적인 지식이 겸비된 BMLC(유방관리수유 전문가)'라는 슬로건을 걸고 실천하려고 노력하고 있어요. 끊임없이 자체 보수교육과 인증평가와 개개인의 자기개발을 의무화하고 있어 저 혼자 개별 클리닉을 운영하는 것보다 함께 힘을 합해서 서비스의 질 향상을 위한 체계적인 노력을 지속적으로 하게 되었죠.

삶의 경계를 확장하다

요즈음 창업을 시작하면서 기대했던 '하고 싶었던 일들을 대체로 잘 이루어냈다.'는 생각이 듭니다. 일을 하면서 성취감도 크고 행복한 순간들이 많았어요. 이제부터 시작하는 제 꿈은 자연주의 출산이라는 문화를 만드는 마중물이 되는 것입니다. 제 클리닉을 방문했던 고객님들과 상담을 하다 보니 물리적 문제를 해결해 드리는 것도 좋지만 출산이라는 전체적 문화를 만들어 가는 것이 긴 시각으로 봤을 때 꼭 필요하겠다는 판단을 하게 되었죠. 출산이 자연스러울수록, 아기주도일수록, 산모주도인 자연주의 출산을 하신 분들일수록 가정이 건강한 사례들을 많이 보았거든요. 많은 산모님들과 지금도 긴 세월 인연을 이어가고 있기 때문에 관찰할 수 있었죠. 좋은 출산문화가 건강한 사회의 기초라고 생각해요. 제가 가진 경험의 불씨를 또 다른 간호인에게 전해 꺼뜨리지 않는 잉걸불이 되고 싶어요. 땅의 힘이 좋아야 나무가 잘 자라듯 출산문화를 큰 시각으로 바라봐야 해요. 그러기 위해 제 지식과 경험을 나누고 키워 나갈 큰 그림을 그리고 있어요.

우리는 '지금 몸담고 있는 세상이 단 하나의 세상'이라고 생각하기 쉽죠. 제가 병원을 나와 이 일을 과감하게 시작하면서 만난 세상은 참으로 여러 빛깔을 지닌 다양한 곳이었습니다. 간호사로서 병원 안에서의 일도 값지고 병원 밖에서의 일도 값지다는 걸 알게 되었죠. 모유사랑 창업을 통해 저는 수많은 산모와 아가들을 만나 의료인으로서 더욱 성장했어요. 동시에 전에는 알지 못했던 국가 차원의 출산정책과 출산문화에 이르기까지 시각을 넓히고 더 깊이 들여다보고자 애쓰는 사람이 되었죠. 클리닉에서 멈추지 않고 더 나은 일을 해보고 싶은 꿈도 계속 꾸게 되었습니다.

저를 하나의 울타리 속에 가두지 않고 경계를 조금씩 넓혀 앞으로 나아가다 보니, 제가 어디까지 나아갈 수 있을지 저 스스로도 기대가 됩니다. 개인적으로 성장한 시간들이라고 자부합니다. 두려운 순간들이 있겠지만 발로 뛰고 기꺼이 소통하며 몸과 마음을 낮춘다면 충분히 해 볼 만한 것이 창업입니다. 만약 창업을 꿈꾸고 계시다면 막연한 성공기대보다는 자기객관화의 시간을 가져 본 뒤 꼼꼼하게 계획하고 스스로 조금 부족해도 괜찮다는 격려를 해 주며 시작해 보기를 권합니다. 그리고 시간을 갖고 질문해 보세요. '나는 무엇을 할 것이며 그 일을 통해 어떤 가치를 얻을 것인가?' 이제, 시작하신다면 후배님들의 앞길에 꽃이라도 뿌려 드리고픈 마음입니다.

저는 병원 밖에서 간호사로 일하고 있다고 생각합니다. 제 경험들이 후배 간호사의 미래가 될 수 있도록 제가 일하는 현장에서 열심히 노력하겠습니다.

별처럼 빛나는 노년

〈실버스타〉

간호정신으로 운영하는 최혜미 대표

내가 직접 그리는 그림

병원에서 오래 근무를 했습니다. 간호과장으로 일할 때 오더를 받고 업무를 수행하는 과정에서 한계를 많이 느꼈습니다. 의사의 오더와 나의 의견이 다른 상황에서 의사결정을 하는 것이 힘들었고, 늘 바쁘게 움직이고 열심히 일하지만 성취감이 좀 떨어진 상태였습니다. 그러던 중 갑자기 건강 악화로 수술을 받으면서 나의 삶을 돌아보는 계기를 갖게 되었습니다. 가족과 나를 위한 시간을 좀 더 가지면서도, 더불어 간호업무에서 성취감을 느끼고 싶었습니다. 뭔가 주도적으로 일해보고 싶다는 생각을 하게 되었습니다.

노인주야간보호센터 사업은 간호사 면허가 있으면 가산을 받게 되는 사업이므로, 일을 시작하기가 유리합니다. 제가 〈실버스타〉

를 오픈하기 이전에 요양병원 등 어르신을 케어 하는 병원에서 근무한 경력도 도움이 되었습니다.

사업자금은 그동안 저축해온 것과 대출을 받았습니다. 노인주야간보호센터는 노유자 시설로 노인장기요양보험을 주 재원으로 국가에서 85%를 지원하는 사업입니다. 그래서 다른 시설보다는 초기비용이 많이 들지 않습니다.

물론 여러 가지 지켜야 하는 요건이 있어서 건물 선택 및 시설 구비 요건이 조금 까다롭습니다. 각 지자체에서 요구하는 설립요건도 맞추어야 합니다. 그리고 최근에는 규제가 많이 강화되었습니다. 5년 전 오픈할 때는 최초 한 번만 인허가를 받으면 되었는데 지금은 6년마다 인허가를 받도록 되었고, 층수 제한도 생겼으며 지진, 화재 등 재난 대비를 위한 여러 가지 요건들을 갖추어야 합니다.

센터를 운영하면서도 법이나 규정을 잘 해석하지 못해서 어려움을 겪는 일이 많습니다. 주간보호협회나 다른 기관과 의견을 조율하면서 서로 도움을 주고받습니다.

별처럼 빛나는 노년 〈실버스타〉

노인주야간보호센터는 노인성 질환을 가지고 있는 65세 이상 된 어르신들을 낮 시간 동안 돌봐 드리는 서비스를 제공하는 곳입니다.

저희 센터가 다른 센터와 차별화된 점은 간호사가 운영한다는 점입니다. 임상경력이 많은 간호사가 어르신들의 상태, 컨디션을 면밀히 살피기 위해서 센터 안 전체가 한눈에 다 보이도록 배치를 하였습니다.

이전에 노인주야간보호센터를 운영하였던 장소를 제가 5년 전에 임대해서 오픈하였고, 이후에 필요에 따라 어르신들이 생활하시는 데 편리하도록 수리 및 보수를 해 나가고 있습니다. 예를 들면 바닥에 앉았다가 일어나기 힘든 어르신들이 편하게 쉬실 수 있도록 소파를 사방으로 둘러서 배치하였습니다.

다음의 프로그램을 운영하며 어르신들의 신체기능 증진과 인지능력 향상을 돕고 있습니다.

- **신체활동프로그램**: 아침조회 & 맨손체조, 실버체조, 도구 활동, 레크리에이션, 볼링, 난타_마술치료, 윷놀이, 벨크로타겟 등
- **인지능력 훈련 프로그램**: 노래교실, 웃음치료, 동화책 읽기, 뉴스 전하기, 동화 구연, 미술심리치료, 달력(활동지) 만들기, 서예활동, 색소폰 공연 등
- **사회적응 활동**: 종교예배
- **특화 활동**: 마스크팩 & 네일아트
- **원예 활동**: 씨앗 심기
- **가족 내방 참여**: 생신 잔치

이렇게 다양한 활동을 하기 때문에 강사들과의 관계도 중요하지요. 레크리에이션 강사님은 5년 전부터 지금까지 계속 오셔서 지도를 해 주시는데, 여러 가지 도구를 다채롭게 활용하여 어르신

들의 신체기능을 유지 증진하는 데 도움을 많이 주고 계십니다.

특별히 우리 센터에서는 1년에 두 번 정기적으로 프로그램을 평가하고 있습니다. 프로그램 활동이 어르신들의 신체기능 유지와 인지능력을 위한 목적에 잘 맞는지, 강사가 얼마나 어르신들을 이해하고 예의를 갖추는지, 어르신들의 마음을 헤아리고 어르신들의 언어로 소통을 하고 있는지가 중요합니다.

한순간에 씻겨 나가는 어려움

한글(글자)을 몰라서 늘 위축되었던 어르신들이 붓이나 색연필을 잡고 색칠을 한다거나 만들기를 하면서 자신감을 가지게 되었던 일들이 있었고, 평생 일만 하셨던 한 어르신은 센터의 미술치료 프로그램을 하면서 그동안에는 전혀 몰랐던 놀라운 솜씨를 발견하게 되었어요. 어르신 스스로도 무척 행복하셨고, 가족을 비롯한 많은 사람들이 좋아했습니다.

어르신의 뇌병변을 빨리 발견해서 재빠르게 병원에 이송하여 응급처치가 제때에 이루어져 일상생활에 복귀할 수 있도록 도움을 드린 일, 저혈당이나 심장 병변 등도 조기 발견해서 치료받게 된 일들이 있었습니다. 그런 때에 많은 보람을 느끼고 힘겨움이 한순간에 씻겨 나갑니다. 간호사만이 가질 수 있는 장점이라고 할 수 있습니다. 제가 가진 임상 경험으로 어르신들을 잘 돌보고, 또 보호자 분들도 저와 센터에 대한 신뢰가 더해집니다. 지금은 어르신들의 건강에 대한 상담부터 돌봄까지 담당하고 있습니다.

모두가 한 가족이 되어

노인주간보호센터는 3년마다 평가를 받고 있으며, 그 평가기준에 준해서 기관을 운영합니다. 센터 면적당 정원제로 운영하고 있습니다. 최근 치매국가책임제가 생겨서 경증치매로 진단받으신 어른들이 1주일에 3회 서비스를 받으실 수 있습니다. 경증치매 어르신은 정원 외 인원입니다. 우리 센터는 시설 면적이 약 120평이며 정원 42명으로 정원을 다 채웠고, 정원 외 경증치매 어르신 2명을 돌보고 있습니다.

초반에 정원을 채우기까지는 힘들었습니다. 정원을 채우는 일에는 여러 가지 요인이 작용합니다. 어르신이 좋다고 하여도 보호자들에 따라 다를 수 있습니다.

특별히 광고나 홍보에 주력하지 않아도 성실하게 운영을 하면 대기해서라도 꼭 우리 기관에 입소하시겠다고 하시는 어르신들이 생깁니다. 또 어르신의 보호자분들께서 소개를 해서 들어오시는 분들도 많습니다.

현재 우리 센터에는 20명의 직원이 재직 중입니다. 사회복지사, 간호조무사, 요양보호사, 영양사, 조리사, 운전기사 등으로 각자 업무를 수행 중이며, 거의 모든 분들이 이직 없이 〈실버스타〉에서 오래 근무를 하고 있습니다. 처음 오픈할 때부터 지금까지 4년이

저희 센터가 차별된 점은 간호사가
운영한다는 점입니다.

넘도록 함께하시는 분들도 계십니다.

향후 계획과 소망

노인주간보호센터에서는 건강이 나빠져서 병원에 입원하시거나 요양원에 가시거나, 소천하시는 분들로 인해 1년에 10명 정도는 어르신의 변동이 있습니다.

어르신들이 건강이 나빠지셔서 주간보호센터에서 병원이나 요양원 등 다른 곳으로 가시게 되면 물리적 환경과 돌보는 사람들이 바뀌고, 그런 일로 큰 타격을 받으시게 됩니다.

기억에 남는 일로는 우리 주간보호센터에 다니시던 어르신이 갑자기 돌아가셨을 때 가족들이 미처 영정 사진을 준비하지 못하신 적이 있었어요. 그래서 센터에서 나들이 가셨을 때 환하게 웃으셨던 사진을 영정 사진으로 하여 장례식을 마쳤는데, 그 일이 오랫동안 기억에 남아 있습니다.

앞으로는 방문 간호, 방문 요양, 주간보호센터 그리고 요양원을 한 곳에서 운영하는 시스템을 갖춘 곳에서 어르신들께 돌봄을 계속 제공할 수 있게 되는 것을 소망하고 있습니다. 요양원은 부지부터 건물까지 자신의 소유여야 가능하므로 한 곳에서 통합 운영하는 시스템을 갖추는 일은 쉽게 할 수 있는 일은 아닙니다.

단단히 준비하고 시작하라

노인 인구가 급격히 늘어나므로 노인주간보호사업 요구도 커지고 있습니다. 그러나 간호사가 상주하는 센터는 많지 않습니다.

최근에 오픈을 하는 분들이 기존에 운영하는 기관들과 차별성을 갖기 위해서 무리하게 시설적인 면을 부각시키는 경우가 많습니다. 그렇게 시작하면 재정적 어려움을 겪게 됩니다. 노인주간보호사업은 수익성보다는 복지 차원에서 접근하여야 하는데, 수익성을 생각해서 시작하면 많은 어려움이 따릅니다.

노인주간보호센터를 운영하고자 하면 무엇보다도 어르신들에 대한 이해가 중요합니다. 아이들도 아이들만의 언어가 있듯이 어르신들도 어르신들의 언어와 문화가 있어요. 그리고 치매에 대한 이해가 필요해요. 치매는 질환인데 감정적으로 받아들이면 아주 어려워지거든요.

간호사는 확실히 달라요. 간호사들은 매사에 열심히 하고, 일도 잘합니다. 그러나 한편으로는 병원에서 오더를 받고 일했기 때문에 스스로 자기 사업을 운영하는 일이 어려울 수도 있습니다. 노인복지법, 노인장기요양법, 사회복지법도 알아야 하는데, 일반적으로 법에 취약하기도 하고, 법이 자꾸 바뀌어 가니까, 계속 공부하고 노력해야 합니다. 회계, 재무 분야도 공부해야 합니다. 오픈하기 전에 기존에 운영되고 있는 센터의 시설 등을 미리 둘러보고 장단점을 잘 파악해서 적용하는 것도 필요합니다.

부부의 화음으로 이뤄내는 기쁨 〈주빌리너싱홈〉

삶의 질을 우선시하는 김선숙 대표

기쁨을 찾는 자리, 주빌리너싱홈!

1996년 3월 가정간호사 봉사센터를 개원하여 대전에 등록하고, 8명의 가정간호사들이 대전 5개 구에 있는 영세민 어르신들을 위탁받아서 가정 방문 간호를 시작했습니다. 처음엔 대전 동구에 있는 남편 선배 의사의 작은 검사실을 빌려서 아주 초라하게 시작을 했습니다. 그러다 이듬해 대전시청에서 사무실을 내주어 시청으로 들어가면서 규모가 커졌고 커지다 보니 봉사센터로 있을 수 없어서 대전광역시간호사회 산하기관으로 들어갔습니다.

4년 동안 봉사센터에서 관리하며 어르신들을 돌본 경험을 바탕으로 2000년엔 건양대학교병원 오픈 멤버로 들어가서 1년 동안 코디네이터로 일하면서 가정간호센터 오픈 준비를 했습니다. 1년 후

노인장기요양보험이 없던 시절이었습니다.
어려운 어르신 30명 모시고 임종을 도와드리고 싶어 땅을 구매하고 설계를 하며
호스피스 케어를 꿈꾸었습니다.

인 2001년에 건양대학교병원 가정간호센터를 오픈해서 팀원1명은 대전 어르신들을 방문하고 나는 행정하면서 계룡, 논산, 연무대, 강경, 공주, 부여를 담당했죠.

이때 어르신들의 임종까지 돌보았는데, 너무 불쌍하게 임종을 맞이하는 걸 보면서 마음이 아팠습니다. 농촌이고 가족이래야 노인들이고, 아픈 환자를 집에 두고 일하러 갈 수밖에 없는 상황이죠. 그러다 보니 통증, 영양, 영적 케어가 전혀 이루어지지 않고 애완동물보다 못한(?) 임종을 맞이하는 것을 보면서 지금의 요양원을 꿈꾸게 되었습니다.

그 당시엔 노인장기요양보험이 없던 시절이었습니다. 어려운 어르신 30명 정도 모시고 임종을 도와드리고 싶어서 땅을 구입하고 설계를 하며 호스피스 케어를 꿈꾸었습니다. 영양 관리, 통증 관리, 영적 케어를 해서 마지막이 덜 고통스럽도록 그리고 눈을 감으면서도 하늘나라에 대한 희망을 갖고 웰다잉 할 수 있게 도와드리고 싶었습니다.

그런 꿈을 남편에게 밝혔더니 "그거 혼자서 못한다. 도와주겠다."고 해서 남편이 근무할 주빌리의원이 태어났고, 병원을 넣다 보니 건물이 커져서 오늘의 주빌리너싱홈이 탄생하게 되었습니다. 2008년 오픈 때는 정원 73명으로 출발하였으나 지금은 상급병실(1, 2인실)을 3층에 증축해서 정원 92명으로 늘었습니다. 영적 케어를 위해서 주빌리 교회도 함께 합니다. 수요일과 주일엔 어르신들 모시고 직원들과 보호자분들이 프로그램실에서 함께 예배를 드립니다. 어르신이 예배드리는 시간을 기다리고 좋아하셔서 워

커로, 휠체어로, 침대 채로 나오십니다.

제가 추구하는 이름을 찾다 보니 주빌리(jubilee)가 되었습니다. 주빌리의 뜻은 성경에 나오는 말인데 희년, 회복, 기쁨, 축제의 뜻을 담고 있습니다. 성경을 보면 7년에 한 번씩 안식년이 있습니다. 안식년을 일곱 번 보낸(7 × 7 = 49년) 다음 해 50년 되는 해가 주빌리 해입니다. 이 해는 모든 땅을 쉬게 하고 50년 전 땅 주인에게 돌려준다고 합니다. 약자에게는 주빌리만큼 즐거운 해는 없을 것입니다. 땅을 돌려받다 보니 신분도 찾게 되고(재산이 없어서 남의 집 소작농이나 노예가 되었던 사람들) 모든 걸 회복해서 기쁨으로 축제 분위기로 다시 시작하는 것이지요.

우리 어르신들이 연세가 들어 몸이 쇠약해져서 모든 직장이나 권력이나 재산이나 건강 등을 다 빼앗겼다 해도 주빌리에서 주님을 만나서 기쁨을 찾고 즐겁게 축제분위기로 살다가 소망을 갖고 하나님 앞에 가자는 뜻으로 주빌리라는 이름을 갖게 되었습니다.

너싱홈(Nursing Home)은 간호하는 집이지요. 간호사들이 창업한 요양원을 너싱홈이라 부르고 있습니다. 한국너싱홈협회가 있으며 의료적인 자문을 한국너싱홈협회에 있는 원장들이 많이 하고 있습니다. 2018년도부터 한국너싱홈협회 회장직을 맡고 있습니다.

한국너싱홈협회에 소속된 원장들은 해마다 선진국의 요양시설을 방문해서 견문을 넓히고 있습니다. 미국, 호주, 유럽(독일, 노르웨이, 스웨덴, 핀란드, 영국, 네덜란드 등), 일본 등을 방문하고, 그들의 장점을 찾아서 우리 시설들을 업그레이드하고 있습니다. 주빌리도 2014년 독일 연수하고 나서 3층 상급병실을 증축하게 되었습니다. 치매 마을로 유명한 네덜란드의 호구백 마을, 영국의 나이팅게일 기념관(성토마스병원) 등을 보면서 많은 생각들을 하게 됩니다.

요양원에서 의료가 단절되는 현재의 요양원의 문제를 개선하기 위해서 정부에서 2019년부터 일반요양원 안에 전문요양실(21~26명) 시범사업을 하게 되었습니다. 간호 인력이 강화되고 전문요양실에서는 일부 의료적인 처치가 계약 의사의 오더를 받아서 시행할 수 있게 하는 시범사업입니다. 전국에 3,512개 요양원 중에서 20개 요양원을 선정하였는데 주빌리너싱홈도 선정이 되었습니다. 선정된 요양원 중에서도 몇 개가 될지 모르지만, 경력 있는 간호사를 뽑지 못해서 고생하는 요양원이 생기고 있습니다. 간호사의 영역을 확대해 가는 시범사업이고 26명의 환자를 간호 인력 4명이 3교대 하는 일인데 간호사가 없어서 좋은 기회를 놓쳐야 하는 것을 보면 마음이 많이 아픕니다.

이 글을 읽는 간호사분들이 있다면 요양원에 오는 것을 망설이지 마시길 부탁합니다. 병원보다 일이 광범위하다고 기피하는데 병원은 의사의 처방에 맞추어서 하는 곳이지만 요양원은 간호사가 주도적으로 전인 간호를 펼칠 수 있는 곳입니다. 간호사의 월드를 만드는 좋은 기회입니다. 관리능력을 키우고 리더십을 발휘해서 간호가 필요한 어르신들에게 행복을 안겨 드리는 일에 혼신의 힘을 다하는 후배간호사들이 많았으면 좋겠습니다.

삶의 질이 높아지는 요양공간

노인장기요양시설로서 장기요양등급(시설급여)을 받으신 분들이 입소하여 함께 살면서 의료와 간호, 요양, 영양, 영적 케어 등을 서비스 받는 곳입니다. 만 65세 이상 노인들이 거동이 불편하거나 인지 저하가 있거나 하여 혼자 일상생활을 하기 어려운 분들이 국민건강보험공단 내에 있는 장기요양보험공단에 가서 요양등급을 신청하면 등급을 받을 수 있습니다. 치매나 중풍, 파킨슨 등 노인성 질환은 만 65세 미만이라도 요양등급을 받을 수 있습니다.

우리 주빌리너싱홈의 자랑거리는 아주 많습니다. 우선 도시근교에 위치하여 공기가 특급으로 아주 좋고, 의사와 간호사가 24시간 상주하여 의료문제를 바로바로 해결해 드립니다. 영양사가 질병에 맞는 식사를 제공하고, 영적 케어에 일익을 담당하는 목사도 상주하여 항상 상담이 가능하고 주 2회 예배(수요일과 일요일)도 있습니다. 요양원 내에 휴식 공간도 충분합니다. 쉼터, 산책로, 프로그램실, 넓은 물리치료실, 폭포, 족욕탕, 지압로, 연못, 강아지, 닭, 열대어, 잉어, 여분의 주방시설 등이 많고 공간이 넓어서 어르신들이 생활하시기에 아주 쾌적합니다. 보호자와 가족들이 함께 파티할 수 있는 공간도 있어서 생신이나 명절 때 가족 모임이 자주 이루어집니다. 이곳에서 100수 잔치를 두 가정이 하였습니다(2019년).

또한 주중엔 간호대학(3곳) 학생들과 간호대학원 석사과정생(노인전문간호사, 4곳) 실습이 이루어지고 주중과 주말엔 사회복지사 실습 등으로 직원들이 해결해 주지 못하는 정서지원과 차별화된 서비스를 받을 수 있는 기회가 되어, 우리 너싱홈에 계신 어르신들이 밝고 행복해 하십니다.

영적 케어 실현의 기회로 시작된 창업의 과정

기독교신앙을 갖고 있어서 개인적으로 영적 케어에 관심이 많았습니다. 1994년도에 호스피스 공부를 하면서 '가정간호사가 되면 집으로 찾아가서 1:1로 만나 영적 케어도 가능하겠다.'는 생각이 들어서 1995년도에 충남대학교 대학원에 개설된 가정간호 공부를 하게 되었습니다. 그 당시엔 석사과정이 아니고 1년 마치면 '분야별간호사(가정간호) 자격증'을 주었습니다. 가정간호사가 된 후 1996년 3월부터 2008년 7월까지 각 가정에 있는 환자들을 돌보면서 내가 좋아하는 일을 할 수 있었지만 주 1~2회 방문으로는 한계가 있었습니다. 그래서 생각한 것이 너싱홈 창업이었습니다.

2006년도에 땅을 구입하고 2008년 11월 개원하게 되었습니다. 어르신들을 한곳에 모셔놓고 임종하는 날까지 영양관리, 통증관리, 영적 케어를 하고 싶어서 너싱홈 창업을 한 거죠. 창업자(원장)는 의료인이나 사회복지사면 가능합니다.

간호사면허는 이미 있었기 때문에 별도의 자격증을 더 준비할 필요는 없었습니다. 하지만 요양원이 사회복지시설이다 보니 복지사들이 개원한 곳이 대부분이기도 하고 사회복지 일을 하다 보니 사회복지 공부도 하고 싶어서 사회복지학 석사학위를 받고 박사과정까지 수료하였습니다. 사회복지사 자격증은 2013년 4월 1일에 받았습니다. 간호사 창업자가 적어서, 저는 사회복지사 자격증을 받고 사회복지사 보수교육도 해마다 받으면서 사회복지사 원장들과 교제하기가 용이한 장점이 있었습니다.

매년 간호사와 사회복지사 보수교육을 이수하느라 2배로 공부하고 시간을 내야 하는 번거로움이 있었지만 아직 남아있는 호기심과 배우고자 하는 마음이 있어서 즐겁게 한 결과 2020년부터 사회복지사 실습지 선정이 까다롭게 되었지만 주빌리는 쉽게 선정되어서 사회복지사들에게도 좋은 실습지로 계속 제공할 수 있게 되었습니다.

'어르신들을 잘 모시고 싶다.'는 마음은 간절했지만, 사업자금은 턱도 없이 부족했습니다. 땅 구입부터 빚을 지게 되었지요. 다행히 좋은 건축업자를 만나서 그분이 은행을 알선해 줘서 은행 도움으로 가능했습니다. 여기에는 남편(의사) 도움이 컸습니다. 나는 땅과 건물을 담보로 대출을 받았고 그것으로 부족한 자금은 남편이 의원 개업자금을 융자받아서 두 사람의 빚으로 충당했습니다. '은행융자로 건물만 지어진다면 이자는 두 사람의 급여로 가능하겠다.'라는 단순한 생각으로 용기를 냈습니다. '은행융자 원금은 건물로 갖고 있으니 사라지는 게 아니니까 할 수 있다.'고 생각했습니다.

너싱홈의 위치 선정도 중요한데요, 저는 집과 직장에서 가까운 곳에서 찾아봤어요. 지금도 조금 아쉬운 점은 대중교통이 불편하다는 게 큰 단점입니다. 그럼에도 불구하고 직원이나 어르신들이 찾아주는 것은 고맙고 기적이라고 생각합니다. 많은 사람들의 기도의 힘이라고 생각합니다.

진정한 업적은 외형적 발전보다 '웰다잉 케어'의 실현

사업의 시작은 2층 건물에 73병상으로 시작하였으나 VIP실(1, 2인실)이 부족해서 2014년도에 3층에 스무 개의 bed를 증축하였습니다. 앞으로 연금시대의 노인들은 다인실(4인실) 사용을 기피할 것을 대비해서 준비하였고 2층에도 2인실 7개가 있습니다. 많은 분들이 중환자실에서 외롭게 마지막을 맞이하지 않고, 우리 주빌리에서 가족과 함께 임종을 맞이할 수 있도록 한 것이 업적이라고 할 수 있을 것입니다.

가족 간에 원수처럼 지내던 가정이 부모님 임종을 함께 보내면서 화해가 되고 그것을 기념해서 가족장으로 지낸 가족이 세 가정 있습니다. 그럴 때 마음이 흐뭇합니다. 주빌리에는 목사님도 있어서 "장례식을 집례해 달라."는 보호자들의 요청이 종종 있습니다. 그럴 때 힘은 들어도 보람이 있고, 기독교 신자가 아닌 보호자인데도 장례식 후에 찾아와서 "어머님 100일 예배를 주빌리에서 해달라."고 요청하는 분도 계셨습니다. 그래서 "불교신데 왜 절에서 안 하고 주빌리로 오셨어요?"라고 물으니 "나도 기독교 신자가 되었습니다."라고 하시는 분도 계셨습니다. 어떤 분은 "'주빌리'라는 이름이 좋은데 자기네가 식당을 하려고 하는데 이름을 지어 달라."고 하시는 분도 계셨습니다.

부모를 모실 수 없어서 가족 간에 갈등이 심각해지는 경우 "주빌리너싱홈을 소개받고 오신 후 당신들 집에서 모시는 것보다 더 환경이 좋아서 죄책감이 사라졌다. 감사하다."고 할 때 큰 보람을 느낍니다. 가족 간에도 화해가 이루어지도록 노력하고 있습니다. 입소자와 보호자 간의 갈등을 해결해 주기도 합니다. 간호사로 특히 가정간호사로 12년을 일하면서 중증환자를 간호하고 임종을 도와드렸던 것들이 요양원을 운영하는 데 매우 큰 도움이 되고 있습니다. 또한 대학에서 호스피스완화 간호와 인간심리의 이해를 가르치고 있는데 이러한 과목들이 현장경험을 통해서 많은 도움이 되고 있습니다. 요양원을 운영하려면 중증환자 병동에서 3년 이상 경험을 쌓아야 한다고 생각합니다.

요양원에 대한 인식을 바꿔 줄 수 있는 곳, 주빌리!

서비스 질 관리를 위해서 직원교육을 수시로 하고 있습니다. 또한 관리자들과 시설장인 제가 수시로 어르신들의 상태를 살피기 위해서 라운딩을 합니다. 체크리스트를 만들어서 어르신들 체위 변경, 산책, 프로그램, 식사, 기저귀 교환 등등을 꼼꼼히 살피고 있습니다.

직원 채용은 워크넷이나 고용보험센터, 교차로, 직원 등을 통해서 하고 있으며, 관리는 직원들의 요구도와 눈높이에 맞춰 주는 노력을 합니다. 직원들을 격려하고 칭찬해 주고 스스로 알아서 자발적으로 하도록 유도하고 있습니다. 평가도 좋아서 직원들이 선호하는 직장으로 소문이 나서 교통이 불편하지만 직원 구하는데 어려움이 없습니다.

특별히 홍보랄 건 없습니다. 학생들 실습을 통해서 대학이나 학원(요양보호사, 간호조무사 등) 강의(창업 초기)를 통해서 알렸고, 가끔 저널지에 주빌리너싱홈 내용들이 실리기도 했습니다. 무엇보다 주빌리에 부모님을 모셨던 보호자들에 의해서 알려졌습니다. 이용하신 분들의 입을 통해서 고객유치가 되도록 서비스를 만족하게 해 드리기 위해서 노력하고 있습니다.

또한 지역사회 활동을 통해서 자연스럽게 홍보하기도 했습니다. 창업 전부터 인연을 맺고 있었던 대전 YWCA 이사와 동문회에서 이사로 섬기고 있고, 국민참여재판의 배심원과 KBS 시민의회 등으로 봉사했습니다.

요양원에 대한 잘못된 인식(가면 죽어야 나올 수 있다, 거기서는 묶어 놓는다, 죽으러 가는거다, 밥도 제대로 안 준다 등) 때문에 보호자나 어르신들이 요양원에 입소하는 것을 부끄럽게 생각하고 기피하는 일이 2008년 창업 초기에는 많았습니다. 이러한 편견들을 바꾸어 주기 위해서 24시간 보호자 면회가 가능하게 했고, 입소자나 보호자가 원하시면 입소자와 함께 있을 수 있도록 했습니다. 건물 폭도 넓고 천장도 높게, 주변에 볼 것들과 편의시설들(물리치료실, 산책로, 족욕탕, 지압로, 여러 곳의 쉼터들, 팔각정, 골프 연습장, 가족이 모여서 파티할 수 있는 시설 등)을 최대로 준비했습니다. 치매 어르신들이 맘 놓고 돌아다니실 수 있도록 공간을 많이 만들었습니다.

외박이나 외출도 보호자만 동행하면 수시로 가능하도록 했고, 신체 보호대도 최소한으로 사용하고 그것도 사전에 반드시 보호자 허락을 받고 있습니다. 건강한 먹거리를 위해서 1,000평 정도의 땅에 직접 농사도 짓고 있습니다. 농약을 일체 사용하지 않고 완전 무공해재배를 하고 있습니다. 자연산으로 물만 잘 공급해 주면서 퇴비를 좋은 것으로 사용하고, 햇볕도 충분히 받은 야채를 어르신들과 직원들에게 공급하니 만족도가 매우 높습니다. 어르신 중에 큰 병원에 입원했다 오시면 '병원 밥이 맛없어 못 먹었었는데, 여긴 너무 좋아.'라고 하시고, 어떤 직원은 '맛있는 유기농 야채들 먹는 행복 때문에 사표를 못 내겠어요.'라고 말하기도 합니다.

2008년도 어느 보호자가 "요양원에 부모님 맡기고 집에 가려면 뒤통수가 당기고 직원들 눈치가 보이지만 여기는 우리 집보다 훨씬 좋아서 그런 미안한 맘이 안 들어요."라고 말하기도 했습니다.

간호사가 창업한 너싱홈이 많지 않아서 이름 지을 때 '일반요양원하고 서비스 질이 다르다.'는 것을 알리려고 처음부터 애쓴 덕분이기도 합니다.

그러나 아직도 너싱홈을 운영함에는 제도적 한계가 많습니다. 대한간호협회, 노인간호사회, 장기요양시설협회(한국너싱홈협회)가 하나가 되어서 의료적인, 간호학적인 문제는 지속적으로 문제

제의를 하면서 많은 부분들이 보완되고 있습니다. 그중의 하나가 요양원에서 의료행위를 할 수 없게 해 놓은 제도의 모순을 계속 지적해서 2019년부터 전문요양실 시범사업을 하게 되었습니다. 전국에서 20개 시설만 시범사업을 합니다. 계약의사(촉탁의)로부터 주1회 진료받고 처방받아서 간호사가 의료행위를 할 수 있게 하는 사업입니다. 가정간호처럼 간호지시서를 3개월마다 계약의사에게 받아서 일반적인 의료행위가 가능합니다. 주빌리너싱홈도 시범사업에 선정이 되었습니다. 전문실에 근무할 직원들은 2월과 3월에 인력용역업체로 선정된 연세대학교 간호대학에 가서 교육(간호사는 8일 64시간, 간호조무사는 5일 40시간)받고 4월 1일부터 시행에 들어갔습니다.

일학습병행기관으로도 선정되어서 1년 미만의 신규직원들이 일하면서 공부하는 혜택을 누리고 있습니다. 또한 2018년 시설 평가에서 최우수기관(A등급)으로 선정되었으며, 대전보훈청과 MOU를 체결하였습니다. 대전과학기술대학교(2016년)와 충남대학교 산학협력단(2017년)과 가족회사 협약을 맺고, 직원들과 어르신들에게 더 많은 혜택을 누리도록 하고 있습니다.

너싱홈 서비스의 대상자는 몸이 불편한 노인들입니다. 아직까지 대부분의 노인들은 몸이 불편해도 집에 계시기를 더 원하십니다. 자식하고 살고 있어야 '대우받는다.'고 생각하시는 분들이 많습니다. 주빌리너싱홈은 그렇지 않다는 것을 알려 드리려고 노력합니다. 전문적인 서비스를 받으면서 동료들이 있는 요양원이, 집에서 자녀만 바라보고 불편하게 계시는 것보다 더 좋다는 것을 알게 해 드리려고 노력합니다. 앞으로는 요양원을 어르신들이 직접 찾아 오시는 시대가 올 것입니다.

4년 전에 돌아가신 홍 할머니는 아들 셋을 낳아서 잘 가르쳤는데 둘은 외국으로 갔고 연구소 다니는 아들 하나밖에 없어서 "그 아들하고 떨어지면 큰일 나는 줄 아셨다."고 합니다. "아들이 장기간 출장을 가게 되면 며느리 대신 할머니가 아들을 따라가서 살았다."는 거예요. 아들도 어머니의 그런 아들에 대한 집착을 이해하고 받아 주었다고 합니다. 점점 몸이 불편해지셨는데도 "절대로 요양원은 안 가겠다. 요양원에 보내려면 나를 죽여라."고까지 말씀하셔서 요양원에 모시는 것은 엄두를 못 내고 온 가족이 고생하고 있었다고 합니다. "어느 날 자꾸 쓰러지셔서 할 수 없이 주빌리로 모시고 왔다."고 했습니다. 그런데 의외로 너무 적응을 잘 하시고 며느리나 아들, 손자가 오면 "이젠 집에 절대로 안 간다. 요양원이 이렇게 좋은 곳인 줄 몰랐다. 이런 줄 알았으면 진즉에 왔을 텐데…"라고 하셔서 며느리 얼굴이 밝아지는 사례가 있었습니다. 입소자들 대부분은 일주일이나 한 달 정도 지나면 적응하시고 즐거워하십니다. 간호대학생들 실습이 많은 것도 어르신들이 즐겁게 적응하시는데 한몫을 한다고 생각합니다.

요양이 필요한 부모님으로 인해서 갈등이 심했던 가족들이 부모님을 주빌리에 모시면서 모든 갈등이 완화되고 서로 이해하는 화목한 가족으로 바뀔 때, 하나님을 모르던 환자나 가족들이 주빌리를 통해서 하나님을 알아갈 때, 임종할 때 온 가족이 함께하며 임종자에게 사랑을 고백할 때, 많은 직원들이 함께하며, 또 많은 직원들에게 급여를 줄 수 있을 때 등등 고생도 많이 있지만 보람이 더 많습니다.

앞으로 현재 시범사업 중인 '전문요양실'을 잘 운영해서 만성 중증 어르신들도 편하게 모시는 시설로 발전하여, 적은 비용으로 양질의 서비스를 받다가 하늘나라 가시는 날까지 편안하게 모시고 싶습니다.

꿈(생각)을 실행하라!

우리가 살아가다 보면 순간순간 선택을 해야 할 때가 종종 있습니다. 창업을 할 때는 꼼꼼히 리스크를 체크해 보는 것도 중요하지만, 그보다는 내가 좋아하는 일인지, 올인해도 후회가 없는지, 잘 할 수 있는 실력을 갖추었는지 등이 더 중요하다고 생각합니다. 내가 추구하는 가치관에 부합되는지가 제일 중요하고, 확신이 생기면 모든 걸 바쳐서 올인하면 충분히 리스크를 극복할 수 있다고 생각합니다. 모든 창업에는 리스크가 따르는 게 당연합니다. 리스크만 생각하면 아무것도 할 수 없습니다. 해도 후회, 안 해도 후회가 있을 수 있는데 생각만 하지 말고 일단 행동을 하는 쪽을 택하라고 하고 싶습니다.

노인전문요양원을 운영하고 싶은 후배가 있다면 선배들이 하고 있는 너싱홈(요양원)들을 방문해서 봉사도 해보고, 현장에서 어떤 간호문제들이 있는지 알아보고, 최소한 임상경력을 3년 이상 쌓

목표를 갖고 열심히 하다 보면
당근을 받는 영광도 덤으로 받습니다.
주빌리너싱홈 김선숙 대표

고, 그중에서도 중환자나 신경외과병동 쪽에서 일하면서 공부를 하라고 권하고 싶습니다. 나의 경우는 가정간호를 12년 한 것이 매우 큰 도움이 되고 있습니다. 중환자 간호를 할 줄 알아야 관리자(시설장) 역할도 잘 할 수 있습니다.

2020년 4월부터 시행하는 2차 전문요양실 시범사업도 선정되었습니다. 2차는 공단주관으로 합니다. 간호사가 3명 이상(5명 중)이라야 하며, 32명까지 전문실에서 돌보게 됩니다. 24시간 간호사가 있어서 어르신들을 돌볼 수 있고 요양병원과 같은 의료서비스의 일부를 적은 비용으로 쾌적한 요양원에서 받을 수 있도록 제공한다는 뿌듯함이 창업자를 행복하게 합니다.

주빌리너싱홈을 운영하면서 어려운 일도 많았지만 보람된 일이 더 많았습니다. 가정간호사로 봉사하던 시절 국민보건 향상에 이바지한 공으로 보건복지부 장관상을 받았고(1998년), 요양원을 운영하면서 보건산업진흥회 고령친화산업 복지용구 심사평가원으로 활동하였으며, 고령친화산업발전에 기여한 공을 인정받아서 보건복지부 장관상을 받았고(2016년), 장기요양보험 제도 10주년 기념식에서 장기요양제도 발전에 기여한 공을 인정받아서 보건복지부 장관상(2019년)을 받았습니다. 2019년 12월 5일엔 전문요양실 시범사업에 동참하면서 만성중증 수급자 등을 대상으로 체계적인 간호서비스를 제공할 수 있는 전문요양실 모형 개발에 기여한 공이 인정되어 국민건강보험공단 이사장의 감사패를 받았습니다. 2012년엔 '한국현대인물열전 33선'에도 실리는 영광을 주셨습니다. 목표를 갖고 열심히 하다 보면 중간중간 당근을 받는 영광도 덤으로 주신다고 생각합니다. 간호사 후배들이여! 열심히 공부하고 실력을 쌓아서 우리의 도움이 필요한 그 누군가를 위해서 아낌없이 사용합시다.

영혼까지 돌보려고 목사가 된 가정전문간호사 〈호스피스 케어〉

영혼을 돌보는 김주단 대표

삶의 끝자락에서 영혼까지 보듬는 손길

호스피스 케어는 꼭 죽어 가는 환자들만 대상으로 하는 건 아니잖아요. 모든 환자가 다 내 대상자인데 시간이 급하니까 임종 전, terminal에 있는 환자를 먼저 보는 것뿐이죠. 그러니 나는 '호스피스 케어'라는 말보다 '정신치유'라는 말을 더 좋아해요. 정신치유는 통합치료잖아요. 통합치유니까 환자의 배경까지도 고려하죠.

지금 돌보고 있는 환자 중에는 예전에 대학교수이면서 동양화가였던 분도 있어요. 지금은 어찌 된 일인지 기초생활수급자로 돌봐주는 가족도 없어요. 버거씨병으로 양쪽 발을 자르는 수술을 받고 아직도 그 상처로 고생하고 있는데 안타깝죠. 이렇게 인생의 막바지에 다다른 환자들의 경우엔 특히 정신치유가 먼저고 그다음에 마음치유, 그다음에 육신치유가 이루어진다고 생각해요. 그동안 경험을 돌이켜 보면 영적 면역력을 길러줘야 환자가 일어나게 되더라고요. 올 때마다 함께 기도하죠.

먼저 예배를 드리고 간호를 시작해요. 요양원에 오면 원장님을 비롯해서 간호팀장, 사무국장, 공익근무요원으로 파견 근무 중인 간호학과 학생 2명 등이 나와 함께 이 요양원의 환자와 직원들을 위해 예배드리죠. 그리고 환자 한 명 한 명을 모두 만나 이야기도 들어주며 기도를 함께 하죠. 수신제가치국평천하(修身齊家治國平天下)라고 하는데, 나는 수신(修身)에 앞서 영적치유가 먼저 되어야 내 몸을 가지런히 할 수 있다고 생각해요. 환자들에게 "영적치유가 일어나면 몸이 회복되는 데 큰 힘이 된다."고 힘을 북돋아 주곤 하죠. 이렇게 내가 하고 있는 가정간호와 목사의 역할은 뗄 수가 없어요.

나는 지금 인천소망병원의 가정간호 방문간호 센터장이면서 원목도 해요. 신혼 때부터 해 오던 꽃꽂이도 의원 내 여기저기를 기분 좋게 만들어 줍니다. 내년에는 영국 꽃 첼시 박람회에 참석할 정도로 꽃꽂이 전문가이기도 해요. 골프장이나 호텔에 납품한 적도 있죠. 요즘엔 호스피스를 하다 보니까 꽃을 통해서 치유하는 원예치유가 도움이 되더라고요. 우울증 환자가 엄청 좋아하죠. 예전에 동네에서 꽃꽂이 수업을 할 때, 산모들이 많이 왔어요. 내가 산부인과 경험도 있으니, 수강생인 엄마들한테 산모교육도 겸했죠. 꽃꽂이를 통해서 산모들이 가지고 있는 우울증, 스트레스가 엄청 치유가 된다는 것을 내가 알았어요.

영적 돌봄을 위해 목사가 된 여정

24살에 간호학과를 막 졸업하고 분만실에서 1년 일하다 내가 원해서 정신과로 옮겨 1년간 일했어요. 결혼하고 요즘 말하는 '경단녀(경력단절여성)'이었는데, 스스로 호스피스 봉사를 시작했죠. 호스피스 봉사하다가 가정간호를 공부하기 시작했죠. 4개 대학원을 다녔어요.

서울대학교 보건대학원에서 가정간호사 자격증을 취득했죠. 가톨릭보건대학원에서 호스피스최고지도자과정도 이수했어요. 목사안수는 예수장로회 개혁 측에서 받았어요. 거기서 신학대학원을 나왔거든요. 호스피스를 하다 보니까 목사를 안 할 수가 없었어요. 다른 목사님들이 장례나 임종환자를 부담스러워하는 걸 보게 되었죠. 그런 모습에 굉장히 상처받았어요. 신학대학원 졸업하고 6년 정도 신나게 놀고 있는데, 어른 목사님이 오라고 하시더니 "우리 교단에서도 요양원이 필요하다. 당신이 담당목사 겸 간호부장을 맡아 달라."고 부탁하셨어요. 그때 목사 안수도 받게 된 거죠. 간호학과 보건학을 공부하던 사람이 신학을 공부하는 건 쉽지가 않았어요. 7년째 되던 해에 한 학기를 청강하면서 시험 준비해서 겨우 합격했어요. 조직신학은 과락이 되어 그다음 해에 재시까지 볼 정도로 힘겨운 과정이긴 했죠. 그래도 목사 안수준비가 다 되니 어른 목사님들이 "당신은 전무후무한 목사다."고 격려해 주셨어요. 나중에 목사님들만 다니는 목회 대학원에 다니며 치유상담학을 3년간 공부했어요. 우리 간호사가 환자 대할 때나 보호자 대하

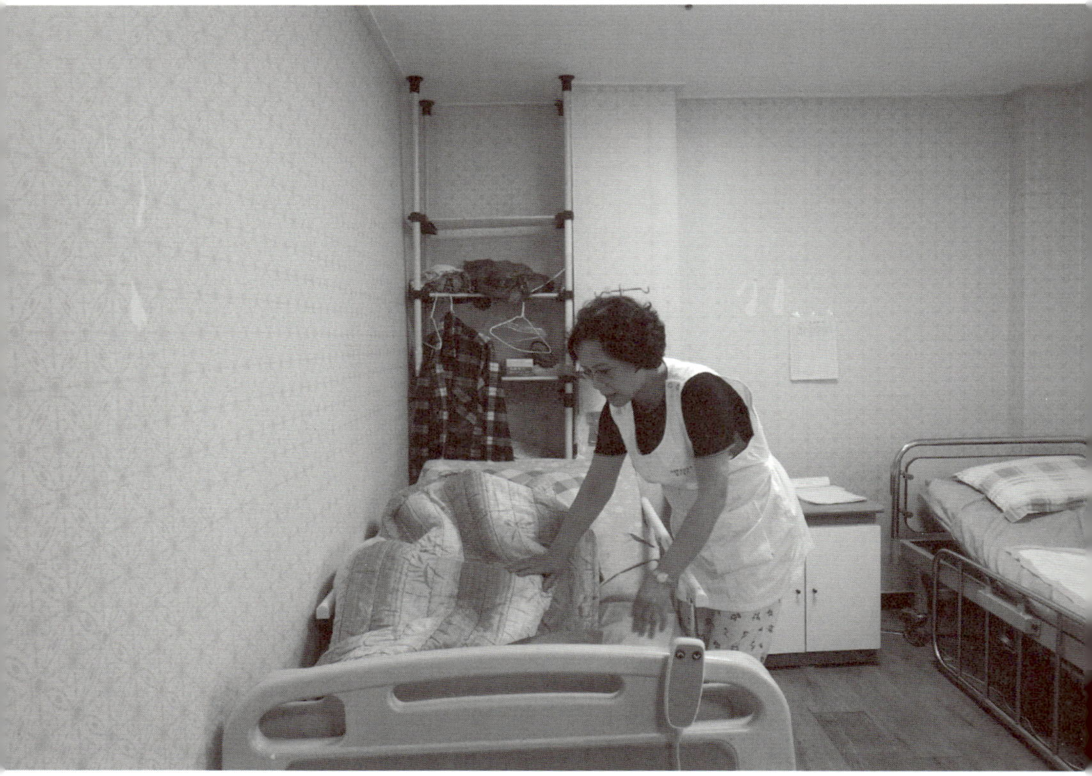

'호스피스 케어'라는 말보다 '정신치유'라는 말을 더 좋아해요.
정신치유는 통합치료잖아요.
통합치유니까 환자의 배경까지도 고려하죠.
호스피스 케어 김주란 대표

는 순간이 모두 상담이라고 생각해요. LA까지 가서 치유상담학을 공부할 정도였죠.

충북 진천군 초평면에서 보건진료소장도 했어요. 남편이 중부고속도로 설계를 했는데 마침 그 옆에 보건진료소가 있었어요. 보건진료소장 업무가 그렇게 어려운 일인 줄 처음엔 몰랐어요. 겁도 없이 시작해서 보건진료소장을 5년을 했어요. 그때 말기암환자를 많이 돌보게 되었죠. 동네에 노인인구비율이 높은 탓이었죠. 당시엔 호스피스가 뭔지도 모르고 기도해 주고 대충대충 실수를 하면서 했는데, 보건진료소장 끝나고 호스피스최고지도자과정을 하게 되었어요.

다음에 1990년도에 우리나라 간호사 최초로 '호스피스 너싱홈'을 오픈했어요. 36평짜리 아파트 하나 팔아서 10bed로, 무료로! 덕분에 대통령상 받았고, KBS 아침마당에도 출연했어요. 국민일보에, 간호협회 신문에 엄청 보도되었죠. MBC에서는 호스피스간호로 찍고, 충주 기독교 방송에서도 목회하는 장면을 찍어갔죠. 무료로 호스피스 너싱홈을 2년 반 동안 운영했는데, 최대의 지원자였던 남편이 더 이상 돈을 안 주니까 자동으로 문을 닫고 말았어요.

그때 돌봤던 40대 경추마비 된 환자가 지금도 기억나요. 목 아래를 전혀 움직이지 못하는 환자였죠. 환자가 담배 피고 싶다고 하면, 내가 피워서 입에다 물어 주고, 재떨이 받혀 주고 대소변까지 받아냈죠. 간병인들이 둘 다 휴가 가고 없어 나 혼자 돌봤던 날도 있었어요. 90kg나 되는 남자의 대변 다 받아 주고. 요양원 운영하면서 간병인들에게는 그런 일 안 시켰어요. 내가 다 했어요. 이동

변기, 대소변 받고, 기저귀 갈아 주고 다 내가 직접 했어요. 그때는 요양보호사도 없었잖아요. 28년 전이니까.

그래도 그 2년 반 동안에 3,000명 이상에게 전도했다는 것이 자랑스러워요. 한편 제일 미안한 거는 그 요양원 할 때 우리 애들 고등학교 다닌 땐데, 잘 보살피지 못한 게 지금도 마음에 걸립니다. 그래서 지금은 아들 딸만이 아니라 손주들까지 잘 해주고 있어요. 집도 사 주고, 애들 옷도 내가 다 사 주죠.

호스피스 너싱홈을 운영할 당시에, 내가 무료로 해 준다고 하니까 의심받는 일도 있었는데, 지금 생각해도 가슴 아픈 사연이죠. 우리 호스피스 봉사자 수료생 가운데 KBS 기자 출신이 있었어요. 내가 '국가에서 후원을 받아서 호스피스를 하는 것'으로 추측해서 그 사람이 내 뒷조사를 몰래 했더라고요. 굉장히 가슴 아팠어요. 울었어요. 엄청 울었어요. 나는 태어나서 그렇게 많이 운 적이 없어요. 나는 완전히 무료 봉사를 하고 있는데, '저 원장이 어디서 돈을 받아 먹고 무료로 하고 있다고 사기 친다.'고 생각해서 뒷조사한 거죠. 그때 배신감에 엄청 울었어요. 물론 나중에 다 제대로 밝혀져 다행이긴 했지만 난 아파트까지 팔았고, 남편의 지원으로 운영한 것이었으니 너무너무 억울했죠.

가정간호사의 업무

공부 잘하고 똑똑해야만 가정간호사업을 하는 게 아니에요. 남을 배려하고 사랑하는 인류애, 영혼을 사랑하는 마음이 있어야 가능하지 않을까요?

가정간호는 원격진료예요. 병원에서는 그날 order 받아서 그날 간호하잖아요. 가정간호는 거꾸로 되어 있어요. 9월 1일에서 9월 말일까지 일한 것을 10월 1일에 의사가 와서 보고 사인해 주죠. PRN order니까 우리가 알아서 독자적 판단으로 일해요. 우리 주요 업무는 환자가 병원까지 가기 힘드니까 혈액이나 소변검체를 모아서 병원 임상검사실에 넘기는 것, 영양제나 염증치료를 위한 수액주사 놓는 것, Tube(위줄, 소변줄)관리, 욕창관리(dressing) 등이죠.

가정간호사는 간호를 하고 일지를 작성해서 건수로 청구를 해요. 일지 작성한 거 보여 줄게요. ㄱ 씨는 회음부 간호를 해요. 소변줄을 하고 있어요. ㄴ 씨는 식사가 저조해서 5%포도당 200ml에 비타민 B와 C를 섞어서 정맥주사로 주었어요. ㄷ 씨는 전신통증이 와서 트라마돌(진통제종류) 1A을 맞았어요. ㄹ 씨는 양쪽 발을 절단했어요. 당뇨는 아닌데 담배를 많이 피워 버거씨병이 와서 양쪽 발을 잘랐어요. 항상 드레싱 해 줘야 하고 메디폼과 탄력붕대를 사용하죠. 이렇게 모두 기록해야 우리가 그걸 타 와서 환자에게 해 줄 수 있지요. ㅁ 씨도 어깨 결려서 트라마돌 주사를 주었죠. 80~90대 여자노인들의 99%에 질염이 있는데, 카네마젤 질정을 사용해요. 이것이 오늘 한 일로 기록한 거죠.

요양원 환자들의 검체를 우리가 채취해서 병원으로 가져가죠. 이런 가정전문간호사의 지원 덕분에 요양원 환자들이 병원에 가지 않아도 됩니다. 환자가 병원에 검사하러 갈 때 동반해야 하는 직원의 인력 손실이 줄어들죠. 또 앞으로 방문간호를 다시 시작해서 집으로 가가호호 방문을 하게 될 거예요. 특히 임대 아파트에 베트남전쟁에 참전했던 군인들이 많다는데, 그분들도 케어하게 될 거예요.

우리가 요양원 환자를 지원하면서 전문적인 의료지식을 요양원 간호팀에 알려 줄 기회가 되는 것도 좋은 거죠. 요양원 인력이 대개 간호조무사나 요양보호사 같은 보조원들이거든요. 또 환자들은 촉탁의가 와도 바쁘다고 서두르니 세세하게 물어보기도 힘들지만, 우리는 시간을 충분히 두고 한 분 한 분 보살피니까 환자나 조무사나 촉탁의보다는 가정간호사를 더 의지하기 마련입니다. 어느 요양원에 귀가 아주 중이염이 생겨가지고 고름이 줄줄 나오는데 촉탁의가 항생제 처방을 안 해요. 왜 안 하는지 아세요? 감점이 되거든요. 항생제 처방을 하면은 응급실에 가서도 foley 찢어져 가지고 난리가 나면은 당연히 3일간 항생제 처방을 해줬는데, 처방해 주라고 해도 안 해줘요. 비실비실 웃으면서 안 해주더라고요. 나중에 알았지요. 항생제를 어느 정도 이상 처방하면 평가에서 감점이 된다는 것을. 그러니 항생제 처방을 안 하려는 거죠. 그래서 내가 아침저녁으로 아미카신 주사 놔 주었어요. 아미카신도 우리가 다 놓을 수 있거든요. PRN order가 미리 나와 있기 때문에 IM, IV 우리가 다 해요.

물론 환자가 만족할 만큼 기본간호술기도 잘 해야 하죠. 식사를 못하는 환자에게 정맥주사를 놓는 경우를 예로 들어보죠. 다행이 혈관이 굵으면 괜찮은데, 철사줄처럼 가는 사람은 스트레스죠. 지금이야 선수기 때문에 2초 안에 끝내 버리지만, 처음에는 너무 힘들었죠. 노인병원에서 5년 일하다가 가정간호한 지가 5년 되잖아요. 처음에는 서툴렀죠. 그땐 요양원에서 컴플레인이 왔죠. 병원에 전화도 오고. "김주단이란 가정간호사가 4군데, 5군데 찌르면서 주사 놓고 갔는데 붓는다."고. 요양원관계자들은 의료인이 아니니까 잘 모르니 항의를 하며, "김주단이 말고 다른 간호사 보내달라."고 했어요. 그렇지만 어디 다른 간호사 있나요. 가정간호사가 어디 가도 많지 않았어요.

나도 20개 관리할 때는 많이 바빴지만, 지금은 5개로 줄였기 때문에 아무래도 퀄리티가 높아졌어요. 내 몸이 편하니 재충전할 시간이 나고, 환자들의 마음과 영혼까지 돌볼 여유가 생겨요. 이렇게 가정간호사를 90살 아니 건강이 허락하는 한 100살까지 하고 싶다니까요. 아버지가 지금 91살인데 산으로 들로 스케치북 가지고 그림 그리러 다니는 걸 뵈면 나도 얼마든지 가능하리라 생각해요. 하하하.

남자간호사는 가정전문간호사에 도전하세요

남자 간호사들이 가정전문간호사를 하면 참 좋을거 같아요. 나는 나이가 66이지만 40대 초반이나 선생님같이 예쁘고 젊은 사람이 가정집으로 방문한다고 생각해 봐요. 마침 집에 아무도 없고

50대 초반 중풍환자만 있다면, 나쁜 사람인 경우엔 성추행도 생길 수 있겠지요. 미국이나 호주 같은 나라에서는 반드시 두 명씩 방문을 다닌다고 해요. 그만큼 안정이 된 거죠. 게다가 호주 갔더니 벌써 가정간호사한테 헬리콥터도 한 대씩 지급해 줬다고 해서 정말 내가 깜짝 놀랐어요. 간호사가 헬리콥터 조종도 한대요. 우리하고는 차원이 다르더라고. 나는 호주나 미국에 가면 '그 나라의 노인 요양제도는 어떻게 되며, 요양원은 어떻게 운영이 되며, 돈은 어디서 지급이 되는가? 주립에서는 무슨 도움을 주고, 어떻게 시스템이 되는지'를 배우려고 찾아다녔어요. 어느 나라 어느 지역에 가든지 취미인 골프도 치고 호주 시드니에 노인 요양원도 방문하고 오는 거지요. 적어도 브로셔 한 장이라도 얻어 오려고 했죠.

호주에 있는 한 요양병원에 갔을 때, 내 친구가 나를 "한국에서 가정간호사"라고 소개하니까 "오 프로패서" 하면서 대번에 "교수님" 수준으로 바라보더라고. 그 요양병원의 이사장이 돈 많은 중국인이더라고. 내 친구가 거기 호스피스 간호사로 근무하고 있어서 나를 안내해 주었어요. 그때 들었어요. 가정방문 갈 때 "간호사를 두 명씩 보낸다."고. 우리나라는 아직 초급단계이니까 한 명씩 보내다 보니 성추행 당하는 일도 생긴거죠. "우리 가정간호 하지 말자. 집으로 가지 말자."고 하여 중단되고 요즘엔 노인이나 장기요양환자들이 전부 요양원이나 주간보호센터로 가게 된 거예요. 게다가 대학원 가정전문간호사 전공 지망생도 없어 중단되었다고 해요.

이런 문제를 볼 때 가정전문간호사로 남자간호사가 늘어난다면

간호사들이 요양원 환자를 지원하면서
전문적인 의료지식을 요양원에서
펼치는 것도 좋을 것 같아요.

많은 문제들이 저절로 해결될 수 있다고 봐요. 예를 들어 가정에서 환자를 목욕시킨 다음에 목욕탕에서 휠체어로 옮길 수도 있잖아요. 이렇게 이동할 때 남자간호사가 절대적이죠. 아무리 두 명씩 방문한다 해도 여자간호사 두 명보다 남자간호사가 함께 협력하면 훨씬 효과적이죠. 가정간호사가 가정방문할 때 두 명씩 가는 걸 원칙으로 하고, 또 이제 의사의 왕진도 국가가 권장한다니 의사와 간호사가 함께 간다든가, 아무튼 두 명씩 조를 이루어 방문하게 되면 좋겠어요.

안성 요양원엔 공익근무요원이 7명인데 그중에서 간호학과 출신이 2명이나 있어요. 가정간호사가 그 친구들도 훈련시키고 있지요. 그 친구들이 앞으로 간호사가 될 테니 그 친구들에게 꿈과 비전을 심어 주려고 해요. 침상 옆에서 환자를 직접 돌보는 간호사도 좋지만 요양원의 이사장을 하면 더 좋겠지요? 물론 해외에까지 진출할 수도 있고.

새로운 꿈, 미션홈교회

앞으로의 꿈은 미션홈교회예요. 중국방, 태국방, 필리핀방, 미얀마방… 이렇게 10개의 방을 만들려고 해요. 저소득 취약계층의 여성과 아이들을 우리 교회에서 먹여 주고 재워 주는 거죠. 지금까지 내 수입의 대부분을 선교헌금으로 보냈는데, 지난 달부터 선교헌금을 안 보내요. 미션홈교회를 짓기 위해서 건축헌금으로 저축하고 있어요. 내 수입만으로 내가 100살 되어도 될동말동할 일이긴 해요. “세계복음화 할 빚의 경제력을 주세요. 월 2000만 원 이상 주세요.” 그런 기도를 3년 전부터 하고 있어요. 과거에 미국에서 호주에서 우리나라 도와줬잖아. 이제는 우리나라가 탄자니아나 바투니아나 피지섬이나 이런 데 도와줘야 돼요. 이제는 빚을 갚아야죠. 237개국을 살려야 돼요. 우리 교회에서, 내 교회에서 하고 싶은 거죠. 가정간호사 수입만으로는 어렵죠. 그래서 다른 것, 재미난 걸 시작했어요.

외국에서 우리나라에 온 여성들 가운데 어려운 사람들을 도우면서 복음을 전파하면 자기네 나라에 갔을 때 복음운동을 할 거라고 생각하는 거죠. 그게 내가 생각하는 세계복음화예요. 내가 비행기 타고 다니는 것만이 세계복음화는 아니라는 거죠. 이미 우리나라에 와 있는 사람들에게 확실하게 복음을 심어 주면서 먹고 살 수 있게 도와주어서 보내자는 거예요. 그런 교회를 하고 싶다는 거죠. 어떻게 보면 66세인 내가 이 나이까지 가정간호로 열심히 일하는 이유이기도 합니다.

2부

새로운 세계에서 참만남의 선물을 나누다

나 자신으로 빛나는 삶을 사는 이유

〈명코칭〉

간호와 코칭의 만남, 백 명 대표

지금 이 순간에 집중하며 선물처럼 다가온 '코칭'

저는 흥미와 재미가 없으면 한 발자국도 나아가지 못하는 스타일입니다. 대학 강의를 시작하면서 모든 열정을 쏟아 부었고 학생들과 교감하는 짜릿함을 경험하였습니다. 당시에는 하루 종일 야간까지 학생들과 함께 했었고 학생들은 저를 멘토 삼아 자신들의 꿈을 키워 나갔습니다. 하지만 수년이 지났을 때 저는 혼자서 열정에 빠져 있었고 학생들에게 기대한 피드백을 받지 못했을 때 많은 회의감이 들었습니다. 당시에는 교수법에 대한 개념도 부족했던 시기인데 저는 박사 지도 교수님의 권유로 액션 러닝 교수법을 알게 되었습니다. 초기에는 매주 광주에서 서울을 오가며 액션 러닝을 열심히 배웠고 이를 발판으로 다시 코칭에 눈을 돌려 2005년에

1기 인증 코치까지 되었습니다. 제가 배운 액션 러닝을 강의에 적용하는 것은 물론이었고, 코치로서 중앙공무원교육원 등 다양한 분들을 대상으로 코칭을 하게 되었습니다.

스스로 제 코칭의 핵심 가치인 'BRIGHT'를 발견하면서 이 분야에 더 집중하고 싶어서 16년간 해온 안정적인 대학 교수 지위를 포기하였습니다. 물론 대학에 있으면서도 코치 활동을 할 수 있었겠지만 코칭은 기술이 아닌 철학이기 때문에 해야 할 공부들이 많았습니다. 그래서 홀로서기를 시작하였습니다. 사직 후 첫 2년 동안 강의도 많이 했고 인문학과 철학 등 필요한 공부도 열심히 했습니다. 물론 그 기간 동안 새로운 일과 제 미래에 대한 불안감도 있었습니다. 프리랜서 활동을 한 지 2년쯤 지났을 때 제대로 된 교육 공간으로 이 센터를 열어야겠다는 생각을 하게 되었습니다.

한편 코칭은 제 삶이 추구하는 것과 너무 잘 맞는다는 것을 확신하게 되었습니다. 노자의 가르침인 광이불요(光而不耀), 화광동진(和光同塵). 즉 자신의 빛은 사라지면서 그 빛으로 온 세상을 밝히는 것을 의미합니다. 제 미션에도 언급했듯이 저는 혼자서 빛나는 스타성 빛남이 아니라 타인이 자기 존재로 빛나도록 돕는 빛이 되고 싶다는 생각이 어려서부터 제 마음에 숨어 있었던 것 같습니다. 코칭이 제 삶의 미션과 잘 맞는다는 생각에 더 확신이 생겼고 이렇게 센터도 마련하게 되었습니다.

얼핏 보면 제 이름이 '백 명'이기 때문에 '명코칭'이라는 이름을 지었을 거라고 생각하지만 사실은 좀 다른 이유가 있었습니다. 어려서는 이름 때문에 친구들이 "백 명, 천 명, 만 명" 이런 식으로 놀리기도 했고, 외자 이름이다 보니 사람들에게 이름을 말하면 의아해하면서 다시 확인을 하는 분들이 많아서 이름을 말할 때 마음이 불편하기도 했었습니다.

그런데 제가 노자의 「도덕경」을 공부하면서 유무상생(有無相生), 즉 유와 무가 대립되는 것이 아니라 서로 함께 의존하며 공생하는 것임을 배우게 되었습니다. 해와 달이 함께 있는 한자 '明'이 바로 유무상생의 의미를 깨닫게 해주는 통찰력임을 알았을 때 비로소 제 이름의 가치를 알게 되었습니다. 밝을 '明'이 결국 자기 자신을 아는 것, 제가 코칭에서 추구하는 것과 일치하였고 그런 의미를 담아 이름을 짓게 되었습니다. 그리고 어느 날 기차를 타고 가다가 문득 밝음을 의미하는 영어의 'BRIGHT'가 생각났고 그 6개 알파벳으로 Being myself, Reflection, Insight, Good question, Humanity recovery, To contribute라는 제 코칭의 핵심 가치가 떠올랐습니다. 그래서 '명코칭'이라는 이름을 완성할 수 있었습니다.

안정된 교수직을 떠나 진짜 나를 만날 수 있었던 코칭센터

코칭으로 활동하려면 공인 코치 자격증을 취득하는 것이 일반적입니다. 하지만 저는 좀 다른 길을 걸었습니다. 박사 과정을 공부하면서 2004년에 액션 러닝을 공부하게 되었고 이를 발판으로 코칭을 집중적으로 배워보겠다고 결심했습니다. 저는 비즈니스가 아니라 학문으로 코칭을 접근했기 때문에 액션 러닝 코치 자격증을 취득한 것 외에 자격증을 더 추가하지는 않았습니다. 그 대신 코칭에 바탕이 되는 철학과 인문학을 꾸준하게 공부하면서 BRIGHT 코칭을 개발하게 되었습니다.

코치가 되기 위해 믿을 만한 교육을 받고 자격증을 취득하는 것은 필수적입니다. 코칭은 방법론이기 전에 철학이기 때문에 다양한 이름으로 불리는 코칭 교육과정이 있습니다. 신뢰할 만한, 질 높은 코칭 교육인지 사전에 잘 알아보고 선택하는 것이 중요합니다.

개인 코치로 일하다가 이 센터를 열면서 임대료 외에 상당한 금액의 인테리어 비용을 지출했습니다. 좀 허름한 건물이지만 내부는 완전히 새로운 공간으로 만들고 싶었습니다. 사람들이 이곳에 왔을 때 자신에게 집중할 수 있는 환경을 만들기 위해 편안한 공간을 연출하고 싶었습니다. 주위에서 처음 개소하면서 인테리어에 돈을 많이 쓴다는 걱정도 들었지만 이성보다는 제 직관을 믿고 그렇게 했습니다. 지금까지 방문하신 분들의 피드백을 보면 제 결정이 옳았다는 생각이 듭니다.

광주 '명코칭센터'를 운영하다가 작년에는 서울에도 사무실을 열었습니다. 서울과 경기 지역에서 교육을 의뢰하는 경우가 많아서 서울 사무실을 열고 코치 한 분이 상주하고 계십니다. 저는 외부 강의가 많기 때문에 광주 센터에 관리 직원 한 분이 일하고 있습니다. 그 외 심리학과 학생이 인턴으로 와서 코칭을 배우고 함께 일을 돕기도 했습니다.

안정적인 대학 교수직을 그만두고 불안했지만, 지금 이 일의 장점 중 하나가 경제적인 여유입니다. 그러면서도 시간을 자유롭게

저는 혼자서 빛나는 것보다
타인이 빛나도록 돕는 빛이
되고 싶었습니다.
명코칭 백 명 대표

쓸 수 있고 대인관계 갈등이 없으니 매우 만족합니다.

코칭 철학과 간호학의 통합

명코칭, BRIGHT 코칭의 미션이 "자기 존재로 빛나는 삶의 길을 찾다."입니다. 저는 어렸을 때도 아픈 사람들을 보면 너무 마음이 아팠는데, 지금 이 일을 통해 사람들 누구나 자기 모습으로 빛나며 살아가도록 돕고 싶은 생각으로 이어진 것 같습니다. 간호사이기 때문에 병원과 간호조직 대상 강의를 많이 하는데, 간호사의 업무와 조직문화를 이해하고 있기 때문에 가능한 것입니다. 현재 집중하고 있는 것 중 하나가 '서비스 디자인'입니다. 그 활용 범위는 무궁무진하지만 먼저 대학 교육과 병원 서비스 위주로 강의를 하고 있습니다. 예를 들어, 병원은 환자의 경험을 디자인해야 합니다. 최근 시작된 건강보험심사평가원의 '환자경험평가'는 병원 서비스 디자인의 필요성을 잘 보여 주고 있습니다. 간호사들이 자기 성찰을 하게 함으로써 환자 경험을 어떻게 디자인해야 하는지 깨닫게 되고, 이는 환자뿐 아니라 자신에게도 도움이 된다는 것을 깨닫게 됩니다. 저는 사람들이 자신을 열게 하고 그 안에 있는 불씨를 불어서 살려 주는 역할을 하는 것 같습니다.

코치로서 간호학 공부와 간호사 경험을 통해 얻은 장점은 무엇보다도 사람에 대한 폭넓은 이해, 인간 존중 정신이라고 생각합니다. 간호이념이나 나이팅게일선서 등 인간 존엄성에 대해 배울 수 있었고 병원에서 인간의 고통과 어려움을 보면서 인간에 대한 이해가 커졌다고 생각합니다. 코치는 다양한 삶의 모습을 대하기 때문에 코치가 가진 인간 이해가 정말 중요한데 저는 그 기초를 간호학에서 잘 쌓았다고 생각합니다.

코칭의 가장 중요한 도구는 코치입니다. 좋은 코치가 되기 위해 끊임없이 공부해야 합니다. 코치로 성숙하게 상대를 응대하는 것은 언어적, 비언어적 스킬이 아니라 태도에서 나오는 것인데, 태도는 기억하는 것이 아니라 이해해서 자기 것으로 만들어야 가능합니다. 심리학은 물론이고 인문철학, 불교 등을 공부하면서 그 접점을 찾았을 때 희열을 느꼈고 제 안에 프로토콜이 생기는 것입니다.

한편 고객의 피드백에 집중했던 것이 좋은 코치가 되는 데 도움이 되었습니다. 제가 대학교수로서 코칭 강의를 하는 동안 "이론적, 학문적이다", "어렵다", "구체적인 팁이 없다" 등 질책도 많이 받았습니다. 하지만 저는 이들을 상처로 받지 않고 제 발전을 위한 기회로 삼아서 끊임없이 교육을 개선해 나갔습니다. 지금은 1~2시간용 교육에서도 실습까지 할 수 있도록 바뀌었고, 상황에 따라 본질이 아닌 방법이나 스킬을 먼저 배움으로써 본질을 이해하도록 하는 교육이 더 효과적이라는 것을 알게 되었습니다.

특별히 홍보를 하고 있지는 않지만 주로 제 교육을 받은 기관이나 사람들의 입소문, 소개로 계속해서 강의를 의뢰받고 있습니다. 홈페이지 없이 블로그만 있는데 이것을 통해 연락해 오는 경우도 있습니다. 유튜브 채널, 팟캐스트 채널을 만들어 운영하기도 했는데 바쁜 일정 때문에 제대로 업데이트를 못하고 있습니다. 요즘 코

코치로서 간호 공부와 경험이 주는 장점은
사람에 대한 이해, 인간 존중 정신입니다.

칭이 활성화되면서 아주 다양한 이름의 코칭 프로그램과 자격증이 홍보되고 있는데, 저는 BRIGHT 코칭에 집중하면서 키워나가고 있습니다. 강의를 의뢰하는 쪽에서도 제가 가진 자격증보다는 저라는 사람이 가진 코치 역량을 믿고 강의를 의뢰하는 것입니다.

'인간' 존재의 본질을 들여다보는 기회를 준 코칭

간호학 교수이면서 외부 강의를 할 때 간호학과 여성에 대한 선입견을 많이 느꼈습니다. 간호학이라는 특수한 전문 분야의 교수가 간호학이 아닌 분야에서 활동하는 것에 대해 간호학 내부와 외부 모두에서 그리 반기지 않는 피드백을 받았습니다. 거기에 여성, 여교수에 대한 편견까지 겹치면서 제 강의의 의도가 제대로 전달되지 않는다는 생각이 들었습니다.

저는 어떻게 행동해야 여성이 아닌 인간, 코치로 인식될 것인지 많은 경험과 고민을 거쳐서 스스로 배웠습니다. 인문학 공부를 통해 여성과 남성이 아닌 인간으로 서로를 대하는 방법을 터득한 것입니다.

국내외에서 코칭이 크게 활성화되었습니다. 대학에 '코칭' 관련 전공이 개설되었고 심리학과 학생들 상당수는 코칭을 함께 공부하고 있습니다. 제가 10년 전에 공부할 때 국내에 관련 자료가 많지 않아서 외국 자료를 가지고 주로 공부했는데 요즘은 국내에도 자료가 아주 많습니다. 많은 분야에서 코칭을 접목하고 있고 코치

자격증 취득자 수도 엄청 증가했습니다. 오늘날 사람들은 자기에게 집중하는 경험, 자아성찰 시간을 더욱 중요하게 여기고 있고 자기 모습을 찾는 것을 중요하게 생각하기 때문에 코칭은 계속해서 발전할 것이라고 봅니다.

기억에 남는 경험 중 하나는 초등학생 대상 질문 코칭입니다. 질문하는 방법을 훈련하는 것인데, 실제 상황을 줄수록 재미있기 때문에 제 고민을 주면서 연습을 했습니다. 질문 코칭을 하면 성인들은 대부분 질문보다 결론을 내려서 충고하는 방식으로 답변하지만 초등학생은 그렇지 않습니다. 상대방이 자기문제를 해결하도록 질문하는 법을 배우는 시간이 있었습니다. 제 일에 대한 고민을 얘기했더니 그 일을 하게 된 계기, 일 하면서 좋았던 경험, 힘들었던 경험을 질문해주었는데, 한 어린이가 갑자기 "어린 아이에게 왜 그런 질문을 하시나요?"라고 말했습니다. 제가 배운 대로 코칭 질문을 한 것인데 그 어린이 질문은 거기서 모두 벗어난 질문이었고, 제가 그동안 개발한 질문 목록이 전부가 아니라는 것을 깨달았습니다. 이 경험을 계기로 질문 코칭의 컨텐츠를 무엇을 질문할지가 아니라 어떻게 질문할 지로 바꾸게 되었습니다. 즉 어떻게 해야 적절한 질문이 나오는지에 집중하게 되었습니다.

코칭을 통해 자신으로 빛나는 삶을 사는 여정

코칭을 하면서 가장 큰 장점은 자신이 변하고 확장되는 것입니다.

저는 자아실현이라는 말보다 자기완성이라는 말을 좋아하는데 코칭을 공부하면서 나를 완성하고 동시에 타인의 자기완성을 도울 수 있습니다. 그동안 초등학생부터 기업 임원까지 다양한 계층과 직군의 사람들에게 코칭을 진행했습니다. 제가 간호사이기 때문에 병원과 간호조직에서도 강의 의뢰가 많고, 정부교육기관, 기업, 학교 강의도 많이 합니다. 특히 개인적으로 부모 교육이 너무 중요하다고 생각해서 학부모 코칭은 바쁘더라도 꼭 하려고 노력합니다. 코칭을 통해 사람들에게 긍정적인 변화가 생기는 것을 볼 때 가장 보람 있습니다. 제 고객 대부분은 전문직을 가진 분들인데 의외로 많은 개인적 고민을 가지고 계십니다. 기억에 남는 분들이 많지만 교사 연수 프로그램으로 5일간 인문학 코칭을 진행했을 때 만났던 교사가 떠오릅니다. 프로그램을 마친 후 자기 삶의 변화를 매일 적어서 보내오는 분이셨는데 그 피드백을 통해 많은 감동을 받았습니다.

또 한 분은 나이 지긋한 기업 관리자였는데 교육 시작할 때부터 교육에 대한 기대가 별로 없어 보였습니다. 5주간 교육을 통해 '나는 누구인가'라는 질문에 답하면서 자신에 대해 알게 되었고, 개선해야 할 부분도 알지만 자신을 바꿀 수는 없다고 했습니다. 저는 그분의 말에 너무 마음이 아팠습니다. 하지만 회사에 복귀 후에 다른 사람의 말을 경청하는 횟수가 조금 늘었다는 주변 동료의 피드백을 듣고 너무 기뻤습니다.

2025년까지 브라이트 코칭을 완성시켜서 '명코칭' 하면 누구나 브라이트 코칭을 떠올리고 이해할 수 있도록 하고 싶습니다. 그래서 저와 함께 일하는 코치들이 독립적으로 브라이트 코칭을 널리

퍼뜨리고 알릴 수 있기를 바랍니다. 이미 광주에서도 수백 명을 대상으로 하는 강의를 많이 했지만 그 강의에서 저를 아는 사람을 만난 적이 없습니다. 그만큼 갈 길이 멀다는 것을 보여 줍니다. 언제가 제 강의를 들은 사람이 많아져서 지금처럼 똑같은 인사말을 더 이상 할 수 없는 날이 오기를 바랍니다. 물론 비즈니스 측면에서도 확장할 수 있는 방법을 고민 중입니다. 광주는 대도시이지만 서울 지역에 비하면 코칭같이 새로운 것을 받아들이는 데 시간이 걸립니다. 그래서 지역 기관과 연계하여 교육 사업을 추진하는 등 다방면으로 검토하고 있습니다.

이렇게 코칭이 확대될 것을 예상해서 이 분야를 미리 준비한 것이냐는 질문이 많은데, 그렇지는 않습니다. 제 박사과정 중 지도교수님을 통해 액션 러닝을 알게 되었고 강의를 하면서 제 필요에 의해 열심히 공부했습니다. 제가 집중하고 있는 서비스 디자인은 이미 정해진 답을 찾아서 문제를 푸는 것이 아니라 문제가 해결될 때까지 방법을 찾아가는 것입니다. 이 과정에서 논리적 접근, 즉 원인 분석과 가설 설정을 통해 문제를 해결하는 것을 강조하는데, 디자인은 논리적 사고와 함께 직관적 사고를 중요하게 생각합니다. 제가 창업을 결정한 것은 논리성에 의한 것만은 아니고 설명하기 어려운 직관적 사고가 있었기에 최종 의사결정을 할 수 있었습니다. 직관적 사고를 함께 훈련하여 논리적 사고와 함께 활용한다면 보다 나은 의사결정을 할 수 있을 것이라고 생각합니다. 이 훈련은 현재 상황에서 깨어 있으면서 지속적으로 질문하며 살아가는 것입니다. 그것이 제가 코칭을 시작하게 된 이유입니다.

'놀이와 쉼'으로 만나는
〈자기돌봄과 통합 연구소_BINAH〉

정신을 간호하는 김수미 소장

세 번째 아이, 비나

제 연구소는 간호사가 운영하는 1인 연구소로서 부모, 의료인, 상담사, 선생님 등 타인을 돌보는 사람들이 자기돌봄을 할 수 있는 다양한 방법들을 연구하고 제공합니다. 다른 사람을 돌보는 사람들이 돌보는 일에만 열중하다 보면 자칫 자신을 위한 시간을 누리거나 자기를 돌보는 것을 놓치고 결국 소진하게 되지요. 그러다 보면 돌봄의 대상자들에게도 부정적인 영향을 주고, 돌봄자 자신의 삶도 힘들어지잖아요? 그런 돌봄자들이 자신을 돌아보고 쉬어 갈 수 있는 다양한 활동들을 제공하여, 그들이 돌봄 경험들을 성찰하면서 자기 삶과 통합할 수 있도록 돕는 것이 연구소의 목적입니다.

제 연구소의 이름이 〈자기돌봄과 통합연구소_BINAH〉인데, '자기돌봄'에서는 '자신을 돌본다'와 '자신을 돌아본다'의 의미를 두었어요. '통합' 역시 여러 의미가 있어요. 첫째 의미의 통합은 우리가 삶을 살아가면서 감정과 이성, 과학적인 것과 비과학적인 것, 빛과 그림자 등 어느 한쪽만 중요한 것이 아니라 모두 통합되어 온전하게 살고 싶다는 의미가 있어요. 두 번째 의미에서 통합은 제가 그동안 많은 심리접근 방법들을 배웠는데, 그 모든 것을 제 프로그램에 통합한다는 의미가 들어있어요. 세 번째는 돌봄의 경험과 자기 삶의 통합이라는 의미를 부여했어요. 그리고 제일 중요한 부분인 'BINAH'는 히브리어로서, '원초적 지혜의 토대'로 불리고, '이해한다'라는 의미가 있는데, 세상의 지식과 일들의 의미를 간파하고 그것들의 본질과 상호관계를 인식하는 능력을 나타냅니다. 즉 우리의 삶에서 일어나는 일들의 의미와 그 본질을 이해하는 지혜를 구하고자 '비나'라는 이름을 지었어요. 또한 '비나'는 '어머니'라는 의미도 있어서 돌봄을 행하는 어머니와 간호의 이미지를 연결하고자 심사숙고한 결과, 이 이름을 선택했어요.

비나연구소는 상징카드, 모래작업, 놀이, 애니어그램, 드라마, 예술활동 등 다양한 활동들을 대상자에게 맞게 기획하여 제공합니다. 교육이나 강의보다는 즐겁게 놀고, 나누고 체험하는 경험들을 통해 자기를 돌아보는 시간을 가지도록 합니다. 그러므로 요즘 성행하는 '상담'이나 '힐링'이라는 정체성보다는 '연구'가 적합한 것 같아요. 이용하는 손님들의 특성과 요구에 맞는 활동들을 연구하고 개발하고, 그것의 근거를 확보하기 위한 연구작업도 하니까요.

상담센터는 일반적으로 심리상담사자격을 갖춘 사람들이 운영하는데, 저는 심리상담사가 아닌, '간호사 또는 간호학자'라는 정체성을 유지하고 싶었고, 의료법에도 저촉되지 않는 범위에서 활동하기 위해 연구소를 운영하게 된 것입니다. 다시 말하면 '치료'나 '심리상담'이 아닌 '자기 성장을 위한 탐색작업'의 차원에서 접근하고 있어요. 그러다 보니 이용하시는 분들의 폭이 넓어요. 물론 저의 임상경험을 통해 판단한 결과, 제 연구소가 아닌 정신과 진료나 신체 관리가 필요하신 분들은 반드시 병원을 이용하시라고 권합니다. 제가 사용하는 여러 접근들은 자기 성찰의 목적이지 치유 목적이 아니고, 만병통치는 더욱 아니니까요.

2017년 4월에 연구소 활동을 알리는 브로슈어를 만들어 주변 사람들에게 알렸어요. 1인 연구소는 따로 신고 또는 등록을 할 필요는 없었던지라 시범운영을 해보았는데, 저를 개인적으로 아시는 분들과 연결되어 개인 및 집단으로 서비스를 의뢰하셔서 제가 그에 맞는 프로그램들을 고안해서 진행해 드렸어요. 생각보다 반응이 좋았고, 이런 접근의 필요성을 더 많이 느끼게 되었어요. 그래서 이 연구소를 등록해서 운영해도 되겠다는 확신을 가지고 2018년 10월에 교육서비스업으로 사업자등록을 했어요. 지적재산권을 확보하기 위해 연구소 이름에 대한 상호등록도 특허청에 했답니다. 사람으로 말하자면 출생신고를 해서 주민등록번호를 부여받은 것이죠. 저에게 두 명의 자녀가 있는데, 이 비나연구소는 세 번째 아이라 생각하고, 천천히 가더라도 책임 있게 키워 나갈 생각입니다.

간호에서 발견한 길

원래는 의대를 가고 싶었어요. '의사로서 세계를 다니며 봉사하고 싶다.'는 막연한 기대를 하였죠. 그런데 의대 진학에 실패하고, 다음 해 다시 의대에 도전했는데 1지망인 의학과에 또 낙방하고, 2지망인 간호학과에 합격했어요(그때 대입제도는 학력고사를 치기 전에 한 학교 안에서만 지망학과를 희망순서대로 지원할 수 있었어요). 처음부터 원했던 과가 아니라서 간호학과를 포기하려 했는데, 아버지께서 "네가 의사로서 80%의 능력을 발휘한다면 혹시 간호사로서 100%를 발휘할 수도 있으니 일단 등록하고 다녀보아라."고 하신 말씀이 저를 붙잡았어요. 지금 생각하면 그때 아버지의 조언을 따랐던 것이 잘한 것 같네요. 하지만 이후 2학년이 될 때까지도 간호학과를 계속 다닐지 방황하고 고민하느라 수업을 성실히 듣지 않았어요.

그런데 대학 3학년 때 제 인생의 대전환이 일어났죠. 병원실습을 나갔는데 너무 좋은 거예요. 병원은 일반 사회와 구별된 폐쇄적인 공간인데, 그런 공간에서 간호학생 신분으로 환자들을 만나고 그들의 삶을 접하는 것 자체가 좋았어요. 환자와의 관계에서 그 아픔에 공감하고 나도 뭔가 해주고 싶어서 고민하게 되는 그런 과정이 나에게 딱 맞는 일일 수 있겠다는 생각이 들었어요. 간호사가 되면 이렇게 다양한 사람들을 만나면서 치료적 관계를 통해 많은 경험을 할 수 있겠다는 생각에 간호학과에서 계속 공부하겠다는 결심을 했어요. 이후부터는 임상실습은 물론 공부도 열심히 하는 적극적인 학생으로 바뀌었답니다.

임상실습 중 특히 정신과 실습을 제일 열심히 하였고, 특히 소아 정신과 실습 중 만난 아이들을 보니 마음도 아프고 실습이 끝난 후에도 생각이 났어요. 정신과를 얼마나 좋아했냐면, 정신간호 실습을 마친 후에도 친구들과 동아리를 만들어서 대학병원 정신과 병동에서 주1회 레크리에이션 자원봉사를 할 정도였어요. 제가 어려서부터 자기 탐색을 많이 한 편이었고, 인간의 심리와 관계에 관심이 많았기 때문에 자연스럽게 저의 진로를 '정신 간호사'로 결심하게 되었어요.

1993년 간호대학 졸업 후 대학병원 소아정신과에 지원했는데 인력이 다 차서 처음에는 소아흉부외과 병동에 배정받아 1년을 근무하고, 2년차에 소아청소년 정신과 병동에서 드디어 일할 수 있게 되었어요. 소아흉부외과에 근무한 경험 덕분에 신체 간호에 익숙해졌고, 정신과 환자의 몸과 마음을 함께 이해하는 것에 도움이 되었죠. 신체와 정신 중 어느 하나를 소홀히 하지 않고 고려하는 것을 배우게 되어 '병원이 필요한지, 심리상담소가 필요한지' 혼란스러워 하는 사람들에게 적절한 방향을 제시해 줄 능력도 덤으로 생겼죠.

정신간호에 대한 열정

1993년부터 1997년까지의 병원 근무 4년은 비나연구소의 밑거

름이 되었다고 할 만큼 치열한 훈련과 배움의 시간이었습니다. 소아흉부외과 간호사 시절에는 신체간호 공부를, 소아정신과 간호사 시절에는 정신간호 공부를 열심히 했어요. 그리고 대인관계, 문제해결력, 조직관리에 대해 고민하면서 제가 많이 단련되었어요. 병원에 근무하면서 놀이 치료들을 공부하고 그것을 환자들에게 적용해 보기도 하고, 사회성 증진 활동에도 관심을 기울였어요. 제가 일했던 병원의 소아청소년 정신과 병동은 간호사로서 자부심을 갖기에 충분할 만큼 모든 간호사들이 열심히 정신간호를 잘하고 있었어요. 처음 소아청소년 정신과 병동이 만들어질 당시의 선배 간호사들이 기틀을 잘 잡아 놓으셨고, 우리 후배들은 그 뒤를 이어서 정신간호를 발전시키는 노력을 하면서 일했어요.

그런데 그렇게 일하면서도 안타까움이 있었어요. 우리가 열심히 간호해서 퇴원했던 환아들이 다시 들어오고, 조기에 미리 문제가 발견되었다면 좀 더 쉽게 호전되었을 텐데 그 문제를 알아차리지 못해서 적절한 치료시기를 놓친 아이들을 보는 것이 안타까웠어요. 1997년 당시에는 지역사회 센터가 만들어지기 시작할 때였고 아이들을 위한 발달센터나 상담실은 별로 없을 때였죠. 밖에서 그 애들을 돌봐줄 시스템이 없었던 거죠. 그런 안타까움에서 '아, 내가 바로 그런 역할을 해야겠다.'는 생각이 들었어요. 그래서 지역사회에서 정신간호를 하겠다는 결심을 하고 4년의 병원 근무를 마무리했어요. 병원 근무를 몇 년 더 할 수 있었지만 그때 아니면 도전할 수 없겠다 판단했습니다. 그래서 병원을 사직했어요.

이후, 지역사회 정신간호를 위한 경험을 쌓기 위해 참 다양한 활동들을 시도했어요. 우선 주변의 정신과 의사들을 통해 과외 또는 개인 놀이시터(play-sitter)가 필요한 아동들을 소개받아 가정방문하면서 놀이수업과 부모님 지지를 하였어요. 그리고 클리닉이나 복지관에서는 놀이프로그램을 의뢰받아 진행하였고요. 제가 병원에서 아동과 청소년 정신간호만 경험했기에 성인 정신과 환자들을 만나는 기회가 적었죠. 그래서 그들에 대한 접근을 훈련하기 위해 서울의 한 종합병원 성인 정신과 병동에서 치료 레크리에이션 프로그램을 자원봉사로 진행했어요. 그때 성실했던 제 모습이 인상적이었는지 그 병동에 계시던 정신의학과 교수님들께서 본인들이 진행하는 치료 프로그램의 보조진행자로 함께 하자고 제안하셨어요. 저에게는 인지행동치료를 배울 수 있었던 좋은 기회였죠. 그렇게 3년 정도를 함께 했던 것 같아요. 당연히 무보수였지만 저에게는 금전적인 보상보다 더 소중한 훈련과 배움의 기회로 기억됩니다.

또한 정신간호를 위한 중재방법을 배울 수 있는 학회, 연수들을 여기저기 찾아다녔어요. 특히 2001년, 2002년에는 미국에 가서 임상심리학박사가 개최한 일주일간의 놀이치료 집중 워크샵에 참석하기도 했는데, 그때 동양인은 제가 처음이라고 다들 신기해했어요. 학습한 놀이치료를 역할 바꾸기를 통해 참가자들이 시범 보이고 피드백을 주고받는 과정에서 내가 독학으로 공부하고 쌓았던 경험들이 헛된 것이 아니었음을 확인했답니다.

저는 어떤 시스템에 소속되어 안정적으로 일하기보다는 제가 하고 싶은 것을 자율적으로 일하고 싶은 갈망이 더 강했기 때문에 한 기관에 전속되어 일하기보다는 프리랜서로 일하면서 지역사회 정신간호의 다양한 경험을 쌓기를 선택했어요. 하지만 생활을 위한 고정적인 수입도 필요했겠죠? 그런 부분은 정신간호실습지도, 행사프로그램 진행 등의 일을 꾸준히 하면서 보완했어요. 그를 통해 제 임상경험을 활용하고, 또 정신간호를 가르치면서 동시에 배울 수 있는, 그러면서도 풍족하지는 않지만 생활비 마련에 도움이 되었습니다. 당시에 그런 제 모습에 대해 같은 분야의 사람들로부터 '떠돈다, 나그네 같다'라는 말을 들을 때는 저의 꿈을 이해받지 못하는 것 같아 잠시 속상했지만, 그것은 제가 선택한 자유를 위해 감수해야 할 부분이었기에 그리 마음에 두지 않았어요. 그 당시의 저는 정신간호접근을 배우기 위해 하루 24시간이 부족할 정도로 하루에 많은 스케줄을 감당하고 다녔어요. 제가 생각해도 꿈과 열정으로 가득 찼고, 그 배움과 경험들을 마음껏 즐겼던 시기였습니다. 그런 시간들이 없었으면 오늘의 이 연구소가 없었을 거예요.

아, 프리랜서여서 좋은 점이 또 하나 있었어요. 열심히 일하고 가을이나 겨울 3주 정도는 유럽 배낭여행을 갔어요. 거기서도 유럽의 정신건강 시스템을 접할 수 있는 지역을 계획하여 방문하였고, 운 좋게도 친절한 현지인들을 만나서 설명도 듣고, 배려도 듬뿍 받았답니다. 그런 여행경험들을 통해서 정신간호의 대상이 되는, 내가 만나는 사람들을 어떤 신념과 태도로 대할지를 생각해 볼 수 있었습니다.

자원봉사로 다져진 역량

오늘의 비나연구소에 지대한 공헌을 한 것은 폭넓은 자원봉사 경험이었어요. 저는 자원봉사를 대학 신입생 때부터 지금까지 계속해 오고 있어요. 대학교 1학년 때는 학교 근처 재활원에서 장애아를 돌보면서 식사보조, 목욕시키기 등을 했고, 이후에도 동아리를 통한 지역 의료봉사, 정신과 병동의 레크리에이션, 자폐아동의 여름캠프 등에서 자원봉사를 했지요. 어린이 병원 간호사로 근무하면서도 성인 정신과 병동에 가서 환자들에게 사교댄스를 가르쳐 주기도 했어요. 앞서 언급한 종합병원 정신과의 레크리에이션 및 인지행동치료 관련 프로그램 등도 모두 자원봉사였지요. 이 외에도 소아암 병동 환아들, 어린이 병원을 이용하는 아동, 청소년들을 위한 심리 중재, 아동보호시설에서의 놀이 치료, 외국인 노동자 진료소 등 제 인생은 자원봉사로 점철된 인생이라고 해도 과언이 아닙니다.

기관에 가서 하는 것이 아닌, 제가 기획을 한 자원봉사 활동도 있었어요. 시골에 사는 아이들에게 다양한 놀이를 접하게 해주기 위해 일명 '놀이학교'를 기획했죠. 지인들을 통해 시골의 학교, 성당을 섭외하여 1년에 한 차례씩 2박 3일 간의 여름 놀이학교를 진행했어요. 서울에서 뜻있는 지인 3~4명을 모아 한 차에 타고, 충청북도, 전라남도, 경상북도에 가서 며칠 묵으면서 놀이학교를 열었답니다. 그 지역의 아동들을 유치부, 초등저학년, 초등고학년으로 나누어 그에 맞는 놀이 활동들을 제공하고 함께 즐겼어요. 건

다른 사람을 돌보는 사람들을 돌본다.
돌보는 사람들이 자신을 돌아보고
쉬어갈 수 있는 곳

강한 아이들 속에서 저 역시 어린 시절로 돌아간 것 같았고, 아이들 속에 보이는 다양한 개성들을 통해 아동에 대한 이해를 넓혔어요. 특별한 의도가 있었다기보다는 유랑극단 흉내를 내고 싶었고, 한번 뜻을 세우니 그것을 실행해보고 싶어서, 그리고 한 해 시행해보니 너무 좋아서 다음 해에도 반복 시행하기 시작했습니다. 네 번째 해에는 경기도 파주의 장애아동 입양기관에서 놀이학교를 했어요. 뇌성마비 등의 장애를 가진 아이들을 함께한 친구들이 한 명씩 업고, 휠체어를 끌고 놀이 장소에 데려가 거의 1대1로 놀았는데, 우비를 입어도 젖는 폭우 속에서도 온 얼굴 근육을 다해 웃는 아이의 모습은 아직도 생생합니다.

이런 자원봉사의 경험들은 무보수라고 해서 단순한 저의 재능기부만이 아니었어요. 그 경험들을 통해서 사람들을 이해하고, 치료적 관계를 맺고, 프로그램을 기획하고 진행하는 저의 노하우가 쌓였기 때문에 저에게는 오히려 수업료를 내지 않은 소중한 배움과 훈련의 기회였어요. 그래서 저는 사람들에게 당장 눈앞의 보수나 이익을 따지지 말고 적극적인 자원봉사를 시도하고, 그 경험 속에서 배우기를 권합니다.

첫 시도, '어우르기 놀이터'

지역사회에서 정신간호를 하고 싶다는 열망은 놀이센터를 만드는 것으로 구체화되었어요. 아동과 청소년들을 돌본 경험이 많다

보니 센터의 대상을 아동, 청소년으로 특정했고, 그들에게 다양하고 치료적인 놀이접근을 통해 아동, 청소년 정신간호를 실현하고 싶었어요. 이런 꿈을 사람들에게 이야기하다 보니 뜻을 같이하는 동료들을 만날 수 있었어요. 출신학교는 달랐지만 사회생활을 하면서 만난 정신간호사, 아동간호사, 언어치료사와 뜻을 모아 놀이센터를 해보기로 했어요. 그런데 센터를 하려면 일단 장소가 있어야겠기에 장소를 물색하러 다녔는데, 그를 위한 자금이 전혀 없었죠. 네 명이 모두 의욕으로는 부자였는데 실제 경제력은 없었거든요.

어느 날 우리의 꿈을 좋게 보신 어떤 분이 독지가를 소개해 주셨어요. 큰 어린이집을 운영하고 계신 분이었는데, 어린이집 한 공간을 저희를 위해 내어 주시겠다고 하셨어요. 우리는 하늘에서 떨어진 행운이라 생각하고 열심히 사업계획서를 만들어 제출했어요. 우리가 어떤 목적으로 어떤 프로그램들을 운영할 것이라는 등, 센터 운영에 필요한 사항들을 정리했지요. 그런데 결국 그곳에서 놀이센터를 못했어요. 왜냐하면 그 독지가의 아들 부부가 그 공간에서 우리 계획과 유사한 사업을 직접 하겠다고 나섰어요. 어리숙했던 우리는 사업계획서만 제공한 셈이고, 꿈은 좌절되었죠. 배신과 좌절에 화도 나고 낙담도 했지만, 세상이 그렇게 순수하고 녹록치 않음을 알고 호의에 대한 경계심도 가질 필요가 있음을 배웠어요.

그런데 장소가 없어졌다고 우리의 꿈이 사라진 것은 아니었어요. 미국에서 놀이치료를 훈련해 준 선생님과 고민을 나누던 중, 선생님이 미국의 어떤 놀이치료사는 캠핑카를 타고 다니면서 학교의 아이들에게 놀이치료를 한다고 했어요. 움직이는 놀이치료실이라고나 할까요? 그 이야기를 듣고 착안한 것이 바로 2001년 11월부터 2002년 11월까지, 1년간 운영된 '어우르기 놀이터'입니다. 놀이를 반드시 한 장소에서 할 필요가 있나요? 놀이는 장소가 중요한 것이 아니라 그것을 진행하고 함께하는 사람들이 중요하죠. 그래서 우리는 생각의 틀을 바꾸어서 우리가 가정방문을 하면서 놀이를 제공하는 방향으로 센터를 추진하기로 했어요. 우리 자체가 움직이는 놀이센터가 되는 것이죠. 의뢰를 받은 가정에 방문하여 아동과 청소년을 대상으로 개인 또는 집단 놀이를 고안하고 진행했어요. 우리가 준비물을 갖추어 가기도 하고, 각 가정에 있는 도구들을 활용하기도 하면서 아이들과 1~2시간을 땀이 나도록 놀았지요. 그러면서 아이들에 대한 이해를 어머니들과 나누기도 했습니다.

우리는 조교, 강사, 언어치료 등 각자의 일을 하면서 시간을 조율하여 어우르기 놀이터에서 함께 활동했어요. 아쉽게도 제가 2002년 12월에 결혼으로 인해 미국에 가게 되어, 이후에는 어우르기 놀이터가 운영되지 못했어요. 그때의 그 친구들은 지금은 놀이센터는 아니지만, 각자의 일터에서 큰 역할들을 하고 있지요. 저는 그전에는 혼자 활동하는 것이 주였지만 어우르기 놀이터를 통해서 뜻 맞는 동료들과 함께하는 기쁨, 그리고 서로가 주는 시너지 효과를 경험했어요. 같은 길을 함께 걸어갈 수 있는 동료, 아주 소중하지요. 그러므로 그런 동료들을 신중하게 찾고 관계를 돈독히 유지해 나가는 것이 필요합니다.

학문적 기초 다지기

제가 병원과 지역사회에서의 정신간호 경험이 많지만, 저는 기관에 소속된 사람이 아니잖아요? 저를 개인적으로 가까이 지낸 사람들은 제가 가진 열정과 저의 성실함, 그리고 역량을 인정하지만 다른 사람들은 저를 모르죠. 프리랜서로 활동하다 보니 객관적으로 저를 보증해 줄 자격 또는 학위가 필요함을 느꼈어요.

그래서 1999년, 정신보건 간호사 자격 과정을 1년 동안 밟았고, 2급 정신보건 간호사 자격을 얻었어요. 민간자격증이 아닌, 보건복지부에서 내어 준 공적인 자격이지요. 2급 자격으로 일정 기간 공공 정신보건 서비스 기관에서 근무하면서 수련하면 1급이 주어져서 정신보건 관련 너싱홈, 자활센터 등을 운영할 수 있었는데 저는 기관에 소속되어 일하지 않았기 때문에 정신간호의 경력은 25년이 가까운데도 아직 2급이랍니다. 1급이든, 2급이든 지금의 저에게는 그리 중요하지 않아요. 정신간호의 영역 안에서 제가 하고 싶은 일을 하고 있음이 제게는 의미 있죠.

2000년에는 간호대학 정신간호학 전공으로 석사과정을 시작했어요. 제가 경험한 것들을 학문적 바탕 위에서 정리하고 싶다는 동기가 생겼고, 자격증과 마찬가지로 정신보건 간호사 자격 외에 객관적으로 인정받을 학위도 필요함을 느꼈거든요. 개인적으로는 학위나 자격에 그리 연연하지 않지만, 이 세상이 모두 제 생각과 같지는 않죠? 세상에 섞여 살려니 세상의 흐름과 기준도 어느 정도 따라야 하니까요. 그런 이유로 대학원과정을 시작했고, 2002년

2월에는 석사수료를 하고, 석사논문계획서도 발표하고, 이제 논문을 쓰는 것만 남았는데, 2002년 12월, 결혼하느라 미국으로 갔어요. 이후 3년이 지나 귀국하기는 했는데, 고민 끝에 그냥 석사수료에서 그만두기로 했어요. 석사졸업을 위해 다시 들여야 하는 시간과 노력, 그리고 육아 들을 고려한 결과, 당시에는 포기해도 되겠다는 쪽으로 마음이 기울었거든요.

그런데 그것은 성급한 포기였을 수 있었어요. 2006년에 귀국하였더니 다시 일이 맡겨지는 거예요. 강사 일도 그렇고, 병원의 아이들과 상담하고 놀아주는 자원봉사 일 등이 의뢰되어 육아를 병행하면서 틈틈이 일을 했어요. 그렇게 일을 하다 보니 석사학위가 필요하겠다는 생각이 들었는데, 다시 간호대학원 석사과정을 밟는 것보다는 간호학과에서 채워지지 못한 부분을 더 공부하고 싶어졌어요. 그래서 여러 학교를 물색하여 선택한 곳이 아동학과 대학원 과정이었어요. 2010년에 석사과정의 늦깎이 학생으로 시작했죠. 아동학과 중에 아동·가족 심리치료를 세부 전공으로 택하여 그와 관련된 실질적인 것들을 배웠지요. 아까 제가 간호대학원 석사졸업을 포기한 것이 성급한 포기였다고 하였는데 결론적으로는 오히려 잘한 선택이었어요. 왜냐하면 아동·가족 심리치료를 공부하는 과정에서 배운 많은 것들을 간호에 통합할 수 있었으니까요. 그 대학원에서 놀이치료, 미술치료, 사이코드라마, 심리검사, 모래놀이치료, 인지행동치료 등 아동과 가족을 위한 심리접근들을 공부했어요. 아동학 대학원과정을 하면서 대학병원에 근무하시는 선배님의 주선으로 어린이 병원에서 자원봉사로 모래놀이치료, 놀이치료들을 하게 되었고, 그와 관련된 석사졸업논문도 썼어요.

석사졸업을 한 후 모교의 간호대학원으로 다시 돌아와 박사과정을 했어요. 아동학과 대학원에서 관련 분야 다양한 사람들과 공부하다 보니 '간호학적인 눈'이 최고다 싶었어요. 여기서 최고라는 것은 간호사로서 바라보는 대상자에 대한 이해가 신체, 정신, 정서, 환경들을 모두 고려하고 있다는 의미예요. 간호학 공부를 하는 사람들하고만 있을 때는 몰랐는데, 다른 학과 사람들과 함께 공부하다 보니 간호학이 전체적이고 통합적인 접근을 하고 있다는 것을 새삼 깨달았어요. 그리고 간호중재의 정체성이 모호하다고 오해받을 수 있는데, 그것을 뒤집어 생각하면 그만큼 시도해 볼 수 있는 것이 다양하고 포괄적이라는 것입니다. 그래서 박사과정은 간호학으로 공부하여 저의 학문적 코스를 마무리하고 싶었어요. 석사과정에서 배운 유용한 이해와 중재들을 간호학에 흡수시킬 수 있는 역할을 하겠다는 나름의 포부가 있었지요.

박사과정 동안에도 꾸준히 대학병원의 놀이치료 자원봉사를 하였고, 그와 연결되어 박사논문까지 썼답니다. 석사논문은 신장이식을 받은 청소년들의 집단 모래놀이치료 후 그들의 자아개념이 어떻게 변화되었는지를 사례 연구했고, 박사논문은 신장이식을 받은 청소년들의 질병 경험에 대한 내러티브 탐구를 하였어요. 석·박사 과정을 공부하는 동안, 솔직히 말하면 전혀 어렵지 않았어요. 자랑으로 들릴 수 있겠지만, 사실 제가 똑똑해서 어렵지 않은 것은 아니었고, 오랜 시간의 현장 경험과 성찰들, 그리고 독학을 통해 그만큼 자원을 풍부하게 가지고 있었기 때문에 대학원 공부가 쉬웠어요. 저의 경험들을 학문적 배경과 접목시키고, 정리하는 작업은 저에게 무척 필요하고 유용한 작업이었어요. 그리고 제가 운이 좋아서 석·박사 과정의 지도교수님들이 모두 존경심을 갖게 하고 따뜻한 분들이었어요. 그분들로부터 학문적인 가르침은 물론이고 인간적으로도 좋은 영향을 받았어요.

2016년, 간호학으로 박사학위를 받게 되니 당당해지고 더욱 자신감이 생겼어요. 석·박사과정 동안 열심히 공부하고, 논문을 썼기에 주저 없이 '간호학박사'임을 내세울 수 있었어요. 저는 기관에 소속된 것이 아니므로 스스로 보증해야 했습니다. 그래서 박사라는 타이틀은 유용하고, 저 역시 그 타이틀에 맞는 학자로서 적합한 모습을 보여야겠지요. 박사과정은 끝났지만 계속 탐구하고, 연구하고, 새로운 것들을 공부하는, 그리고 저의 실무와 이론적 바탕을 연결하는 작업을 해야 한다는 사명감이 있습니다. '간호학박사'니까요.

마음을 담는 항아리, 비나

박사과정을 밟는 동안 이후의 진로를 계속 고민했어요. 보통 박사학위를 취득하면 대학교수로 취업하는 것이 대부분인데, 저는 예전에 시도했다가 접은 지역사회 정신간호 형태의 무엇인가를 계속하고 싶었어요. 그것이 어떤 형태로 구현될지를 고민했죠. 물론 대학교수의 길이나 지역사회 정신간호 영역에서 새로운 길을 개척하는 것, 둘 다 쉬운 일은 아닙니다. 그렇지만 대학교수의 길은 비교적 안정적이고 '선물 받은 행운' 같은 일이고, 성실하게 걷다 보면 보람도 많이 느낄 일인데, 새로운 길을 개척하는 것은 위험부담이 따르고 그 결과를 예측하기 어렵죠. 그 두 갈래의 길 사이에서 고민했는데, 결론은 '새로운 길을 걷는 것'이었어요. 그 길에서 저의 주도성과 창의성이 발휘되고, 시간의 주인이 될 수 있을 것 같았거든요. 그래서 이후는 박사졸업 후 센터 또는 연구소를 하겠다고 공언했어요. 가끔 학교로의 제안이 있었지만 제 꿈을 말하고 정중히 거절했어요. 하지만 오랜 기간 강사로서 강의를 해왔기 때문에 지금도 그 일은 계속하고 있어요. 강의 준비를 하면서 저도 역시 배우니까요. 늘 강의해 왔던 내용도 강의 준비를 하면서 새로운 이해를 하게 되지요.

어떤 형태로 지역사회 정신간호를 구현할까를 고민하면서 공부를 하는 동안, 저는 새로운 것을 만들어 내고, 탐구하는 것을 좋아하는 것을 다시 확인했어요. 그런 욕구를 충족할 수 있는 것이 센터보다는 연구소의 형태가 맞을 것 같았어요. 오랫동안 친하게 지내던 선배님이 '내러티브 연구소'를 운영하고 계신 것에도 영향을 받았지요. 간호학자니까 학자로서의 소명을 가지고 연구하면서 그것을 적용할 수 있는 형태가 연구소라고 생각했기 때문에, 연구소를 만들어 보겠다고 다짐하고 연구소의 정체성에 대해 고민했어요. 그 고민 끝에 만들어진 것이 '비나연구소'입니다.

저의 손님들의 대부분은 아동, 청소년 그리고 돌봄자들입니다. 아동 · 청소년이 제 손님의 다수를 차지하는 이유는 제가 아동 ·

청소년 정신간호를 주로 했기 때문이죠. 그런데 아이들을 만나다 보면 반드시 그 부모님들을 만나게 되고, 부모님들을 지지할 필요를 느끼게 되요. 그래서 저는 부모님으로 관심이 확대되었어요. 부모님들이 자녀에 대해 이해하고, 그들을 어떻게 대할지를 함께 이야기하고, 그 이전에 부모 자신의 얽혀 있는 마음들을 하나하나 풀어 나가는 작업을 합니다. 그 작업을 통해 부모님들이 자신의 아이를 보다 편안하게 대하는 변화를 보면서, 돌봄자들에 대한 지지가 얼마나 중요한지 실감하였어요. 그래서 돌봄자에 대한 돌봄을 마음속에 두고 있었지요.

또한 제가 강의나 외부 프로그램을 해 주면서 만나는 간호사들을 보면, 간호에 대한 열의와 진지함이 많아요. 그럼에도 불구하고 자신을 돌보는 기회를 제대로 챙기지 않아 지쳐있고, 간호에 회의를 느끼는 사람들도 꽤 있었죠. 그런 사람들을 위해 무엇을 할 수 있을까 고민하기도 했어요.

그러던 중 몇 년 전에 어머니의 병환으로 저의 마음이 힘든 시기가 있었는데, 그때 이런 생각이 들더군요. "내가 남을 돌보는 사람인데, 내가 이렇게 힘들 때는 누가 나를 돌보지?"라는 생각이 들자 막막했어요. 물론 상담소를 찾아갈 수도 있었지만, 그게 쉽지 않더라구요. 그래서 그때 '돌봄자들을 위한 공간'을 구체적으로 그리기 시작했어요. 돌봄자들이 힘들 때, 그리고 자신을 돌아보고 싶을 때 편안하게 방문해서 한 번이라도 작업할 수 있는 시간과 공간을 제공하고 싶었어요. 딱히 이상심리가 있어서도 아니고, 타인을 돌보는 과정에서 자신을 돌아보고 싶을 때, 그리고 힘을 얻고 싶을 때 '비나'가 도움이 되었으면 합니다.

비나연구소는 항아리에 비유할 수 있어요. 손님들의 생각, 감정의 물줄기를 담아내는 그릇요. 그것을 다 담을 수는 없지만, 항아리에 담겨진 물을 그들이 보고 자신에 대해 생각하고 수용할 수 있는 기회들을 비나는 제공합니다.

연구소라는 정체성답게 비나에서는 다양한 시도들이 이루어집니다. 제가 많은 심리접근들을 수년에 걸쳐 배우고, 경험했어요. 그것들을 모두 활용해서 프로그램을 짜거든요. 제목은 같아도 내용은 모두 다른 프로그램들이에요. 이 프로그램을 짜려면 '연구'를 해야 하죠. 한 프로그램을 준비하기 위해 자료도 찾고, 이렇게 할까 저렇게 할까 머리 속에서 시뮬레이션도 해 본답니다. 왜냐하면 손님들이 개인, 집단이라는 구성도 다르고 그 특성들이 제각각이니까요. 그래서 제 프로그램은 '대상자 맞춤 프로그램'이에요.

비나연구소에서 제공되는 프로그램들은 상징카드, 애니어그램, 비브리오 드라마, 예술치료 기법들을 활용해서 놀이, 성찰, 체험, 그리고 그에 대한 나눔들로 이루어집니다. 제가 계속 공부하면서, 다른 접근들이 추가될 수도 있겠지요. 그런데 이제 새로운 것을 배우는 것은 그만할까 해요. 제가 그동안 배웠던 것만으로도 충분하고, 그것을 더 깊이 공부하면서 활용하는 것이 나을 것 같아요. 어쩌면 새로운 것을 자꾸 배우러 다니는 것이 제 욕심 또는 지적 허영일 수 있다는 반성도 합니다.

저의 역할은 손님들이 자신을 들여다보는 것에 적합한 도구를 개발하고 제공하면서, 그 작업이 잘 이루어질 수 있도록 지지하는 것이죠. 이 도구들은 손님들이 자기 세계로 들어가는 관문이라고 할 수 있어요. 그들이 호기심을 가지고 편안하게 그 문으로 들어가 자기의 내면을 탐색하도록 안내하는 문지기가 바로 저입니다. 내면으로의 관문과 문지기가 기다리는 공간이 비나연구소이고, 그것은 손님들의 마음을 담고 비추어 보도록 돕는 항아리인 셈이지요.

'참만남'으로 실현되는 간호

제가 유명하지도 않고, 유튜브나 웹사이트 등을 통해 저를 홍보하지도 않으니까 일반 사람들은 잘 몰라요. 하지만 주변의 지인들을 통해 소개받아서 제게 연락하셔요. 지인들 소개로 오신 분들이 또 다른 분들을 소개해서 연결되면서 사람들을 만났던 것 같아요. 이렇게 만나는 사람들만으로도 충분해요. 강의도 하고, 육아와 살림도 하는 와중에 많은 손님들을 바쁘게 맞이하는 것은 제가 버겁거든요. 개인 작업의 대상은 주로 아동과 청소년들입니다. 아이들과 작업을 하면서 그 형제, 자매들에 연결되고, 또 부모님까지 작업에 함께 하시구요. 이 외에 간호사, 선생님, 사회활동가들도 개별 작업을 통해 만나고 있어요. 주로 연구소에서 만나지만 상황이 여의치 않으면 제가 출장을 가기도 합니다.

개인 작업보다 소그룹 집단 작업을 더 많이 하는 편인데, 그것은 제가 출장을 가서 해드려요. 비나연구소가 5명 정도만 수용하는 크기이고, 저의 집 한구석에 마련되어 집 주소로 사업자등록을 했거든요. 이유는 간단해요. 우선 따로 장소를 마련할 자금이 충분하지 않다는 것, 그리고 그것을 위해 빚을 내고 싶지 않다는 것, 마지막으로는 따로 공간을 내어서 이윤 창출이나 경영유지 등의 고민에 에너지를 쓰고 싶지 않다는 것입니다. 제가 프로그램을 만들고 진행하는 것에는 자신 있지만, 경영에는 자신 없거든요. 그래서 비나연구소는 영리추구라기보다는 비영리에 가까운 연구소이죠. 처음부터 영리추구를 위해 시작한 일이 아니었으니까요. 외부에서 진행하는 작업은 주로 의료기관, 협회, 공공기관 등의 의뢰를 받아 매회 두 시간씩 1~4회기 정도 진행합니다. 하루 6시간 정도의 집중 워크숍을 진행하기도 했구요. 소집단 작업이 나눔과 개별 체험이 가능하기에 개인적으로는 10명 내외의 그룹을 선호해요. 참여한 사람들의 반응을 각각 볼 수 있는 것이 흥미롭거든요. 개별 접근까지는 못하지만, 강의로라도 내용을 전달하고 싶어 100여 명의 대집단 강의도 하지요.

개별 작업이든, 집단 작업이든 이 작업을 통해 저는 사람들 속의 '자기 치유의 힘'을 발견해요. 아이든, 어른이든, 누구든 상관없이 모두 자기 속에 가지고 있는 그 힘 말이죠. 저는 안내만 해 줄 뿐 그 힘을 찾고 발휘하는 것은 각자의 몫인데, 사람들이 그걸 반드시 해내요. 어떤 사람은 빨리, 어떤 사람은 서서히, 사람마다 속도가 다를 뿐이지 반드시 스스로 힘을 찾아요. 그런 것이 보람이고 재미예요. 사람들과 작업하다보면 제가 생각한 것 이상의 성찰을 통해 변화되는 것을 보면서 인간에 대한 존경과 존중의 마음을 늘 가지게 되요. 아이든, 어른이든, 누구든 상관없이요. 한 예로 10여 년

우리 삶에서 일어나는 일들의 의미와 본질을
이해하는 지혜를 구하고자 '비나'라는 이름을 지었어요.
'어머니'라는 의미도 있어서 돌봄을 행하는
어머니와 간호의 이미지를 연결했습니다.

전 연구소를 하기 전이었죠. 결혼을 하면서 직장을 포기하고 살림과 육아에 전념했던 부인이 남편의 외도로 인해 충격에 휩싸였는데, 지인으로부터 그분을 도와달라는 요청을 받았어요. 집에서 나올 힘조차 없어서 제가 한 시간을 달려서 가정방문을 하였어요. 몇 번 작업을 하면서 그분의 마음을 언어뿐 아니라 동작과 이미지 작업으로 표현하도록 했는데, 작업이 진행되면서 그분이 스스로 결심하셨어요. 그전에는 이혼은 엄두가 나지 않아서 생각도 못했는데, 이제는 스스로 남편을 떠날 결심이 선다고요. 그러면서 경력단절을 보완할 교육도 받으시고, 취업도 하시면서 남편과 이혼을 했답니다. 그런데 시간이 흘러, 연락이 왔어요. 남편과 다시 결합했다고요. 당당하게 자기 삶을 살고, 아이들을 키우면서 살다 보니 남편이 다시 돌아왔대요. 재결합도 누구의 압박도 아닌, 스스로 결정했기에, 그래서 행복하다고 하더라구요. 작업을 하는 동안 "이혼을 하라 마라, 또는 어떻게 살아라."고 전혀 충고하지 않았어요. 그냥 갑자기 닥친 혼란함을 표현하도록 하고, 받아주고, 공감하는 작업을 하면서 스스로 자기의 방향을 찾고 힘을 회복하고 있었던 겁니다.

이건 한 두 사례의 특수한 경험만은 아니에요. 제가 만나는 모든 대상자 누구든지 대화할 때 문제로 보지 않고 '그 순간의 만남'을 중요하게 여기면서 그 사람의 본래 모습을 보는 거죠. '평소엔 문제아라고 하는데 지금 이 아이는 어떤 모습이지?' 나를 만나는 그 순간의 그 대상자의 모습을 있는 그대로 보는 '참만남'이라고 해야 할까요? 이렇게 하면 대상자도 자기가 수용되는 걸 경험하고 자신감도 갖게 되니까 나중에는 부모님들이 "여기 오는 걸 그렇게 좋아하는데 와서 보니 아이의 문제가 정말 없어진 것 같아요. 어느덧 처음에 있던 문제가 요즘엔 안 보여요." 이렇게 되더라구요. 그런 경험들이 쌓이면서 그야말로 사람에 대한 확신, 사람의 치유의 힘에 대한 믿음이 더 강해지는 것 같아요. 스스로 자가치유하는 힘. 그에 대한 믿음이 더 강해지는 것 같아요. 문제를 보지 않고, 그 존재 속의 빛을 보는 것, 이것이 참만남이라고 생각해요. 간호를 통해 그런 참만남을 경험하니, 제가 '간호'를 사랑하지 않을 수 없지요.

이 일을 하면서 가장 큰 보람은 힘들다고 오신 분들, 막막해서 오신 분들이 작업을 통해서 "뭔가 방향이 잡힌 거 같아요."라든가 "편안해졌어요. 이제 저 혼자서도 할 수 있을 거 같아요."라고 할 때 제일 보람을 느끼죠. 전 카리스마 있는 사람이 아니지만 편안하게, 그리고 그들이 스스로 찾아가도록 기다려 주는 것은 자신 있어요. 그 기다림이 1회에 열매 맺을 때도 있고, 좀 더 시간이 필요할 때도 있지만 반드시 열매를 보게 됩니다.

내 그릇 크기만큼의 미래

저는 비나연구소에 큰 기대를 걸지는 않아요. 유명해지거나 사업으로 번창하기를 기대하지도 않아요. 사람마다 자기가 감당할 그릇의 크기가 다르잖아요? 저는 소심하고 작은 그릇이거든요.

그저 나의 자발성과 창의성을 정신간호를 하면서 충분히 발휘하고, 그것을 통해 사람들과 참만남을 가지는 것이면 만족해요. 가끔, 아주 가끔은 심리산업으로 매스컴도 타고, 사업체도 발전시키는 사람들을 보면 부러운 마음이 있었어요. 하지만 만약 저에게 그런 기회를 주겠다고 하면 저는 많이 부담스러워서 거절할 것 같아요. 다른 사람의 큰 그릇과 제 그릇을 바꾸기 싫거든요. 저는 제가 가진 그릇의 크기만큼을 채우는 것에 만족해요. 이 분야의 일을 사업체로 키울 목표가 있는 분들은 저와 같은 마음을 가지면 안돼요. 경영 마인드도 가지고, 전략도 잘 짜고, 자기를 홍보하고 영역을 확장해 나갈 필요가 있겠지요. 저에게 이 연구소는 경제적인 이득이나 안정된 지위를 가져다주는 것이 아닌, 저의 역량을 발휘할 기회와 자유를 주는 것입니다. 해보고 싶은 것을 마음껏 해보게 하는 그런 곳이지요. 그래서 저는 연구소에 전력투구 하지는 않아요. 연구소 활동으로 제가 소진되면, 자기돌봄 연구소의 취지와 맞지 않겠지요?

비나연구소는 앞으로 다음과 같은 일들을 계획하고 있어요. 첫째, 제가 하는 중재 프로그램들에 대한 이론적 기반과 효과 탐구를 위한 연구를 하고 싶어요. 중재의 기법들만 개발하는 것이 아니라, 그것의 근거가 되는 학문을 공부하고, 정리하고, 아울러 중재들의 효과를 증명하는 작업들이 필요하지요. 전 간호학자로서, 간호의 학문적 토대를 굳건히 하는 것에 기여해야 하니까요. 이러한 작업은 간호학 교수님들과 협력하여 논문을 쓰고, 책을 출간하는 것으로 드러나겠지요. 둘째, 비나연구소 자체에서 기획한 프로그램을 운영하는 것입니다. 이때까지는 제가 의뢰받아 프로그램을 진행했어요. 어떤 면에서는 소극적인 활동이었지만 그것도 충분했거든요. 그런데 이제는 제가 어머니, 선생님, 의료인 등 돌봄자들을 대상으로 프로그램을 기획하고 참가자를 모집해서 운영해 보는 것도 시도하려고 해요. 외부에서 의뢰받아 그에 맞추어 진행하는 것이 아닌, 제가 기획하여 해 보고 싶은 방향으로 프로그램을 진행하는 것이지요. 셋째, 제가 가진 간호중재의 노하우들을 교육하는 기회를 만들고 싶어요. 제가 그동안 경험하고 경험을 숙고하면서 쌓아 온 간호에 대한 신념, 작업의 노하우들을 이론적인 배경과 함께 교육하고 싶어요. 이 분야에 관심과 열정이 있는 간호사들이 필요한 내용으로, 적합한 방법으로, 그리고 합리적인 비용으로 비나연구소의 다양한 중재 방법들을 훈련할 수 있는 기회를 가지고, 그들의 간호에서 활용할 수 있도록 말이지요. 그렇다고 다른 교육프로그램이나 자격 과정들처럼 긴 시간, 거금의 교육비를 받는다거나 자격증을 수여한다거나, 그런 계획은 없어요. 자격증을 남발하는 심리 산업에 일조하고 싶지 않거든요. 사람들이 자신을 위한, 그리고 간호대상자들을 위한 중재를 배울 기회를 가지고, 그를 통해 저 역시 배울 수 있다면 좋겠습니다. 마지막으로는 세 번째의 교육 프로그램과 비슷하겠지만, 자기돌봄에 관심 있는 사람들의 연구모임을 만들어보는 것입니다. 이미 많은 사람들이 나름의 자기돌봄을 실천하고 있고, 관심을 가지고 있을 거예요. 직업, 나이, 활동 분야와 상관없이 다양한 사람들이 모여서 자기돌봄을 이야기하고, 그런 관심들을 모아서 정리하고, 새로운 프로그램을 개발하면서 지식과 경험을 공유하는 작업을 하고 싶어요. 저 혼자만의 작업보다는 함께 하는 것의 즐거움이 있고, 힘을 모음으로써 시너지 효과가 있겠지요?

앞으로도 여전히 대학강의도 열심히 하고, 연구소를 통해서는 저 역시 즐기면서 자기돌봄을 하고 싶어요. 저의 놀이터라고나 할까요? 앞으로 비나연구소는 저의 이상과 가치를 실현해 주는 공간으로 자리매김하기를 바랍니다. 비나연구소는 화려하거나 커다란 그릇이 아닌, 소박하고 투박한 작은 그릇이지만 그것으로도 충분히 아름다울 수 있을 것이라고 자부해 봅니다.

모험하라!

간호사라는 직업은 안정성을 보장해 주는 직업이라는 장점도 있지만, 그 때문에 진로가 한정된다는 단점도 있어요. 간호사의 정체성을 가지고 기존의 영역에서 일을 하거나 간호에서 아예 벗어나 직업을 전향하는 경우가 있어요. 모두 개인의 선택이지만, 저는 간호사라는 정체성을 가지고 활동하는 영역을 넓히고 싶었고, 그 바람을 이루고 있다고 생각해요. 저는 후배들 역시 그러길 바라고, 그를 위해 이렇게 말하고 싶어요. "후배들이여, 모험을 해 보라!" 마음속에서 열망하고 좋아하는 것을 간호라는 이름으로 연결해 보고, 새로운 간호영역을 구현하여 실천해 보는 것, 그것은 모험이지만 시도해 볼 만한 가치가 있습니다. 이를 위해서는 개척자의 정신, 실패를 두려워하지 않는 자신감, 당장의 이익에 급급하지 않는 인내심, 그리고 자신이 진정 원하는 것이 무엇인지 발견하는 자기 탐색의 과정이 필요하다고 생각해요.

병원, 지역사회, 회사, 창업, 창작활동, 가정 등 우리가 간호할 수 있는 영역은 무궁무진해요. 간호사들이 이미 진출해 있는 영역에서 일하는 사람들은 자신의 간호 활동에 대해 성찰하고 고민하면서, 간호의 한계를 보완할 수 있는 시도를 하는 것이 모험정신과 관련이 되겠지요. 기존의 활동영역이 아닌, 다른 곳에서 일해 보고 싶은 사람들은 간호를 그만두는 것이 아니라, 간호를 새로운 영역으로 넓혀 간다고 생각하면서 사명감을 가지고 살면 좋겠어요. 제가 이때까지 보아온 간호에 종사하는 사람들은, 그리고 간호학을 공부하는 사람들은 그런 역량과 태도를 충분히 갖추고 있었어요.

저는 '간호사'라는 것을 어디를 가도, 누구에게라도 밝혀요. 간호사라는 자부심을 가지고 당당하게 자랑할 수 있는 후배들이 되면 좋겠어요. 이 말을 진심으로 할 수 있는 이유는, 제가 간호사가 되기를 거부했고, 부끄러워했고, 방황했던 시절이 있었지만, 이제는 평생 간호사로 있고 싶을 정도로 간호를 사랑하는 사람이 되었거든요. 이런 변화는 누군가 강요해서 되는 것은 아니고, 스스로 그것을 깨우쳐야 하는 것 같아요. 선배들의 역할은 후배들이 이런 깨우침을 가질 수 있는 기회들을 제공하고, 귀감이 되는 롤모델이 되는 것이라고 생각해요. 우리는 충분히 간호사임을 자랑할 수 있고, 그것을 내세울 필요가 있습니다.

또 한 가지 후배들에게 당부하고 싶은 말은, 간호는 혼자 하는 것이 아니라는 것입니다. 나 혼자 잘나서, 그리고 그것을 드러내려고 하는 간호가, 간호학이 과연 의미가 있을까요? 제가 현재 1인 연구소를 운영하고 있지만, 여기에는 많은 사람들의 영향과 도움이 있었습니다. 과거에 함께 했던 동료들, 저를 가르쳐 주시고 믿어 주신 선배님들과 교수님들.. 그리고 무엇보다 저를 성찰하게 해준 손님들이 있었지요. 그 사람들과 진솔한, 그리고 배려하는 인간관계를 유지하면서 생각을 나누고, 협력하는 것이 무엇보다 중요합니다. 그 덕분에 오늘날 비나연구소가 유지될 수 있고, 앞으로도 그럴 것입니다. 함께하는 간호, 그러기 위해 주변의 사람들, 특히 간호영역에서 함께하는 사람들과 서로 존중하고 배려하면서 협력하는 관계를 유지하였으면 합니다. 모두 잘난 사람들이니 나 혼자가 아닌, 함께 그 잘남을 드러내면 좋겠지요?

지금까지 비나연구소를 소개하고, 이것이 간호의 한 영역임을 강조하고 싶어 긴 이야기를 하였습니다. 누군가 저의 이야기를 듣고, 새로운 간호의 꿈을 꿀 수 있으면 좋겠습니다. 그리고 필요하면 언제든 선배들에게 노크하세요. 선배들은 후배들과 함께 간호를 이야기할 준비를 하고 기다리고 있으니까요. 저 역시 아직도 선배님들과 교류하면서 그분들에 대한 존경심과 함께 간호를 이야기하는 즐거움을 가지고 있습니다. 생각은 혼자 하는 것보다는 이야기하고, 교류하면서 더 발전할 수 있습니다. 그런 기회를 적극적으로 찾고 누리시길 바랍니다.

내담자의 변화와 더불어 성장하는 〈표현상담연구소〉

품어주는 상담자 정로사 소장

내면의 소리를 나다운 삶으로 표현하는 희망을 키우다

'표현상담연구소'라는 이름은 상담소에 오시는 분들이 누구에게도 하지 못했던 마음의 소리를 표현하시고 또 자신의 삶을 자유롭게 표현하시면서 자기답게 살아가기를 희망하는 저희 상담소의 핵심가치를 나타냅니다. 이름에는 상담연구소의 가치가 포함되기 때문에 고민을 많이 했고, 고심 끝에 '표현(expression)'이라는 상호명을 짓게 되었죠.

유아부터 성인 모래놀이상담과 청소년 학습 진로상담, 성인의 언어상담, 매체 상담인 미술치료, 라이프 코칭 등을 하고 있어요. 우리 상담소의 남다른 차별성은 원장과 이하 상담사가 모두 박사수료 이상의 전문성을 가지고 있으며, 내담자 중심의 최적화된 다

저의 계획은 소박합니다.
하나씩 배우고, 한 사람도 소중히 여기고
내담자에게 외경심을 표현하고,
'알지 못함'의 자세로 내담자의 깊은 세계로
들어가는 '상징 해석 전문가'가 되고 싶습니다.
표현상담연구소 정로사 소장

양한 상담 서비스를 제공할 수 있다는 것입니다.

대학에서 제 전공은 심리학이 아니라 간호학이죠. 둘째 아이를 낳고 진로고민을 하다가 연세대학교 신학대학원의 최고위 과정에 들어갔어요. 거기에서 처음으로 코칭을 접하게 되었죠. 2년간 정말 재미있게 강의와 실습의 과정들을 거치면서 코칭에서 더 나아가 상담심리까지 관심이 높아졌어요. 대학원의 학위과정으로 진학하고 논문을 쓰면서 실제 임상에 대해서 더욱 관심이 생기게 되었죠. 에너지가 넘치고 목표중심의 대화인 코칭이 초기 저의 창업의 주 아이템이었습니다. 처음엔 학습 심리 상담과 학습 코칭을 요청받기 시작했어요. 그땐 프리랜서로 우선 〈토즈〉라는 모임공간을 대여해서 활동했죠. 토즈는 편리한 점도 있지만, 벽이 얇아 옆방의 말소리가 들려서 신경이 쓰였습니다. 상담의 특성상 조용하고 보호받을 수 있는 따뜻한 공간이 필요하다는 생각이 들어, 안전하고 보호받는 개인적인 공간으로 지금의 상담실을 오픈하게 되었어요.

상담사 자격은 간호사처럼 면허제가 아니에요. 창업 준비와 관련된 민간자격은 한국상담심리학회나 상담학회에서 공인된 상담사 자격을 취득할 수 있고, 두 곳 모두 관련분야 석사 이상의 학력이 있을 경우만 회원가입이 가능해요. 또한 국가자격으로는 청소년 상담자나 임상심리사 자격이 있습니다. 그 외에도 다양한 학회나 상담자격들이 있어요. 매체치료를 하시는 경우는 미술치료나 놀이치료, 모래놀이치료 등 각각의 전문학회에서 자격을 취득할 수 있습니다. 창업 자체에는 자격증이 필요 없을 수 있지만 대인간

서비스를 제공하는 곳이고 기본적으로 석사이상의 전문분야의 학력과 수련과정을 필요로 하고 있어요.

저는 처음에 코칭을 먼저 공부했기 때문에 연세대학교 신학대학원의 코칭아카데미에서 2년 동안 수련을 받고 연세대학교 전문코치자격(YCA)을 취득하고, 한국코치협회의 전문코치자격(KPC)를 취득했어요. 연우심리연구소의 학습심리전문가 과정도 이수했죠. 상담 관련해서는 한국모래놀이치료협회 1급을 취득했고, 전문가 최종 시험을 통과하고 자격증 신청과정만 남아 있어요. 또한 한국상담심리학회 정회원으로 수련 중에 있고, 심성교육개발원의 미술치료상담자 자격과 Prepare/Enrich 상담사자격, 성폭력이나 가정폭력, 트라우마 교육이수 등의 전문성을 높이기 위한 다양한 노력을 했습니다.

하지만 학회나 학력이 있더라도 상담자가 자기성찰과 분석이 없이 상담을 할 경우 내담자에게 미치는 영향력이 크기 때문에 공식화되지 않았으나 암묵적인 수련의 과정들이 지속적으로 필요합니다. 이 부분이 상담자의 개인역량의 차이와 관련이 있다고 할 수 있어요. 교육상담과 수퍼비전과 교육 등의 지속적인 학습과 역량개발을 위한 비용 지출이 계속 있기 마련이죠. 단순히 경제적 비용만을 생각한다면 투자대비 효율적인 사업이라 할 수는 없어요. 다만 자신의 삶의 가치가 이 분야에 맞는 사람에겐 타인을 도우며 자신도 계속 성장할 수 있는 멋진 분야죠. 더 흥미로운 것은 자신의 역량개발을 위한 투자를 얼마나 하느냐에 따라 창업의 주요 아이템의 영역을 지속적으로 넓혀나갈 수도 있다는 것입니다.

무엇보다 사업자금의 부담이 크지 않다는 것도 매력입니다. 처음에 저도 상담이 있는 시간에만 〈토즈〉의 공간을 저렴하게 사용할 수 있었듯이 초기 투자비용이 크게 필요하지 않아요. 현재 저는 연구소 공간을 위한 보증금이 들어갔고 매달 월세를 내고 있어요. 다만 사업을 시작하기 전에 자격증 취득이나 전문 역량개발 비용이 들고, 이후에도 지속적으로 자기개발 비용이 들어가고 있기는 합니다. 지금 저는 수익의 일부분은 월세와 유지비로, 일부는 교육비로 지출하고 있습니다.

전인적 돌봄의 태도로 품어 주는 상담

상담소의 특성상 한 개인의 내면세계나 주관적인 정서와 인지가 변화되고 삶이 변화되는 과정을 함께하고 있기 때문에 외부로 자랑할 만한 실적은 별로 없어요. 다만 공개해도 되는 한 사례를 말씀드린다면 중학교 때 매우 성적이 낮고 부모님과 갈등하고 학교도 빠지던 아이가 학습코칭을 통해서 특성화고등학교에 잘 적응하고 서울권에 있는 대학을 진학하게 되었어요. 대학에 가서 상까지 받을 정도로 자기 삶을 스스로 잘 살아가고 굉장히 적극적으로 살게 되었던 사례가 생각납니다. 다른 사례는 선택적 함묵증이었던 유아가 모래놀이상담을 받고, 지금 초등학교에 매우 잘 적응하고 친구들과 잘 어울리고 학교생활을 힘 있게 해 나가고 있다는 이야기를 들려드리고 싶어요.

마음을 표한하고

삶을 표현하고

자기답게 살아가기를 희망하는 곳

제가 간호사이기 때문에 인간의 신체발달에 대한 전반적인 이해가 상담에 큰 도움이 되고 있어요. 인간은 신체와 인지와 정서와 행동이 연결되어 있기 때문이죠. 심리적인 이해에 기초해서만 상담을 하는 경우와 전인적인 관점에서 상담을 하는 경우 더 풍부하게 내담자를 이해하고 공감할 수 있는 부분이 있거든요. 기초적인 간호학적 지식이 가져다주는 전인적 케어가 내담자분의 입장에서 자신이 잘 이해받고 돌봄 받고 있다고 느끼는 요인 중 하나가 되어 주는 거죠.

'알지 못함'이란 비움으로 천천히 만나는 미래

내담자의 연령층이 다양하고, 주로 정서적인 어려움이 있으신 분들이죠. 그런데 점차 자기다운 삶을 살고 싶고, 자신의 가능성과 잠재력을 찾고 싶으신 분들도 찾아오세요. 상담의 트렌드가 변화되고 있는 것 같습니다. 예전엔 상담실 문을 넘으면 '뭔가 문제 있는 사람'이라고 생각하던 시대가 지나가고 있다고 볼 수 있죠. 또 '문제가 없는 사람은 없다.'는 것을 받아들이는 것 같기도 하고요. 내가 알지 못했던 내 모습을 찾고 싶고, 나를 이해하고 싶고, 좀 더 나답게 살기 위해서 전문가를 찾는 분들이 늘어가는 것 같아요. 저는 자신을 좀 더 들여다보기 위해서 상담실을 찾아오시는 분들은 '자신을 대면할 용기가 있는 분들'이라고 생각해요.

어느 대학생이 했던 말이 떠오릅니다. "짧게 뵈었지만 누구보다도 저를 가장 알고 계신 분이 선생님이라는 생각이 듭니다." 제가 생각하기에 아마도 이 말은 '어떤 편견이나 상담자의 주관적인 판단 없이 내담자의 모습을 있는 그대로 보려고 했던 사람'이라는 말과 상통할 것 같습니다. 로저스가 "자기개념에 긍정적 경험을 포함시키기 위해서 판단 없이 나를 있는 모습 그대로 수용해 주는 사람이 필요하다."고 한 것처럼 상담자로서 내담자를 '알지 못함'이라는 비움으로 만나는 경험이 내담자에게도 전달이 되는 것이 아닌가 싶습니다. 그 학생의 말이 지금도 기억나요.

저희 상담소는 특별한 홍보는 하지 않아도, 상담서비스에 만족하신 내담자들의 소개나 주로 입에서 입으로 전해지는 직접적인 소개로 운영되고 있어요. 이러한 고객의 기대에 부응하기 위해 나 자신의 상담역량을 점검하고 발전시키기 위한 전문가의 수퍼비전을 정기적으로 받고 스터디그룹도 운영하고 있어요. 상담과 간호의 분야뿐 아니라 철학 등의 인문학적 지식과 경험을 쌓고 다양한 분야의 전문가들과 소통하고 있습니다. 직원은 많지 않지만 저와 철학이 맞는 프리랜서 상담사 선생님들과 협업하고 있어요.

무엇보다도 '어떻게 내담자의 안위를 지킬 수 있는가?'를 중시하고 있죠. 간혹 법적인 문제와 연류가 되거나 할 때 상담자로서 중립을 지키면서 내담자의 안위를 지키는 것과 관련해서 고민하며, 수퍼바이저에게 도움을 구하거나 내적인 고민을 통해서 최대한 윤리적으로 해결하고자 노력하고 있습니다.

저의 계획과 소망은 소박합니다. 천천히 하나씩 배우고, 한 사람을 소중하게 여기고, 제가 사랑하는 모래놀이치료의 내담자에 대한 외경심을 실천하고, 소박하지만 진실한 삶을 살면서 몇몇의 사람에게 영향력을 미치는 것입니다. 분석심리학을 계속 공부하고 융의 말처럼 '꿈을 따르는 삶'을 사는 것입니다. 그리고 작은 소망이라면, '알지 못함'의 자세로 내담자의 깊은 세계로 들어가는 '상징 해석 전문가'가 되고 싶습니다.

후배들이여, 함께 성장할 기회를 찾아보라!

상담실 창업을 통해서 느끼는 보람은 내담자분들의 성장과 변화이고, 제 자신이 그분들을 통해서 겸허함을 배운다는 것입니다. 상담사로서의 창업은 창업 자체보다 상담자라는 한 인간존재로서의 준비에 참 많은 시간과 에너지가 지속적으로 들어가는 일이죠. 그래서 사실 강의를 하거나 질문을 받을 때 웬만하면 하지 말라고 합니다. 간호사는 한번 받은 교육과 면허, 직장생활의 경험을 통해 임상을 배우면서 돈을 계속 벌 수 있지만, 상담사는 지속적으로 계속 교육과 상담에 돈이 들어가고 전문가가 되기까지 시간도 많이 걸립니다. 하지만, 대인 간 관계 속에서 자신을 더 발견할 수 있고, 소박한 자신을 받아들이고 자연스러운 삶을 살 가능성이 높아지고, 내담자의 성장이나 변화에 동참할 수 있는 장점이 있어요. 이 일이 자신의 가치와 적성이 맞는다면 한번 해보도록 권하고 싶습니다. 다만, 내가 상담을 받아야 하는데 상담사가 되길 원하는 것은 아닌지 한번 점검해 보고 만약 상담 전자라면 상담사가 되기보다 상담을 받아 보라고 권하고 싶습니다.

돌보는 자의 돌보는 자 〈마음안 힐링 커뮤니케이션〉

: 간호사에서 상담자가 된 안진희 대표

마음 안(安)

저는 마음안 힐링 커뮤니케이션, 상담센터 대표 안진희입니다. 저희가 지금 하고 있는 주 업무는 상담, 개별상담, 가족 상담 등 상담에서 다루는 모든 부분을 하고 있습니다. 자기 삶에 대한 어떤 불안과 같은 다양한 주제에 대한 일반 상담을 합니다. 또 저희는 상담뿐만 아니라 테라피라고 하는 프로그램을 운영하고 있어요. 개인이 자기 성장을 위해서, 문제가 있는 건 아니지만 나에 대해서 조금 더 명료하게 알고 내 감정을 다루는 방법을 배우는 프로그램입니다. 저는 그러한 테라피를 상담에 적용하기도 하고, 테라피를 배우고자하는 사람들을 가르치는 것도 하고 있습니다. 또 외부에서 관계나 소통 그리고 힐링과 관련된 주제를 다루는 강의를 하고 있어요.

요약하자면, 마음에 대한 것, 힐링에 대한 것에 관련한 전반적 업무를 하고 있다고 말씀드릴 수 있을 것 같아요. 저희 상호가 '마음안'인데요. 제 이름이 안진희거든요. 근데 그 안(安)이 '편안할 안'이잖아요. 그래서 제가 다루는 일의 가장 핵심은 마음을 평안하게 다스리는 것에 대한 부분이거든요! 그니까 마음을 어떻게 잘 다스릴 거냐가 주제여서 핵심어가 '마음'이었고. 뒤에는 제 성을 붙여서 '마음 안'이 됐어요. '마음 안(安)'. 솔직히 말씀드리면 힌트는 술집에서 따왔어요. 그 이름을 어떻게 지어야 되지 막 고민을 하는데 청담동에 갔더니 편안할 안 '安' 자의 술집이 있더라고요. 그걸 딱 본 순간 아, 우리가 술 먹고 갈 때 이렇게 좀 뭔가 자기 얘기하러 가잖아요. 그리고 술 먹으면서 술술술 얘기하시잖아요. 그러면서 점점 편해지는 거잖아요. 그래서 아, 여기 편안할 安 자를 써놓은 게 굉장히 의미가 있는 것 같다 해서 제가 카피해 왔죠. 그래서 그거 붙여서 마음 안. 편안할 안(安) 자입니다. 저희가 바라는 목표는 마음의 평화예요. 그래서 그 평화를 어떻게 만들어 갈 거냐? 그리고 이제 왜 평화롭지 않나? 저희 센터가 이런 것들을 좀 잘 정리해주고, 잘 찾아주는 일을 하는 곳이기 때문에 이름이 아주 마음에 듭니다. 그리고 뭔가 사업을 할 때는 자기를 좀 드러내고 싶잖아요! 그런데 이 상호가 제 이름도 상징할 수 있어서 편안할 안(安)을 넣어서 '마음 안(安)' 이렇게 지었어요.

저희 상담센터도 일반 상담센터와 같은 고객을 대상으로 합니다. 자기 갈등이 있거나 문제가 있는 사람을 받는데요. 제가 정신간호학을 전공하고, 심리학도 공부했습니다. 또한 저희 센터의 컬러 상담 프로그램을 활용하는 것이 다른 센터와 차별화된 부분일 수 있겠습니다. 저희 상담센터는 상담을 위해 방문하는 사람을 만날 때, 이 사람이 지금 정신적 질환을 가진 사람으로 바라보기보다는, 자신에 대해서 굉장히 성장할 시간이라는 관점을 가지고 접근합니다. 예를 들면, 저희 센터를 가장 많이 방문하는 20대들의 상담 주제 중에 삶의 목표예요. 나는 무엇을 해야 되나 그리고 나는 왜 여기에 있는가, 나는 이건 아닌 것 같다. 굉장히 고통스럽잖아요. 그랬을 때 이 고통을 저희는요, 굉장히 좋은 사인으로 봐요. 아, 이 사람이 지금 진짜 자기가 누구고 자기가 원하는 게 뭔 지를 찾을 수 있는 아주 좋은 시간이다. 정신과에서는 사실 이러한 문제를 약간 질병으로 생각하는 경향이 있었고, 그래서 우리가 환자라고 부르잖아요. 또한 심리학에서도 뭔가 정상에서 벗어난 거라고 생각하는데, 저는 상담을 할 때 오는 내담자들이 모두 '일단은 그냥 다 건강하다.'라는 그런 전제를 가지고 시작합니다. 다 건강하고 지금 가지고 있는 혼돈은 아 이 사람이 지금 뭔가 배워야 될 시간이다. 그런데 이 사람은 배워야 되는 걸 어떻게 배워 나가야 되는지가 되게 애매한 거예요. 저는 이 사람이 지금 잘 보지 못하는 부분까지 좀 볼 수 있게 가이드 해 주고 끌어 주는 역할을 합니다. 이러한 면이 저희 센터가 추구하는 차별화라고 생각합니다. 저희 센터에 대한 내담자의 공통적 평가가 상담을 할 때 무겁지 않다는 겁니다. 내담자는 되게 무거운 주제로 왔지만 상담 과정에서 '내가 정말 좀 뭔가 부족한가 봐, 내가 문제가 있나 봐.' 이런 관점에서

마이너스가 있다가도 길게 보면
마이너스를 치울 플러스가 있더라구요.
마음안힐링커뮤니케이션 안진희 대표

좀 벗어나게 돼요. 그래서 상담 후 모든 평가가 '상담이 뭔지 모르게 가볍다.'예요. 그리고 몰랐던 것에 대한 이해를 하면서 좀 명료해진다고 표현합니다. 그래서 제가 선물하는 이 컬러 상담의 가장 큰 선물은 이렇게 빛 같은 가벼움입니다. 아, 뭔가 가볍고 그리고 빛을 통한 이렇게 명료함? 예. 다른 상담도 목적이 뭐 결국은 그렇게 가는 거겠지만 저는 이게 좀 되게 구체적인 편이라고 말씀드릴 수 있을 것 같아요. '사람을 보는 관점의 차이가 크다.'라고 말씀드리고 싶습니다.

창업의 시작: 양다리 전략의 활용

사실 학교 다닐 때는 내가 정말 뭘 좋아하는 지 잘 몰랐던 것 같아요. 잘 모르겠지만 마음 안에서는 계속 '내가 정말 원하는 걸 찾고 싶다.'라는 의지가 되게 강했었는데요. 딱히 언제부턴가 이런 일을 하겠다고 결정했던 적은 없는 것 같아요. 일을 해 나가면서 저에 대해서 좀 찾은 것 같아요. 저는 간호사로 정신과에서만 일을 했었는데 정신과에서의 일이 재밌었어요. 무엇이 흥미있나 봤더니 제가 사람들의 이야기 듣고, 지지하는 걸 되게 좋아한다는 것, 또 하나는 사람들의 고통을 얘기할 때 연민이나 돕고 싶은 마음이 되게 많다는 것을 알게 되었어요. 근데 정신과에서 간호사로 일하는 것 그건 참 좋았지만 내 성향에 맞는다는 걸 알았는데 한편으로는 조금 뭔가 수동적인 것보다는 주도적인 걸 하고 싶었어요. 그니까 내가 좋아하는 게 사람을 좋아하고, 사람들의 마음의 고통에 기울이고 함께하는 것도 좋아했습니다. 그런 게 나한테 적성에 맞는다는 건 알았는데 그런데 뭔가 답답한 몇 퍼센트? 그게 뭔가 봤더니 조금 더 '나라는 사람이 주도적으로 이 일을 하고 싶다.'라는 욕구가 많이 있었던 것 같아요. 그래서 고민을 했겠죠. 내가 이렇게 마음을 돌보는 걸 좋아하고 정신과 환자들을 좋아하는 걸 보니 이런 영역이 맞긴 한데 근데 주도적으로 할 수 있는 것이 정신과 간호사를 하면서는 제한이 있었어요. 조금 더 적극적으로 하고 싶었고 물론 '의사들에 비해서 내가 적극적일 수 없다.'라는 한계도 있었지만, 정신과에서는 약물 위주로 한다는 거에 대한 한계가 더 많았어요. 그러니까 약 말고도 내가 할 수 있는 게 없을까? 내가 직접 좀 도울 수 있는 게 없을까? 이게 제 안에서 답답함이 돼서 그러면은 내가 좀 뭘 많이 알면 좀 도와줄 수 있지 않을까? 해서 뭘 좀 알아야 될까 생각해 봤더니 이게 마음에 대해서 어떻게 치료하는 지를 좀 알아야겠더라고요. 그래서 심리상담에 대한 공부를 생각했죠. 그런데 '일단 내가 먼저 심리상담을 받아 봐야겠다'고 생각을 했어요. 왜냐면 갑자기 대학원에 간다거나 갑자기 결정하기도 좀 애매했어요. 진짜 맞는 건지를 잘 모르겠더라고요. 정신과 간호사도 좋았지만 '진짜 맞는 거야'라고는 확신할 수가 없었어요. 그래서 무조건 공부를 어떻게 시작하기보다는, 내가 한번 경험을 해보자. 그래서 심리상담이나 지금 제가 하고 있는 테라피를 제가 받으러 다니기 시작했어요. 내가 받아 보면서 내가 진짜 변한다는 느낌이 있다면 그런 걸로 사람을 도울 수 있잖아요? 그래서 제가 결정한 것은 내가 사람들을 돕기 위해서 뭔가 좀 더 배워야 되는데 배웠을 때 정말 사람들이 바뀌는 건지를 역으로 내가 한번 경험해보자 해서 그 당시 저는 열심히 병원에서 일해서 번 돈으로 심리상담, 테라피 받고, 배우러 다니는 데 썼던 것 같아요.

일단은 감사했던 건, 이걸 가지고 나중에 뭘 할 수 있을 진 모르겠지만 일단 재밌었어요. 이게 어떤 직업으로 연결될지도 굉장히 막연했어요. 근데 일단 재밌었습니다. 그래서 이게 너무 재미있다는 동기 때문에 계속 공부를 하게 됐고요. 그리고 실제로 재밌게 배우다 보니까 아, 제가 좀 변하는 걸 느꼈어요. 내가 항상 답답했던 것들이 왜 그런지 알게 됐고 그리고 좀 명료함을 찾게 됐고 그러면서 내가 가진 감정이나 생각이 정리가 됐고 이러다 보니까 일을 하면서도 훨씬 제가 안정이 되더라고요. 이런 걸 공부하니 사람들이 이런 게 좋아지는구나. 그래서 그다음 번에는 뭘 했냐면 그걸 가르칠 수 있는 과정들이 있더라고요. 그래서 배우기 시작했습니다. 내가 이걸 할지, 할 수 있을지, 할 수 없을지 사실 사람의 마음을 돌보는 일이 지식 이상의 많은 것이 필요하다는 부담감이 있었기 때문에 선불리 나서기가 굉장히 어려웠어요. 근데 내가 재밌었고 내가 바라는 걸 먼저 경험했고 두 번째는 이런 걸 할 수 있는 과정이 뭔지를 찾았습니다. 다행히 teacher 과정이 있어서 배우게 됐고, 그런 다음에는 이 도구를 공부하고 나니까 고민이 있는 주변 사람이 보이고 문제 있는 친구들이 보이잖아요. 그래서 제가 배운 걸 활용해서 일단은 인턴십 같은 과정을 한 것 같아요. 주변 사람들 그리고 아는 사람들 상담을 제가 해 보기 시작했습니다. 사실

제가 하고 싶었던 일은 일반 심리학 석사를 해서 그냥 상담센터를 하는 게 아니었어요. 그러니까 제가 중간에 심리학 석사도 했지만 솔직히 말씀드리면 심리학 석사를 해서 심리상담을 하는 일반적인 과정은 저하고 안 맞았어요. 저는 조금 더 다른 걸 원했고, 일반 상담과정에서 하듯 검사 도구를 활용하여 일정한 방법을 가지고 사람들을 10회기, 20회기 끌어가고 이런 게 전 좀 답답했거든요. 그렇지만 나는 경험을 했지만 다른 사람은 어떨지를 알 수가 없어서 간호사를 그만두었지만, 간호학을 가르치는 일로 일단 먹고 사는 것을 해결하면서, 나머지 시간 동안은 제가 배운 것으로 자원봉사했습니다.

이렇게 기꺼이 한 번 부담없이. 왜냐면 이게 돈을 받으면 책임이 커지고 너무 부담스러웠습니다. 한 2년 정도 제 집에서 상담 방 하나 만들어서 일주일에 한 이틀 정도를 상담하는 날로 정했고, 사실 상담을 받고 간 사람들이 공짜 상담이니까 주변에 누가 고민을 하면 엄청 보내는 거예요. 그래서 2년 동안 무료 상담 경험을 많이 했어요. 물론 슈퍼비전도 받았습니다. 그니까 내가 혼자서 이렇게 그냥 엉뚱하게 상담을 하고 있으면 안 되니까요. 그 2년 동안 상담한 내용을 꼼꼼하게 적었고 전문가한테 가서 이게 어떤 부분을 또 내가 더 보충해야 되는지를 슈퍼비전을 받았어요. 2년간 제가 실습한 기간이 있었던 것 같고요. 제가 간호사 출신이어서요. 간호사들한텐 이런 성격이 있는 것 같아요. 불확실한 걸 못 견디고 확실하게 뭐가 된다는 근거가 없을 때 뛰어들기가 어렵죠. 그래서 사실 생각이 많고 정작 하던 일을 벗어나서 한다는 것이 상당히 어려운 것 같아요. 그리고 저도 그런 성격이 있고 그래서 저는 이런 사람들한테 창업, 이렇게 뭔가 새로운 걸 하고 싶은 사람한테 현재하고 있는 일과 새로운 일 사이에 양다리를 걸치는 시간을 상당히 오래 가지라고 표현을 해요. 그니까 어쨌든 나는 전문직 자격증을 가지고 있으니 내가 간호직을 하면서 일을 할 수 있잖아요. 그래서 (간호) 일을 하면서 돈을 벌지만 새로운 일로 넘어갈 때 갑자기 올인하기보다는 차츰 넘어가는 것이 필요하다고 생각해요. 왜냐하면 상담가도 갑자기 상담센터를 짠~ 하고 오픈했다고 해서 절대로 내담자가 생기는 것은 아니거든요. 일이 그렇게 쉬운 일이 아니거든요. 그래서 이제 저도 차근차근 간을 봤죠. 그래서 2년 동안 일주일에 이틀을 상담하는 날짜로 썼고 그 2년간 내담자가 어떻게 나한테 오는지를 파악을 했더니 2년간 정말 하루에 최소 한 시간 상담을 6~7명을 하게 되었어요. 소개, 소개, 소개받아서 꾸준히 오더라고요. 그래서 '아, 이 정도면 됐다.' 해서 상담센터를 시작하게 되었어요. 처음에는 그렇게 거창하게 시작하지 않으셔도 돼요. 제가 아까 말한 것처럼 뭔가를 위험 부담을 가지고 하는 건 제가 반대거든요. 그래서 저는 그때 싱글로 살았기 때문에 저희 집을 상담센터로 등록을 했어요. 그래서 집에 방 한 칸을 이제 깨끗하게 상담센터처럼 꾸몄습니다. 그때 간호사를 그만두었고요. 대신 ENCLEX 강의를 하게 되었습니다. 그래서 일주일에 3일은 ENCLEX 강의를 main job으로 해서 생활비를 벌었고요, 나머지 이틀을 상담 요일이라고 해서 상담센터 오픈을 했습니다. 그리고서는 유료 상담을 시작을 한 거예요. 그러니까 step by step으로 간 보아 가면서 내가 이걸 잘 할 수 있는지 시험해 가며 했던 것 같아요. 그래서 처음 시작은 이틀 상담을 시작했고요. 그러면서 이제 내담자가 늘어나는 걸 보면서 하루씩 더 늘렸어요. 그다음에 상담을 나흘을 하고. 이러면서 나중에 보니까 상담 센터 운영비 정도는 나오겠구나 했을 때 제가 상가에 다른 상담센터 오픈을 하게 되었어요. 이렇게 시작하게 되었습니다.

작은 방 한 칸만 있어도 충분하다

상담센터 창업은 비용이 그렇게 많이 들지 않아요. 상담센터가 있으면 돼요. 작은 방 하나. 그렇지만 아파트 이런 데는 조금 불편하죠. 대외적인 느낌이 안 드니까요. 그래서 요새는 이런 공간도 많이 봤어요. 요즘 제가 컬러클락 컨설턴트도 양성합니다. 그래서 컨설턴트가 상담을 하고 싶은데 처음엔 돈이 없어요. 그러니까 자기 공간을 갖고 싶어 할 때, 큰 방 하나에 여러 명이 모여 사무실을 내고, 공동 공간은 같이 쓰고, 개별적으로 작은 상담실 하나를 렌트하여 사용하는 곳이 많이 있습니다. 그런 공간에 한 달 렌탈 비용이 한 40~50만 원 정도 되더라고요. 그런 장소에서 상담센터는 시작하셔도 무리가 없어요. 왜냐면 그 방 안에 내가 이제 화분 같은 거 갖다 놓고 작은 책상을 하나 있으면 되거든요. 바깥에서 봤을 때도 사무실 같아야 합니다. 상담센터는 물건을 파는 것도 아니고요. 정확하게 '나'라는 사람을 파는 거예요. 그래서 이런 걸 지식사업이라고 하거든요. '나'라는 사람이 가지고 있는 경험과 지식으로 사실 돈을 버는 작업이죠. 그렇기 때문에 아까 말씀드린 대로 한 달에 일정 정도의 수입을 내가 가져가려면 창업을 할 때는 운영비를 고려를 하셔야 되거든요. 그래서 저도 처음에 어떻게 했냐면 저희 집에서 시작을 했고요. 다음에는 친구가 하고 있는 힐링 센터의 방 하나를 제가 렌트했어요. 그래서 렌트할 때 필요한 돈은 보증금 2,000만 원―모아 놓은 돈이 있었어요―매달, 매달 운영비가 한 40~50만 원이 들었는데요, 그 돈은 상담을 통해서도 충분히 만들 수 있는 돈이었기 때문에 그렇게 무리가 되지 않는 선에서 시작을 했습니다. 전 항상 이렇게 생각해요. 경비가 너무 부담스러우면 창업자들은 굉장히 스트레스가 많아져요. 직장인하고의 가장 큰 차이는 내 월급이 문제가 아니라 내가 운영하고 있는 공간, 이걸 운영하는 비용이 나오지 않을 때는 아무리 상담을 잘 해도 사실 유지할 수 없는 거잖아요. 그래서 창업을 하실 때 아이디어는 굉장히 현실적인 걸 점검하셔야 돼요. 아까 말씀드린 것처럼 그냥 '무조건 하면 돼, 잘 할 것 같아.' 이런 생각은 너무 곤란하고요.

정말 체크해 보셔야 돼요. 체크해 보고 상담센터 같은 경우 아까 말했지만 제가 컬러클락 컨설턴트들한테 제일 많이 권하는 것은 주부인 경우는 '아파트의 방 하나를 깨끗하게 치우고 방에서 시작해 보라고 합니다. 그래서 내 실력이 쌓이고 안정이 될 때까지.' 왜냐면 나가는 돈을 줄이라는 얘기예요. 무조건 바깥에 상가 하나 렌트하시면 한 달에 최소 한 2~300만 원씩은 쓰셔야 되는데요. 엄청난 부담이죠. 그래서 가장 그걸 줄일 수 있는 방법을 생각하셨으면 좋겠고 아까 말한 것처럼 작게 시작해도 되니까요. 작게 시작해서 뭐를 쌓으셔야 돼요? 실력을 계속 쌓으셔야 돼요. 그리고 실력을 쌓았더니 내담자 수가 자꾸 늘어나요? 그럼 그다음 단계로 또 옮기셔야 돼요. 그래서 네, 저는 가장 많이 확장했을 때는 강남 신사동에서 같이 일하는 직원 6명 있었어요. 상담센터는 64평 정도, 상담 방이 5개가 있었습니다. 그 공간을 운영할 때는 이미 충분한 내담자가 있었고요. 그리고 프로그램에 참여하러 오는 사람들도 많이 있었습니다. 고객들은 다 입소문으로 연결되는데, 상담을 처음 제 방에서 시작해서 신사동까지 옮기는데 7년 걸렸습니다. 그리고 그때로부터 다시 5년이 흘러서 이제 이 건물로 옮겼습니다. 네, 건물주가 됐죠.

이 분야가 좀 살펴보시면 알겠지만 비전이 있어요. 요새는 이제 학생들이 고민이 있을 때 그냥 참으라고 하는 게 아니라 엄마들이 상담센터에 많이 데려오고요. 요새 20대들은 생각보다 더 쉽게 빨리 상담을 찾아옵니다. 그리고 그게 바람직하다고 생각이 들고요. 이제는 부부들도 죽을 때까지 싸우지 않아요. 부부상담을 찾아옵니다. 사람들 인식이 좀 많이 바뀌었고요. 내 문제에 대해 도움을 받는 거에 대해서 어려워하지 않습니다. 인식이 많이 확장된 것 같아요. 번쩍번쩍하게 차려놨다고 해서 상담센터가 되는 게 아니기 때문에 정확하게 내가 훈련되고 내가 숙련되고 내가 경험이 쌓이는 시간이 필요한 것이 상담센터라고 생각해요. 나이가 들어갈수록 가치가 높아져요. 왜냐면 경험이 쌓아질수록 가치가 높아지죠. 경험으로 창업해서 '내가 원하는, 필요한 만큼의 돈을 벌고 싶어.'

까지가 좀 속도가 그렇게 빠르지 않을 순 있어요. 그러나 이제 나중에 어느 단계가 되면 그 속도가 느린 만큼 뒤에서 이제 보상이 되는 것 같아요.

제 사업을 위해 뼈를 태웠죠

지금 저희가 상담 사업뿐 아니라 이제 교육 사업도 하고 있습니다. 그래서 지금 교육 프로그램을 하고 있고, 따라서 상담과 교육을 병행하면서 1년에 거의 매출이 2억에서 3억 정도 되는 것 같아요. 그런데 사실 이게 다른 사업의 3억 매출하곤 다르죠. 왜냐면 저희는 이제 이게 다 수입이죠. 사실은 교육하고 이런 게 제가 혼자 하는 거니까 뭐 다른 도구를 쓰는 것은 아니잖아요. 그래서 저를 도와주시던 세무사 선생님이 그러시더라고요. 매출을 딱 보시더니 "뼈를 태우셨군요." 이렇게 얘기하시더라고요. 엄청 일을 많이 했다는 거예요. 감사하게도 상담을 시작하고, 프로그램을 시작하고, 교육을 시작했는데 모두 반응이 좋았어요. 그러다 보니까 일주일이 7일인데 제가 주로 상담을 2일에서 3일을 하는데 90분 상담을 하거든요? 하루에 6명을 하면 정말 더 이상은 못 해요. 90분을 한다는 건 아침 10시에 시작해서 저녁 8시, 9시까지 한단 얘기거든요. 이런 스케줄이 거의 꽉 차요. 그래서 일주일에 이틀 반을 상담하는 날을 쓰고 그다음에 외부에서 일대 다수로 어떤 마음의 부분을 설명해 주고 힐링을 해주는 프로그램, 힐링 강의를 했는데 다들을 좋아하시더라고요. 그래서 여기저기 불려 다녀서 이러한 강의도 한 달에 10~15회 합니다. 나머지 주말은 저희가 프로그램을 해요. 인지치료 프로그램, 컬러 프로그램 등. 제가 지금 여기서 컬러를 창업해서 상담도 했지만 교육 기관을 만들었어요. 제가 매주 주말마다 컬러클락 컨설턴트를 키우는 (양성하는) 일을 해요. 한참 바쁜 5년간은 거짓말 안 하고 구정, 신정에도 쉬어 본 적이 없어요. 구정, 신정도 프로그램 했어요. 한 5년간 바쁠 동안은 단 하루도 안 쉬고 일을 한 것 같아요. 그래서 그때가 매출이 훨씬 더 높았어요 사실은. 그런데 그때는 여러 명과 함께 하면서 매출을 올렸지만 '아, 이렇게 하다간 죽겠구나.' 이런 생각이 들면서 조금 제 시간을 가져야 된단 생각이 들었기 때문에 지금은 이제 제가 좀 쉬는 날 하루를 잡고요. 매주 월요일날. 그 나머지 시간도 좀 조정하면서 혼자서 뛰고 있습니다.

나는 돌보는 자의 돌보는 자이다

이제 강의가 많고요. 제가 병원에 대해 이런 얘기하면 안 되겠지만 병원이 제일 짜요. 교육청이나 외부 기업이나 이런 데를 가면 강의료를 높게 받으실 수가 있어요. 그니까 뭐 시간당 100만 원에서 200만 원. 그런데 아직도 병원은 두 시간 하고 20만 원이요. 저도 사업하는 사람이라 그 보수에 병원에 갈 바에야 그냥 기업에서 하고 싶단 마음도 들지만 제가 원칙을 정한 게 있어요. 저는 그렇게 생각했어요. 상담센터를 제가 시작할 때 제가 잘 아는 사람들을 도와주는 게 좋다고 생각했고, 타깃집단을 간호사로 잡았어요. 그렇기 때문에 간호사가 동료 간호사를 소개해서 오는 경우가 내담자의 50%예요. 제가 간호사들 때문에 이렇게 먹고 사는데. 50%가 오시는데 당연히 그쪽으로 제가 에너지를 써야 한다고 결정을 해놨고요 제 마음속에. 그런데 함께 일하는 직원이 둘이 있는데요, 사업하는 사람 입장에서 가끔씩 제게 '효율성이 떨어진다.'라고 얘기를 해요. 같은 시간이면 많이 주는 데 가서 강의해야 효율이 오르는 것이잖아요. 그런데 저는 만약에 일정이 겹치면 조율해서 '기업 강의 가야 되니까 병원은 못 가겠다.' 이렇게 하지는 않으려고 합니다.

간호의 본질이 '돌봄'이잖아요. 제가 처음에 상담센터 할 때 너무 일반인들을 하는 게 좀 두려움이 있었어요. 왜냐면 너무 다양하신 배경을 가진 사람이 있잖아요. 그리고 내 경험은 정신과 간호라는데 한정적이고. 그래서 내 경험을 가지고 너무 다양한 스펙트럼이 있는 사람들을 상담하는 게 좀 두려웠어요. 그래서 '가장 내가 많이 아는 사람들이 누구지?' 봤더니 역시 뭐 간호사죠. 처음에 상담할 때 '간호사들한테 무엇이 필요했지?' 이 사람들은 매일 누군가를 돌보라고 강요받잖아요. 사람들에게 육체적, 정신적 돌봄을 해 주라고 요청을 받죠. 그런데 본인들은 어떻게 채우는지를 잘 모르는 사람들인 것 같아요. 그러다가 어느 날은 스스로를 채우지 못하면 더 이상 이제 일을 할 수 없게 되는 거죠. 저의 이해와 경험에 의하면, 간호사는 직무 스트레스가 되게 많아요. 직무 스트레스는 간호사들의 자존감하고 연결되는 주제거든요? 직무 스트레스가 많다는 건 일단 감정적으로 굉장히 힘들단 얘기고 감정적으로 힘들단 얘기는 내가 나도 모르게 굉장히 나 자신한테 부정적 생각을 끊임없이 심게 됐단 얘기예요. 그래서 제가 하는 프로그램이나 상담을 통해서 간호사가 자신의 감정적인 것을 좀 해소하게 도와주고요. 그리고 간호사가 자기에 대해서 갖고 있는 셀프-콘셉트, '나는 (나도 모르게) 나를 어떻게 바라보고 있나.' 이런 거를 인지 치료를 해서 왜곡되고 부정적으로 갖고 있는 걸 바로잡아주는 훈련을 합니다. 그래서 상담이나 프로그램을 통해서 간호사들은 몸과 마음이 가벼워지고 감정적으로 자유로워지고 뭔가 편해지게 됩니다. 그리고 사고적인 측면에서는 현실감을 많이 갖게 돼서 자기가 할 수 있는 것과 없는 것을 구분하게 되고요, 내가 나를 조금 존중하는 법을 배우게 되기 때문에 자존감이 높아지게 도와주는 것 같아요. 그래서 상담받고 프로그램에 참여하신 분들은 이렇게 이야기하시곤 합니다. '선생님, 병원 일하기가 좀 편해졌습니다.'

상담하러 오신 분 중에 80%는 병원으로 돌려보냅니다. 처음에 상담에 올 때 많은 경우 병원이 맞지 않다고 생각하고 오거든요. 그러나 상담하면서 병원 일이 자신에게 안 맞는 것이 아니라는 것을 스스로 알아차리게 되거든요. 다만 스트레스 해결을 못 하고 있을 뿐이에요. 맞지 않은 게 아니라 스트레스 해결을 못 하기 때문이거든요. 그래서 스트레스 해결을 저랑 같이 테라피를 통해서도 하고요. 상담을 통해서도 합니다. 그래서 많이 가벼워지고 편해지면 병원에 가서 일 할 때 자신도 편안해지고, 관계가 불편했던 선배에 대해서도 조금 편해지고. 이런 역할을 지금 하고 있는 것 같아요.

또한 저희 센터에 와서 자기 문제, 우울증이나 불안증을 극복하고 오히려 역으로 테라피스트가 되신 분들도 많아요. 굉장히 뿌듯하죠. 그런 친구들은 지금도 만나면 "선생님은 저의 생명의 은인이에요." 이렇게 말하죠. 은근히 제가 팬클럽이 많습니다. 그럴 때 누군가의 삶을 살아가게끔 옆에서 지지해줬구나. '그런 거 했구나!' 할 때 굉장히 뿌듯하고 행복해요.

정신간호사의 경험은 상담의 스펙트럼을 넓힌다

상담센터를 할 때 필요한 자격증이 있습니다. 간호사는 직업상 사람에 대한 관심이 많고 정말 누군가 내가 도울 수 있다면 기꺼이 돕고 싶어 하는 사람이 많기 때문에 상담 영역하고 굉장히 잘 맞는다고 생각해요. 특히 간호사는 국가면허증을 갖고 있잖아요. 상담가자격증의 90%가 민간자격증이에요. 일반 상담센터에서 일하는 사람들은 거의 상담심리 전공자입니다. 석사든, 박사든, 학사를 했든 그냥 상담학과를 졸업한 거예요. 그다음에 각자가 자기네가 공부하고 싶은 파트의 협회에 들어요. 인지 치료를 하고 싶으면 인지 치료 협회, 현실 치료 하고 싶으면 현실 치료 협회. 이렇게 협회에 가입하고, 제가 테라피 공부하러 다닌 것처럼 공부를 하고 그 협회 자격증을 받아요. 자격증을 받으면 상담을 하실 수 있습니다. 어떤 경우는 6개월짜리 평생 교육원에서 상담심리를 공부하고 자격증을 주는 경우도 있습니다. 그런 자격증을 갖고도 센터를 낼 수 있습니다.

저는 컬러클락 컨설턴트 자격증이 있는데, 영국민간협회 자격증이에요. 영국의 외국 협회 자격증이기 때문에 당연히 상담을 할 수 있어요. 그리고 물론 제가 상담심리 대학원을 나왔기 때문에 제게 상담심리협회 가입을 제안 받았어요. 그러나 공부하고 싶은 협회가 없었어요. 예를 들면, AURASOMA 협회에 가입하고 자격증을 받으면 그 자격증을 걸고 상담을 시작하는 겁니다. 문제는 자격증에 의해서 사업이 잘 되는 게 아니에요. 왜냐면 자격증을 걸어 놔도 이 상담센터를 사람들이 오게 하는 거는 정확하게 실력입니다. 그래서 상담센터는 뭐 하버드를 나왔으니까, 스탠포드를 나왔으니까 운영을 잘 하는 게 아니에요. 아무리 학위를 갖고 있어도 이 상담가가 얼마나 사람을 끌어 주고 얼마나 이 사람들과 아까 말한 것처럼 이 사람들의 고민의 부분에서 명료함을 주느냐에 달렸다고 생각해요. 상담센터에 오는 사람은 요새 인터넷으로 되게 많이 오시잖아요. 인터넷을 통해서 홍보를 하는 상담센터가 많죠. 그런데 처음에 인터넷 정보를 통해서 상담을 갔다가 거기서 계속 상담을 받는 경우가 많지 않습니다. 인터넷을 통해 찾아가기는 하는데 상담사와 앉아 있을 때 내담자가 뭔가 맞지 않으면 상담은 일회적으로 끝나게 되지요. 더 이상 찾아가지 않아요. 여러분도 아시나요? 상담센터를 선택할 때 다들 굉장히 망설이고요. 그래서 주변에 혹시 괜찮은 상담가를 알고 있는지를 굉장히 많이 물어봅니다. 그래서 거의 입소문이라고 보시면 돼요. 그래서 경험을 한 사람들이 "나 거기서 상담 받았더니 참 좋았어." 그 한 명의 좋은 경험이 그 뒤에 열 명의 내담자를 만들어요. 그 사람 뒤에 열 명이 있다고 보시면 돼요. 그 사람이 뭐 동료 친구가 동료 간호사가 동료 누가 너무너무 불안이 심하대. 너무너무 갈등이 많대. 상담을 좀 받아 봐야 되겠는데 정신과는 아닌 것 같아. 그런데 '어디를 가야 될까?'를 얘기하면 이제 받아 본 친구가 경험에 의해서 정확하게 거기 가라고 얘기해요.

상담가의 길은 정확하게 상담가의 실력에 의해서 운영이 된다고 보시면 됩니다. 사실 자격증은 그냥 어떤 걸 걸어도 돼요. 그러나 상담을 위해 얼마나 준비가 돼 있고 상담을 어떻게 잘 끌어갈 수 있는 경험치를 갖고 있느냐가 사실 진짜 창업에서는 중요한 부분이라고 생각합니다. 제가 정신과 간호사로 일한 경험이 테라피스트로서 저만의 상담, 컬러 상담을 하는 데 천 배는 도움을 받았다고 생각합니다. 상담학만 배워서 상담을 하시는 선생님들이 있으시잖아요? 비교할 순 없지만 전 조금 다른 게 있는 것 같더라고요. 내가 나도 모르게 간호사를 하면서 굉장히 인간 중심적인 사고를 배웠다는 걸 알게 됐어요. 그러니까 어떤 이론이나 하나의 측면에서 보는 게 아니라, 사람에게 관심을 갖는 인간 중심적인 관점을 나도 모르게 배웠다는 걸 알게 되었습니다. 또한 너무 감사한 건 정신과에 있는 9년 6개월 동안 온갖 환자를 다 봤잖아요. 굉장히 심각한 상황에 처한 환자들을 봤죠. 제가 병원에서 너무 힘든 환자들을 많이 봤기 때문에, 병원이 아닌 지역사회 내에서 일반인을 위한 프로그램을 하면서 내담자를 만나니 그리 어렵지 않았습니다.

상담센터에 오시는 분들의 상담 주제가 제게 그렇게 무겁게 느껴지지 않습니다. 또한 상담하시는 선생님 중에서도 정신과 환자를 많이 경험하지 못한 분들이 많아요. 그러면 행동이 일반적이지 않은 정신과 환자를 좀 두려워하시거나 부담스러워하는 경우도 있는 것 같아요. 그런데 저는 정신과 환자분이 좀 익숙하잖아요. 굉장히 난이도가 깊은 환자분이 방문하는 경우에도 편안하고 익숙하게 대할 수 있습니다. 이런 점은 굉장히 중요합니다. 상담가 스스로가 이완돼 있고 내담자를 편안하게 보는 거는 굉장히 중요한 과업인데 저는 이와 관련하여 대응할 수 있는 케이스의 난이도에 대한 스펙트럼이 좀 큰 것 같아요. 그리고 정신간호를 하면서 정신과 환자를 바꾸려고 해 본 적이 없거든요. 왜냐면 바꿔지지 않는다는 걸 배웠기 때문에. 오히려 정신과 환자에 대해서 무조건적인 지지를 많이 했던 것 같아요. 이러한 간호경험은 상담할 때 진짜 도움이 됩니다. 내담자가 어떤 상태에 있더라도 있는 그대로 그렇게 좀 지지하는 힘이요. 간호사로서의 경험은 현재 제가 하는 일에 엄청 도움이 됩니다. 그래서 정신과 환자 간호경험이 20년, 30년 된 선생님은 심리상담 쪽 공부하셔서 꼭 창업하시라고 권해 드리고 싶습니다.

사업 경영자의 마인드

앞서 이야기한 것처럼, 상담센터의 직원, 함께 일하는 사람들은 상담가나 강사죠. 제가 몇 년간 상담가와 강사를 키우는 것에 많이 시간을 할애해 왔습니다. 이게 좀 쉽지 않았어요. 생각처럼 쉽게 양성할 수 있는 것은 아니더라고요. 저희 상담센터에서는 컬러 클락 컨설턴트를 키워요. 교육해서 일단은 자격증을 다 따게 합니다. 자격증을 다 따게 해야 이제 이 사람들이 이제 뭐라도 할 수 있잖아요? 하지만 저는 자격증을 막 딴 사람한테 상담하라고 절대 말하지 않아요. 자격증을 딴 다음에 각자에게 필요한 상담공부를 시작하라고 합니다. 제가 양성한 컨설턴트의 상담의 질을 높이기 위해 저는 일주일에 한 번씩 모임을 가집니다. '슈퍼비전'을 위한 모임을 갖습니다. 그 컬러 상담을 지금 시작하는 사람들이 자격증은 있지만 경험과 실력이 부족하니까 주변의 가까운 사람과 상담을 실습하고 오도록 과제를 제시합니다. 일주일에 한 번씩 만나서 어떤 부분이 부족했는지, 어떤 부분이 잘못됐는지 피드백하면서 슈퍼비전을 해주죠. 상담가 한 사람당 슈퍼비전 과정을 최소 2년을 하라고 말씀드립니다. 그 후에 유료 상담을 과감하게 시작하라고 얘기합니다. 그 후에도 저희 센터는 상담전문가와 연계하고 있어서 기본적인 상담 스킬, 상담을 할 때 알아야 되는 마음의 역동과 같은 상담 관련 다양한 주제로 보수교육을 제공하고 있습니다. 현재 각자 나가서 자신의 상당실을 오픈해 가지고 운영하시는 분이 많이 있죠, 잘하고 계시고요.

강의 같은 경우는, 초반에는 강의 경력이 전혀 없는 분을 컬러 강의를 교육시켜서 내보내다가 (훈련을 시킨다는 것이) 좀 끝도 없다는 걸 알았어요. 그래서 작년부터는 간호대 교수님들과 연계해서 진행하고 있습니다. 그래서 지역 사회나 정신간호 분야를 전공하시고 강의를 하고 계신 간호대 교수님 중에서 힐링 강의에 관심 있는 분들이 저희 센터 오셔서 컬러 배우시고, 자신이 만든 강의안을 한 달에 한 번씩 모여서 시연하고 피드백하는 시간을 가지고 있습니다. 이분들은 이미 강의를 잘 하시는 분들이라 제가 제공하는 도구, 컬러 도구를 가지고 굉장히 잘 적용을 하세요. 앞으로의 계획은 이런 강사, 전문 강사를 한 열 명 정도 만드는 거예요. 그래서 저희가 협회를 조직해서 이 분야에서 전문성을 가지고 강사를 전국에 보낼 수 있기를 기대하고 있습니다. 이제는 인력 사업을 통해 확장하려는 기획을 가지고 있습니다. 이 분야의 실력 있는 강사에게 강의할 수 있는 자리를 만들어 주는 게 또 제 앞으로의 비전입니다.

상담은 상담자의 경험이 멈춰 버리면 좋은 상담을 할 수 없습니다. 상담에 몸을 담는 것은 정말 죽을 때까지 공부하고 경험하는 것을 필요로 합니다. 그래서 저는 일 년에 최소한 두 번 정도는 제 자신을 업그레이드하기 위해 테라피 공부를 하러 갑니다. 예를 들면, 테라피와 관련해서 매년 15일 동안 미국에서 진행하는 프로그램이 있어요. 올해 그 프로그램에 참가합니다. 또 인도에서 개발되어 운영되는 관계 프로그램, 내면화의 치유 프로그램이 있는데, 올해 한국에서 5일 동안 세션이 열립니다. 그 프로그램에도 참여할 예정입니다. 저는 상담으로 창업한지 12년 정도 되는데요. 매해 최소 한 번에서 두 번 이상 내가 지금 무엇을 하고 있고, 내 마음에 갈등을 어떻게 해결하고 있는지 스스로를 돌아보기 위한 시간을 따로 배려하고 있습니다. 또한 상담이나 테라피와 관련하여 새로운 방법을 살피고 다양한 방식으로 접근하려는 노력으로 공부하기 위해 꼭 저에게 투자를 하고 있어요.

나는 유튜버입니다

요즘 제가 새로운 홍보 전략을 시도하고 있습니다. 그동안은 입소문을 통해 마치 가내수공업처럼 소개, 소개, 소개하는 사람들만으로도 충분히 운영이 됐는데 그렇게 하다 보니 더 확장이 안 되는 거예요. 그래서 '컬러라고 하는 이런 상담 도구가 있습니다.'를 일반인한테 알리려고 유튜브를 시작했고요. 또 지금 책도 쓰고 있어요. 지금부터는 이제 대중들한테 좀 더 적극적으로 알리는 걸 시작할 거예요. 그러면 제가 무슨 준비가 돼 있어야 되냐면 만약에 대중들한테 홍보가 되면 더 많이 올 수도 있어요. 그런데 제 시간에는 한계가 있어요. 그래서 지금 제가 준비한 것은 저와 함께 상담하실 수 있는 분들 한 세 분 정도의 상담 선생님과, 강의를 하실 강사진을 확보해 놨고요. 또 컬러클락 컨설턴트 양성자도 두 분 정도 준비가 되어 있습니다. 지금까지는 혼자서 제가 다해왔는데요, 앞으로의 저의 사업 방향은 이런 일을 할 수 있는 사람을 양성하는 것입니다. 이런 일을 더 많이 할 수 있도록 인력을 양성하는 것에 좀 더 주력하려고 합니다. 제가 직접 상담하고 제가 직접 교육하는 건 내년 정도까지 하고 좀 내려놓을 것 같아요. 유튜브는 이미 시작했고요, 전 인스타그램도 안 했는데 오늘 등록도 했어요. 그다음으로 책으로 홍보하려고 하고 있고요.

어려움은 항상 있습니다

난관은 항상 있었던 것 같아요. 사업을 하면서. 창업을 한다는 것은 조직의 보호를 받는다는 얘기랑 다른 얘기예요. 그러니까 내가 가진 것을 가지고 모든 건 내가 책임진다는 얘기거든요. 이걸 운영하는 것도 그다음에 이것에 대한 효과도 그리고 돈을 만들어 나가는 것도. 어, 저는 제가 창업을 하고 나니까 예전에 따박따박 월급을 받던 시절이 그립더라고요. 한 달간 그냥 다른 고민을 안 하고 열심히 일만 하면 월급이 나왔잖아요. 그리고 월급을 따박따박 줬던 그 병원의 윗분들이 너무 대단하다 생각을 하고 있어요. 절대 저절로 만들어지는 게 아니거든요. 어쩌면 창업하는 사람의 가장 큰 난관의 1번은 아마 돈 문제일 거예요. 운영을 해 나가야 하기 때문에. 그리고 이번 달에 운영이 되었다고 다음 달에도 운영이 확실히 된다는 보장이 없어요. 그래서 정말 신기하게도... 매달 예약이 차는 게 너무 감사할 정도예요. 다음 달에 갑자기 아무도 연락이 안 올 수 있죠. 이것에 대한 걸 항상 염두에 두셔야 된다.

그래서 저는 오히려 더 많이 큰 것 같아요. 사업을 하다 보니까요. 이런 걸 배우게 됐어요. 마이너스가 있다가도 길게 보면 마이너스를 지울 플러스가 있었더라고요. 그리고 플러스가 계속 되다가도 결국 플러스를 지울 마이너스가 있게 돼요. 저도 당연히 이 일을 하면서 가장 크게 겪은 어려움은 운영 자금이었던 것 같아요. 직원 월급 줘야 되고요. 월급날이 왜 이렇게 빨리 오죠? 그리고 이런 생각도 들죠, 저 직원은 뭐 별 거 안 한 것 같은데 월급 받네... 이런 생각도 듭니다. 내가 다 한 것 같은데... 내 월급, 운영비 만들어 줘야 되는 것, 경비들을 매달 매달 정말 만들어 내야 되는 것들. 이거에 대한 스트레스가 정말 항상 있었습니다. 그런데 한 몇 년이 지나고 나니까요. 이번 달에 조금 부족해서 어쩌면 뭐 조금 빌려야 될 때도 있고. 점차 이런 이슈에 좀 초연해지더라고요. 결국은 그게 다음 달, 다다음 달에 또 맞춰지더라고요. 그래서 좀 길게 보기로 했죠. 그래서 내 뜻대로 안 되는 상황, 그런 상황들에 대해서 불안이 크긴 했지만, 오히려 경험을 해보니 그게 또 상쇄작용을 하는 일이 반드시 있다. 그래서 길게 보자. 이렇게, 그런 힘을 좀 배웠던 것 같고요.

두 번째 난관은 이제 직원 문제죠. 아무래도 사람을 쓰는 게 내 맘 같지 않고요. 저는 성향이요. 이렇게 누구를 부리는 걸 잘 못하는 것 같아요. 좀 내가 월급 주면서 그 사람의 자존감을 좀 세워 주면서 잘 부리면 좋겠는데 제가 간호사 체질이라서 그런지 다 제가 하는 게 편해요. 그니까 일을 줘야 되는데 그 사람이 잘 할 수 있게 맡겨야 되는데요. 제 성향이 그냥 '아이, 내가 하고 말지.' 그러다 보니까 일은 너무 과부하가 되고 또 직원은 이미 자기가 너무 무능하게 느껴지고. 이런 것 때문에 직원들이 나왔다가 자기가 뭔가 돕는 역할도 못 하고 또 선생님하고 비교해 보니까 자기는 도저히 저렇게 못할 것 같고. 그러니까 스스로 자존감이 떨어지고. 그러니까 다른 사람 자존감은 도와주면서 직원들의 그 자존감을 제가 이렇게 좀 잘 터치를 못 했던 것 같아요. 그래서 처음에 사람들이 많이 바뀌었었죠. 사실 그때 왜 바뀌는지를 제가 잘 몰랐습니다. 근데 나중에 보니까 '할 수 있는 게 없다.'라고 느끼게 만드는 거? 저는 그냥 공부하라고 했었는데 그래서 역할을 믿고 많이 맡겼어야 됐는데요. 맡겼다가도 결국 제가 다시 하고. 이런 것들이 미흡했던 것 같아요. 리더십이 조금 부족함이 있더라도 조금 이렇게 맡겨줄 수 있는 걸 좀 배우는, 배웠어야 된다는 생각이 많이 듭니다.

비전: '나'를 찾아 드립니다

심리상담은 이제 점점 문턱이 낮아져야 된다는 개념이 있어요. 과거 사람들은 정말 끝까지 버티다 망가지기 직전 상담하러 오는 경향이 있었죠. 그런데 요새 젊은이들은 달라요. 고통을 오래 겪고 싶어 하지 않아요. 근데 전 이것은 좋은 일이라고 생각해요. 그리고 개성이 강해요. 기성세대는 다른 사람들이 이게 좋대 하면 따라가거든요. 그런데 요즘 젊은이들은 무조건 따라가는 시대가 아니에요. 나만의 개성, 나만의 특징이 중요하고요. 나답게 사는 게 중요하다고 생각합니다. 컬러테라피는 컬러를 통해서 내면의 상담도 하지만 '내가 어떤 경향성과 에너지가 많은 사람이구나.'를 배우는 과정입니다. 그렇기 때문에 요즘 컬러테라피는 굉장한 비전 있다 봅니다. 저는 대한민국에 사는 모든 이가 다 해 봐야 된다고 생각해요. 나를 제대로 알아가는 과정은 어쩌면 단순하지 않은 작업이거든요. 다른 사람들은 다 자기가 뭘 해야 되는지 너무 쉽게 아는 것처럼 보이지만 그렇지 않아요. 그렇지 않거든요. 자기가 정말 원하는 걸 저도 정신과에서 10년 동안 일 하면서 계속 질문하고, 계속 질문하면서 찾아간 것 같거든요. 근데 그 질문을 혼자 하다가 삼천포로 빠질 수 있는데 자기가 뭘 좋아하는지 컬러가 자신만의 특징, 자기만의 에너지를 찾는 데 도움이 됩니다. 그래서 요새 나를 중요시하는 이런 사회에서는 컬러를 보면서 '나는 누구인가'를 알아보는 것을 모든 사람이 하고 싶어 하지 않을까 생각이 들어요. 제가 어디에 원데이 클래스 '자기 컬러, 자기 성향, 나는 누구인가 찾아드립니다.' 이러면 엄청 오지 않을까 하는 생각이 요즘따라 많이 드네요.

만약에 내가 어떤 일을 하고 있는데요. 임상간호사를 하고 있든, 보건교사를 하고 있든 어떤 이유에서인지 내면에서 계속 이게 뭔가 채워지지 않는 느낌이 드신다면, 내면에서 이렇게 자꾸 혼돈스럽고 공허감을 느낄 때, 이것은 자기가 정말 무엇을 원하는지 찾아보라는 사인, 신호라고 생각해요. 여러분이 포기만 안 하신다면 반드시 답을 찾을 수 있습니다. 물론 한두 달 고민해서 찾아지지 않을 경우도 많아요.

내가 누군지, 무엇을 원하는지, 어떤 걸 하고 싶어 하는지, 어떨 때 가슴이 뛰는지, 어떨 때 재밌는지, 뭘 하고 나서 가장 뿌듯한지, 어떤 걸 할 때 시간을 잊는지, 자기 탐사를 좀 깊게 해주시기 바라요. 자기에 대한 이해가 깊을수록 성공해요. 그래서 '나는 모르겠어.'가 아니라 '나는 알 수 있어.'라고 질문을 바꾸세요. 맨날 '난 모르겠어요. 모르겠어요.' 하면요. 진짜 뇌가 몰라요.

간호학 5년 동안, 저도 휴학도 하고 고민을 많이 했어요. 매일 끊임없이 고민한 후에 졸업할 때쯤 '아! 나는 마음과 정신에 관심 있어.' 이거 하나 알고 나왔거든요. 이것은 굉장히 큰 걸 찾은 거예요. 그래서 여러분은 이 책을 보시며 '이 사람들은 자기가 원하는 걸 해서 참 좋겠다.'라고 하실지도 모르겠습니다. 그런데 여러분도 그럴 수 있습니다. 내가 어떤 사람인지를 좀 더 잘 집중해서 탐사해 보는 시간을 좀 깊게 가지시기를 바랍니다. 그러면 여러분도 찾을 수 있습니다. 여러분이 원하는 것을... 감사합니다.

단주에 실패해도 다시 시작하는 사람들의 〈경기다사모〉

마음 재활을 돕는 한미라 대표

실패해도 다시 시작하는 사람들의 모임, 다사모

"다사모"는 '다시 시작하는 사람들의 모임'이라는 의미입니다. 알코올 중독에서 벗어나 재활을 하려면 "단주"를 지속해야 합니다. 그러나 단주가 쉽지 않고 재발하는 경우가 매우 많습니다. 실제로 9번 재발했지만 이번에 졸업하시는 분도 있어요. 단주를 시작한 지 3개월마다 재발을 반복하셨는데 10번째에 마침내 성공하셨죠. 집도 구해서 이사를 가시게 되었답니다. 어린 시절 알코올 중독 아버지로부터 폭력을 당했던 과거가 있는 분이었죠. 얼마나 놀라운지요! 기적 같죠! 반복해서 실패하니 남이 봐도 도저히 안 될 것 같은 분들이 단주에 성공하여 건강하게 사회생활을 하게 되는, 신기하고 감동적인 기적 같은 경험을 하게 될 때 희망과 보람을 가지게

치료공동체는 동료의 모습을 비추어주는 거울이므로
잘못된 모습이나, 자신의 성격적 약점을
직면하는 모델입니다.
애정을 가지고 자신의 내면을 보일 수 있다면
잘 해낼 수 있다고 생각합니다.

되고 계속 이 일을 하고 발전할 수 있다는 힘을 얻게 됩니다.

다사모를 시작했던 때가 떠오릅니다. 인하대 중독연구소 법인 소속 중독센터에서 알코올 중독 당사자들이 모여서 프로그램을 해 오던 중 알코올 중독 당사자들만을 위한 센터가 필요하다는 데에 뜻을 모았고, 지자체에서 예산 지원을 받을 수 있어, 저희 센터를 개소하게 되었습니다. 2002년 당시 법인 대표이신 인하대학교 간호학과 이미형 교수님과 당사자분들이 센터 이름을 고민하면서, 당사자분들이 직접 '단주에 실패하고 여러 번 재발해도 다시 시작할 수 있다'는 의지를 가지고 "다사모"라고 부르기로 했죠. 저희 재활센터를 개소할 때는 이런 치료시설이 거의 전무했기 때문에 비록 위치는 수원에 있지만 경기 전역을 포괄하고 싶다는 큰 꿈을 가지고 〈경기다사모〉로 이름을 결정했어요.

보통 정신재활 또는 직업재활 센터는 사회복지사가 시설장인 경우가 대부분이에요. 간호사가 시설장인 곳은 거의 없지요. 간호사가 시설장인 곳은 일종의 너싱홈 형태인 공동생활가정이죠. 〈경기다사모〉는 알코올 중독재활, 직업재활 '시설'입니다. 현재도 인하대 법인 소속이고요. 저는 간호사 '시설장'으로 임명되었습니다.

간호사 중독재활 시설장으로서의 강점

처음에 자원을 개발하고 자원을 연결하는 작업을 비롯하여 서류작업이 매우 힘들었어요. 사회복지사는 사업계획서 작성 등의 서류작성을 대학에서 배우기 때문에 간호사보다 서류작업을 잘하는 것 같아요. 우리 간호사는 대학에서 서류작성을 배운 적이 없고 업무상 사업기획안 같은 걸 작성할 기회가 별로 없는 편이잖아요. 처음 사업제안서 작성이나 회계 관리 같은 서류 업무를 시작하는 것이 어려웠어요.

그러나 대상자를 만나서 돌봄을 제공하는 것은 편하고 익숙한 일입니다. 정신과 약물은 부작용이 많아 다양한 증상이 나타나고 약물복용을 따르기 쉽지 않아 중독자가 약을 골라 먹기도 하고, 약물에 중독될까 걱정을 많이 해요. 사회복지사에 비해 간호사는 중독자가 약물을 정확히 복용하고 있는지, 부작용이 나타나는 지 등을 살펴볼 수 있고 필요하면 담당주치의와 상담하는데 유리하죠.

50대 중반의 남자 이야기예요. 병원 퇴원 후 이곳을 다니시는데 걷는 모습이 휘청거리고 평소와 다른 모습을 보이셨어요. 먹는 약을 살펴보니 약물에 문제가 있는 것 같아 다니셨던 병원에 문의했는데, 병원에서 다른 사람에게 줄 약을 잘못 준 것으로 확인된 일도 있었죠.

또 다른 40대 남자는 정신과 약물의 부작용으로 밤마다 일어나 음식을 먹거나 돌아다니는 증상이 나타났어요. 다니던 병원에서는 특별한 문제가 아니라며 약을 지속적으로 처방하였지요. 주치의와 상담했지만 증상이 호전되지 않아 병원을 바꾸어 새로 진료를 받고 약물을 바꾼 후 부작용이 사라지고 증상이 개선된 사례도 있습니다. 이럴 때 간호사로서 큰 보람을 느끼죠.

간호사로서 경험은 모든 상황에서 중요합니다. 반드시 정신병동에서 근무한 경험만 필요한 것은 아니라고 생각합니다. 제가 소아외과 병동에서 근무했던 경험은 여기에서 다양한 사람들, 가족들에게 도움이 되고 있습니다. 가령 자해를 하신 분들의 상처를 보고 대담하게 대처하고, 심각한 정도를 판단하여 병원에 상태를 잘 설명하고, 병원을 연계하는 데에 도움이 되었지요. 또 알코올 중독자 당사자분들 중에는 간질 발작을 일으키거나 뼈가 약해 골절을 입는 분들이 종종 있는데, 특히 캠핑을 가거나 실외 활동 중에 문제가 발생하면 간호사인 제가 초기 대처를 담당하고 있습니다.

정신보건간호사 자격이 있으므로 중독대상자를 돌보는 것을 지속할 수 있는 것이겠지요. 재발을 많이 한 분들께도 재발을 여러 번 했지만 회복될 수 있다는 희망을 다른 사람들에게 줄 수 있고 여러 번 재발한 다른 사람들을 누구보다도 잘 이해할 수 있으므로 그러한 경험도 소중하다고 말씀드립니다. 개인적으로는 결혼을 하고 아이들을 키워 본 경험도 시설운영의 여러 가지 어려움을 이겨내는 데 도움이 되는 것 같아요.

간호대학생 시절부터 매력을 느낀 정신간호

저는 시설장으로 임명된 것이라서 '창업' 케이스라 할 수는 없어요. 저는 간호학과 학생으로 실습할 때 정신과 실습이 가장 좋았어요. 2년 정도 서울대학교병원 소아외과 병동에 근무한 적이 있었는데 잘 맞지 않아서 그만두고 정신과 간호학 석사과정을 시작하였고 지역 정신보건센터에서 일했습니다. 제가 "알코올 중독자 부인의 영성"에 대한 논문을 준비하면서 인하대 간호학과 이미형 교수님을 알게 되었고 알코올 중독센터에서 일하게 되었지요. 알코올 중독자는 재발이 많지만 단주에 성공하고 직업에 복귀하는 모습을 보면 정말 보람되고 기쁩니다. 드라마처럼 180도 변화된 모습을 보면, 표정도 완전히 달라지시고, 성인군자처럼 변모합니다. 회복되었다가 재발하고 다시 시작하시는 모습을 보는 것도 감동적입니다.

병원에서 해독과정을 거치고 이곳 재활센터에 오셔서 1년 정도 단주에 성공하고 프로그램을 잘 마치시면 졸업을 하게 됩니다. 한 분이 졸업해도 50여 명이 모여서 졸업식을 해 드립니다. '가족에게 쓰는 글, 송사, 축사'도 준비하고 공연도 하면서 힘들었던 과정들이 보상받는 것 같아요. 졸업하고 취업에 성공하시면 여기 후원회에 가입하시는 분들도 있어요. 월급은 적어도 여기에서 도움을 많이 받았다면서 후원금을 내시는 분들이 있습니다. 또 매주 오셔서 후배들에게 할 수 있다는 격려를 해 주시는 회복자가 많아지고 있어 힘이 되고 이 일을 하는 보람도 느낍니다.

경기다사모의 자랑거리

저는 '2002년부터 지금까지 이 시설을 유지해 온 것 자체'가 자랑할 만한 것이라고 생각해요. 또한 수익사업을 하면서 망하지 않고 유지하는 것이 어마어마한 실적이라고 생각합니다. 피자가게, 주차장 등의 사업은 망한 경험이 있습니다. 현재 편의점을 꾸준히 하고 있고 회복자분들이 다시 저희를 도와주시는 것도 자랑할 만합니다. 중화요리사이신데 회복하시고 현재까지 10년째 이곳에서 봉사로 점심식사를 마련해 주고 있습니다.

기억에 남는 분으로는 딱 한 번 병원에 입원하였고 단주하기로 하고 저희시설에 오셔서 회복자가 되신 분입니다. 그분은 저희 직원이 되셨고 다른 당사자분들에게 단주할 수 있다는 희망을 주고 안아 주시는 등 늘 애정을 가지고 일을 해 주셨어요. 얼마 전에 그분이 폐암으로 돌아가셔서 저희 공동체가 함께 장례를 모셨습니다. 보건소, 병원, 지역사회, 회복자 등 200여 명이 장례식장에 오셨었고, 그 후 많은 회복자분들이 그분을 본받아 많은 봉사를 해 오고 있습니다. 정말 감동적이었고 자랑하고 싶은 업적이라고 생각해요.

현재 직원은 저를 포함하여 5명이고요. 저를 뺀 다른 직원은 사회복지사입니다. 법인에서 공개채용을 하고 함께 면접을 보고 채용합니다. 지원자 중에는 가족의 중독 경험이 있는 분들이 있어 그분들을 직원으로 뽑게 됩니다. 당사자였던 직원 한 분은 회복자 스태프로 근무하고 있습니다. 지속적인 교육을 위해 정신재활협회, 인하대 법인에서 실시하는 수시 교육, 치료프로그램 등에 직원들이 참여하도록 하고 있습니다. 저는 정신간호사회 보수교육도 받고 있습니다. 신입직원이 이곳에서 치료공동체의 일원으로 그 역할을 수행하려면 1년 정도가 걸립니다. 그동안 외부교육과 자체 교육을 통해, 또 직접적으로 프로그램에 참여하고 해외의 치료공동체 모델 연수를 다녀오기도 합니다.

재활센터 시설장으로서의 역량

정신재활센터는 사회복지사, 간호사, 임상심리사 자격이 있는 사람들이 일을 할 수 있는 곳입니다. 간호사라면 1년 과정을 수료하고 '정신보건간호사' 자격을 취득하면 훨씬 심도 깊이 일할 수 있고 급여 자체도 일반 간호사보다 높아요. 정식 국가자격증은 아니지만 '중독전문간호사' 자격을 가지면 더 좋겠지요. 저희는 치료공동체 모델로 운영되는데 중독당사자들이 모여서 자조하는 힘을 통해 회복을 달성하는 모델입니다.

치료공동체는 동료의 모습을 비추어 주는 거울이므로 잘못된 모습이나, 자신의 성격적인 약점을 직면하는 모델이죠. 직원이나 회원이나 스스로 직면하는 것이 필요한데 나를 돌아보거나 단점을 보이는 것을 어려워하는 사람은 오래 일하기가 힘들어요. 직원으로 실수를 한 경우에 창피해 하면서 나를 직면하기 어려워하는 사람은 모두 다 그만두었어요. 애정을 가지고 자신의 내면을 보일 수 있다면 잘 해낼 수 있다고 생각해요. 중독자 가족 경험을 가진 직원들이 애정을 가지고 일을 잘하는 것 같습니다.

애니어그램으로 자신의 내면을 검토하고, 융의 정신분석 등을 통해 자신을 돌아보는 것이 필요합니다. 끊임없이 사랑을 주는 가족의 역할을 할 수 있어야 하므로 직원들도 사람이므로 소진이 될 수도 있어요. 나를 치유하고 나를 편안하게 할 수 있는 '명상, 운동, 모래놀이' 같은 활동을 통해 직원들도 스스로 치유하고 이를 활용하여 치료공동체에 기여하기도 합니다. 저희 치료공동체는 30인 시설이라서 지자체나 보건소에서 30인에 해당되는 예산을 지원합니다. 하지만 가족상담, 졸업한 회원들을 포함하면 60~70명이 치료공동체 멤버인 것 같습니다. 이외에도 다양한 경험을 가지고 있으면 여러 프로그램을 운영하는 데 도움이 됩니다. 간호학생일 때 다양한 동아리 활동을 하는 것도 좋겠지요.

시설장이 시설을 위한 공간을 마련해야 하므로 어려움이 조금 있었습니다. 30인 시설은 최소한 50~60평이 확보되어야 하고, 회복이 잘 안되고 재발가능성이 있는 분들을 위해 교통비 등 최소한의 생활비라도 드릴 수 있도록 수익사업을 할 필요가 있어 병원 정신과 폐쇄병동 간식 납품, 편의점 운영 등을 하고 있습니다. 월세를 내야 하므로 늘 금전적인 부담이 있습니다. 후원회를 더 열심히 조직하기 위해 노력하고 있습니다. 회복자분들이 자조적으로 편의점을 운영하고 병원 납품을 하고, 이를 통해 생활하고 후배들을 도울 수 있기를 바라고 있습니다. 회복자들 가운데 몇 분이 편의점에서 일도 하고 당사자 서포터즈가 되어 교육을 받고 다른 중독자를 방문하여 돕는 역할을 하고 있는데 저희와 같은 시설과 사업장이 발판이 될 수 있어 의미 있는 것 같습니다.

처음에 있었던 건물은 비가 새고 낡아 좀 힘들었습니다. 새 건물로 옮기려고 예산까지 확보했지만 근처에 초등학교가 있어 주민들이 중독시설 입주를 반대하는 플랜카드를 걸고 데모를 하면서 반대하는 모습을 보게 되었을 때 힘들었어요. 많은 반대에 부딪치고 새 건물에 입주하지 못했는데 우리 사회가 아직 중독에는 관대하지 않다는 사실을 깨달았지요. 정신재활센터는 전국적으로 시 · 도에 많이 생겼지만 알코올 중독자에 대한 지원은 매우 열악한 상태입니다. 알코올 중독은 개인의 문제로 보고, 사회가 지원해야 한다는 생각을 아직도 하지 않고 있습니다. 우리사회에서도 알코올 중독자가 많지만 관심과 지원이 미국이나 선진국에 비하면 열악한 상황입니다. 중독센터에서 시작하여 오늘날까지 중독자 당사자분들과 직원, 회복자분들까지 포함된 현재의 우리 치료공동체가 유지되고 발전하는 데에는 서로에 대한 애정과 희망이 큰 의지가 되었다고 생각합니다.

한편 센터 주변에 있는 병원과 신뢰 관계를 유지하는 것도 필요한 역량이죠. 특별히 외부 홍보보다 주변 병원을 통해 이곳을 방문하시도록 안내하고 있거든요. 병원에 입원 중인 상태에서 재활치료 목적으로 저희 센터에 2주 정도 오셔서 프로그램에 참여하고 경험을 하신 분들이 병원을 퇴원하면 직접 방문하게 되지요. 또 저희 당사자분들이 병원을 방문해서 환자분들을 만나고 자신의 재활 경험을 나누면서 저희 다사모를 소개하고, 이곳에 오실 결심을 할 수 있도록 하는 데 많은 역할을 합니다. 저희 센터가 2002년부터 현재까지 오랫동안 유지되고 있어 현재는 주변 5–6개 병원에서 꾸준히 오시고 있습니다. 가족들이 홈페이지를 통해 문의를 하지만 모시고 오기는 쉽지 않지요. 당사자가 본인이 중독이라고 인정하지 않기 때문이지요. 중독을 인정하는 단계가 되면 치료가

정신재활센터는 사회복지사, 간호사, 임상병리사 자격이 있는
사람들이 일을 할 수 있는 곳입니다.

50% 정도 되었다고 봅니다.

사회적 협동조합으로 자립할 미래의 꿈

저희 직원들과 당사자 회원님들이 똘똘 뭉쳐서 이 재활시설을 잘 유지하는 것이 가장 소중한 꿈입니다. 내년에는 사회적 협동조합으로 법인이 바뀌면서 인하대 법인에서 독립할 예정입니다. 현재에도 운영 및 직원 월급이나 복지는 국가의 지원과 후원금으로 이루어지고 있는 상태이므로 독립적인 협동조합으로 운영하게 되면 사업이 더 활성화될 수 있을 것으로 기대합니다.

제가 병원 간호사로만 근무했다면 혹은 어느 조직에 소속된 한 명의 직원으로만 일을 했다면 이렇게 많은 경험을 해 보지 못했을 거라고 생각해요. 다양한 사람들을 만나고, 편의점 같은 사업체도 운영해 보는 등의 많은 일을 경험하지 못했을 거예요. 우리는 술 없는 편의점이라서 어떻게 매출을 유지하고 살아남을 수 있을까를 고민합니다. 그러나 기적같이 일이 해결되어 온 과정들을 생각해 보면 감동적입니다. 물론 보람이 있지만 늘 잘 꾸려가고 유지하고 감당할 수 있을까 하는 마음의 부담도 있습니다. 당사자분들과 함께 다양한 인생을 경험하고 삶을 살아 내는 힘을 서로 나눌 수 있어 보람이 큽니다.

간호사는 대부분 병원에서 근무하고 있지만 지역사회에서도 꿈을 펼칠 기회가 많이 있어요. 병원에서의 상담은 제한적이지만 이곳은 가벼운 상담에서부터 깊은 상담까지 다양한 접근을 할 수 있죠. 당사자분과 가족까지 깊은 상담을 하고 도움이 되어 줄 수 있으므로 매우 보람이 있고 아주 매력적입니다. 직업복귀를 위한 사업장도 운영하는 이곳은 상담도 하고 사업도 하면서 다양한 기획을 하는 폭넓은 경험을 제공하고 재미있는 일이 많이 있습니다. 특히 새로운 사업을 구상하고 펼치고 싶은 꿈을 가진 분이라면 권하고 싶어요. 가령 이번에도 유튜브 제작 제안이 선정되어 기획을 하고 동영상을 내보내는 사업도 시작했습니다.

후배들에게 '간호사라는 직업이 굉장히 무궁무진한 일을 할 수 있다.'는 것을 말해 주고 싶어요. 지역사회에서도 많은 일을 할 수 있으니, 적성이 맞는다면 주저하지 말고 시작해 볼 것을 권합니다.

월산댁 손자의 꿈이 빛어내는 〈월산사회복귀시설〉

간호사가 제일 잘하는 일을 선택한 김인성 대표

간호대에서 시작된 꿈

'월산댁 손자'는 지역사회간호 실습에서 어르신들이 불러 주셨던 저에 대한 호칭이었습니다. 그때를 되새기면서 정직과 성실로 초심을 유지하고 싶었지요, 사업명을 통해 간호학생 때 가졌던 정직과 성실이라는 초심을 유지하는 것이 2002년부터 2019년 현재까지 시설운영을 하고 보람을 얻는 비결이라고 할 수 있습니다.

원래는 창립 구성원으로 시작하였지만, 사업구상을 제안한 사람이 갑자기 유학을 갔고 준비과정에서 본 사업이 간호사에게 적합하다는 것을 알게 되었습니다. 사회복귀시설장은 사회복지사가 운영하는 곳이 더 많지만 사실 간호학적 지식이 필요한 부분이 아주 많아요. 정신보건간호사로서 정신장애인의 사회복귀 전 단계에서 대상자별로 개별적 요구를 사정할 수 있고 정말 꼭 필요한 재활프로그램을 적용할 능력이 충분하므로 간호사야말로 적임자라고 봅니다. 저는 기회가 주어져 준비과정에 참여하면서 저의 '간호사로서의 능력이 정말 필요한 분야가 사회복귀시설이 아닌가'라는 확신이 커졌고 운영을 시작하면서 더욱 절감하였습니다. 더 많은 간호사 후배들이 관심을 가지고 간호사의 능력을 발휘한다면 정신장애인의 사회복귀에 크게 기여할 수 있을 거예요. 나아가 건강해져서 사회구성원으로 돌아가는 대상자들을 보면 더 큰 보람과 사명감이 생기지 않을까 생각해 봅니다.

간호사에게는 특별한 것이 아닐 수 있지만, 다른 분야 사람들에게는 '정신간호서비스 제공' 자체가 강점이죠. 저희 홈페이지를 참조해 보면 남다른 차별성을 이해하는데 도움이 될 것입니다. 우리 시설의 프로그램 일정표를 보시면 '금연교육이나 약물증상교육'과 같이 간호사가 아니면 수행하기 어려운 내용도 포함되어 있지요.

2007년 1월에 사랑의 열매 인천공동모금회에서 후원하는 정신장애인 사회적응 훈련프로그램에 선정되었는데, 정신보건전문 간호사로서의 장점이 프로그램 개발과 운영에 영향을 주었습니다. 2013년부터 인천장애인 고용공단 민간 위탁 고용지원사업에 선정되는 데에도 간호사로서의 장점이 사업계획서 작성 등 사업내용을 설명하는 데 도움이 되었습니다. 가령 주간재활서비스로 약물이나 증상을 관리하는 정신재활프로그램, 대인관계기술을 비롯한 일상생활 관련 재활프로그램과 회원 자치활동 같은 사회기술훈련, 체육활동이나 공연관람 등 여가활용프로그램, 명절행사, 생일 파티, 계절 별 특별체험프로그램을 진행하고 있지요. 또한 공예, 음악, 미술을 이용한 정서재활프로그램, 분기별 가족모임이나 상담프로그램과 같은 가족교육 및 상담프로그램, 위기개입 가정방문 및 상담과 같은 서비스 활동을 운영하고 그 목적과 방법 등을 세심하게 계획하여 대상자에게 적절한 간호제공을 할 수 있었습니다.

사회복귀시설을 시작하려면

우선 정신보건전문간호사가 필수 자격증이며 협회에 문의하면 취득 방법을 알 수 있습니다. 협회에서 자격증 발급과 관련된 자격요건을 상세히 안내해줍니다. 공식명칭은 '정신건강간호사'이며, 간호사 면허취득 후 정신건강간호사 수련기관에서 1년 동안 수련을 하고 보건복지부장관에게 신청을 하여 2급 자격증을 받으면 정신건강복지법에서 인정하는 정신보건전문요원으로 활동할 수 있습니다. 2급 자격 취득 후 관련 기관에서 5년 근무하거나 간호학석사인 경우 관련 기관에서 3년을 근무하면 1급 자격 취득이 가능합니다. 정신전문간호사와 구별이 되는데 이 경우 관련 경력 3년 이상 간호사로 임상전문대학원 석사과정을 이수하고 자격시험을 거쳐 보건복지부장관 인정을 받고 있습니다. 사회복귀시설 운영은 정신건강간호사 자격 이상이면 도전할 수 있습니다.

다음으로 사업자금 마련이 과제인데, 사회복귀시설의 경우엔 다른 이윤창출 사업과는 다른 특성이 있어요. '협회 소속 또는 단체 소속에서 고용되어 시작하는 경우'와 '개인이 독립적으로 시작하는 경우'가 다릅니다. 물론 규모에 따라 투자비용의 차이는 천차만별이죠. 사회복귀시설은 이윤을 목적으로 하는 창업이 아니기 때문에, 이윤을 목적으로 하는 수입을 창출하면 법적 처벌을 받게 됩니다. 그러니 수입 창출보다는 간호사로서 전문성을 발휘하는 활동 자체에 가치를 두어야 한다고 생각합니다. 간호사가 시설을 운영하는 시설의 장이 될 수 있고, 사업목적이 공익을 위한 것이므로 관련 지방자치단체 부서와 밀접한 관계를 통해 시설운영에 도움을 받을 수 있습니다. 저희는 "인천공동모금회"의 지원사업에 선정되면서 경제적, 물적, 정보제공 측면에서 도움을 많이 받았고, 인천장애인 고용공단과 인천지역사회서비스 투자 사업으로 선정되면서 여러 가지 도움을 받았습니다.

다음으로 시설운영 회계 상황을 주기적으로 정리하여 보고하는 등의 부수적인 행정처리 업무가 필요한데 이를 위해 간단하지만 정확한 회계지식이 필요한 부분이 있습니다. 간호대학에서 지역사회간호학 과목이나 기타 과목에서 사회복지재무회계와 같은 수업을 몇 시간이라도 들을 수 있었다면 도움이 되었을 거라고 생각됩니다. 물론 각 시 · 도의 정신보건기관에서 필수적인 항목을 배울 수 있도록 도와주시는 간호사분들이 있으니 배우기가 어렵지는 않습니다.

마지막으로 위치선정은 제가 간호대학을 다니고 수련을 받은 인천지역이 아무래도 제게 익숙하고 지인들의 도움을 받을 수 있

간호사에게는 특별한 것이 아닐 수 있지만
다른 분야 사람들에게는
'정신간호서비스 제공' 자체가 강점이죠.

어 자연스럽게 결정된 것 같아요.

간호사야말로 사회복귀시설 운영의 최고 적임자

사회복지사업에서 정신질환자를 위한 간호제공이 매우 조심스럽지만, 역시 간호업무는 간호사가 제일 잘한다고 간호협회와 국회에 전하고 싶어요. 저희 사업을 간략히 소개하면 '자부심이 생기는 간호업무'라는 사실입니다. 홈페이지에 소개한 것처럼 민간중심의 사회복귀시설로서 정신장애인들이 직업훈련과 재활서비스를 통해 직업을 구하고 유지할 수 있도록 지원하고, 적절한 여가생활, 증상관리, 일상생활 훈련, 사회적응훈련, 지원고용연계, 취업 후 사후관리 등을 통해 자립적 생활을 도모하고 노후대책까지 연계하는 것을 목적으로 설립되었습니다.

구체적인 사업목표는 다음과 같습니다.

- ▶ 합리적인 개별화된 일상생활을 지원한다.
- ▶ 정신장애인의 구직활동과 취업의 기회를 제공하고 취업유지를 지원한다.
- ▶ 지속적이고 개별적인 대상자 접근을 통해 사회생활을 유지한다.
- ▶ 지역사회 정신건강 증진을 위해 지역사회 정신보건 관련기관과 연계 및 협력한다.
- ▶ 지역주민의 정신건강 증진과 정신장애에 대한 편견 해소를 위해 적극적인 홍보활동을 하고 정신장애인의 사회적 지위를 향상한다.

이러한 사업목표를 성취하는 데 필요한 간호사의 역량은 대학에서 배운 것만으로는 부족하지요. 정신간호학 과목에서 배운 기본적인 지식과 실습경험이 필요하지만, 간호와 관련된 사회복지 분야에서 사업을 시작하면 한숨이 먼저 나올 것이라고 생각합니다. 개인적으로 후배님들이 황무지를 개간하는 기분으로 가정간호학, 지역사회간호학 등을 이용하여 '정신장애 회복 간호학'을 탄생 시키는 것이 필요해 보입니다.

저희는 30인 복지시설로 허가를 받고 운영하고 있습니다. 간호사 시설장으로서 여러 가지 장점이 있는데 기억에 남는 사례가 있습니다. 30대 중반으로 정신분열증상을 가진 분인데 우리 시설에 오기 전에는 병원 입원과 퇴원을 반복했었습니다. 약만 먹고 제대로 된 돌봄을 받아본 적이 없는 환자였지요. 저는 간호사로서 일상생활 복귀와 자가간호 능력 회복을 목표로 돌봄을 시작했습니다. 처음 3달은 자주 옆에 있어 주기만 했지요. 그러자 차츰 제게 자신의 불편한 점을 말하기 시작했습니다. 불안증상이 감소되고 정서적 지지를 느끼면서 친밀감이 형성되었고, 현재까지 12년 동안 병원 입원을 한번도 하지 않았습니다. 담당주치의가 놀랍다고 인정할 정도로 증상관리가 되고 있지요. 저희 시설에 오는 분들은 서울대, 연세대, 고려대 등 여러 대학병원의 정신과에서 의뢰되어 오십니다. 간호사 시설장이라는 사실을 알고 있는 의사들이 증상관리가 필요한 경우 먼저 연락을 해 오는 경우들이 종종 있습니다. 가령 현실감이 저하되어 망상적 사고가 나타날 조짐이 보이거나, 우울증상으로 인한 자해에 이를 수 있는 미묘한 행동변화를 일찍 발견하고 주치의에게 연락을 해서 입원이 필요한 시기를 가족에게 상담해 줄 수 있지요.

간호대학에서 배운 지식과 간호사로 근무했던 지역사회시설에서의 경험이 토대가 되긴 하지만 '직원으로서 업무를 수행하는 것'과 복귀시설의 '책임자로서 운영하는 것'은 너무 달라 어려움이 많았습니다. 이론적 지식에서 실무적용이 가능한 행정적, 법적 절차를 접목하여 사업을 기획하고 운영하는 과정은 개인적 신념과 헌신이 필요합니다. 현장에서 경험을 통해 정신장애인에 대한 돌봄간호의 어려움을 나눌 수 있는 협력자들이 없었다면 시작부터 안정화가 되기까지 장애를 극복하는 것이 더 힘들었을 것입니다.

사회복귀시설 운영에서도 좋은 인재가 핵심이므로 협회와 간호학 교수님에게 부탁하고 싶은 마음입니다. 인재를 얻는 부분은 여전히 어려운 부분입니다. 잘 훈련된 간호사들이 보다 도전정신을 가지고 사회복귀시설에서의 경험을 축적하여 사회에 기여하기를 희망합니다. 우리시설에 오신 분들 중에서 사회재활에 성공하여 꾸준히 취업을 유지하고 있는 비율이 30~40%에 이르고 있어 자부심을 가지고 있습니다. 보통 다른 사회복귀시설은 성공률이 10% 정도인 것으로 알려져 있지요. 이러한 차이는 간호사 시설장으로서 증상관리, 일상생활 재활이 가능하도록 세심한 돌봄을 제공하기 때문이라고 평가합니다. 현재 우리시설에 5명이 근무하고 있는데, 간호사는 1명뿐입니다. 더 많은 간호사가 정신재활에 관심을 가지고 이 분야에 도전해 주기를 바랍니다. 병원에 비해 체력부담이 적고 휴일에 쉬고, 급여도 나쁘지 않다는 것을 알려 드리고 싶어요.

사회복귀시설의 운영에 필요한 역량

간호업무는 간호사가 잘 합니다, 이를 서비스 대상자들도 잘 아시며 잘 찾아오십니다. 지역 내 유관기관과 연계망을 잘 구축하고 있고 서비스를 받은 대상자의 가족들 간에 입소문을 통해 현재까지 꾸준히 운영을 유지하고 있습니다. 시설확대를 위한 자원이 마련된다면 같은 뜻을 가진 전문간호사 동료들과 함께 더 많은 서비스 대상자에게 양질의 돌봄과 재활프로그램을 적용하고 싶다는 바람이 있습니다. 간호사가 운영하는 복귀시설이라는 점이 장점인 것은 분명해 보입니다.

간호사는 기본 용어와 간호 방법을 알고, 호전 방법과 하면 안 되는 방법을 알고 있으므로 우리가 알고 있는 간호 지식을 활용하여 업무를 수행하면 타 분야를 전공한 사람들에 비해 역량을 발휘할 수 있습니다. 정신보건간호사로서 충실하게 재활의 원리와 간호중재를 제공할 수 있는 역량을 가지고 진정성 있는 간호제공을 통해서 대상자가 증상과 컨디션이 좋아지고 편의점에서 물건을 판매한다거나 정리하는 등의 간단한 직업 활동부터 개인의 능력을 발휘한 창작활동까지 잠재력이 개발될 수 있다면 서로 환하게 웃고 바라볼 수 있습니다.

정신보건 주간재활시설의 간호사 출신이 많아졌으면 좋겠습니다. 이 분야는 간호사들이 개척해야 할 부분이 많이 있습니다. 지역사회에서 비의료인들은 정신과 환자에게 필요한 간호를 적절히 제공하지 못하고 있는 것 같아요. 적절한 간호 행위를 통하여 질환의 회복 또는 자가간호능력이 향상되면 삶의 질이 좋아집니다. 국가와 지방자치단체가 간호협회와 협력해서 재활간호서비스를 제공해야 한다고 생각해요. 국민들에게 분야별 장애인에 대한 간호 행위의 필요성을 더욱더 홍보하여 국민들 모두가 행복한 삶을 유지하도록 해야 할 것 같아요. 제 생각에는 앞으로 '사회복귀시설에 간호사 1인 이상 고용'을 의무규정으로 요구하여 재활과정에서 충분한 의료적 돌봄이 이루어지도록 하는 것이 매우 시급해 보입니다. 간호사의 역할과 사회복지사의 역할이 다르므로 서로 협력한다면 시너지 효과가 나고 재활을 통해 사회복귀에 성공하는 대상자들이 많아질 것으로 기대됩니다. 간호협회에서 정신재활 분야에 더 많은 관심을 기울여 주시기를 바랍니다.

간호사 지인들이 간호사로서 정신보건 주간재활시설을 운영하는 것에 대한 의미와 역할의 중요성을 강조하실 때에 저도 보람을 가집니다. 외롭고 힘들 때도 많았지만 간호사로서 보람된 일을 하고 있다는 주변의 평가와 자기 확신을 통해 이 일을 지속할 수 있는 힘을 얻을 수 있습니다. 작은 후원금이라도 저희를 믿고 후원해 주시거나 자기의 시간을 쪼개어 재능을 기부해 주시는 많은 분들이 있기에 더욱 보람을 얻게 됩니다. 체육활동을 하거나 야외 공연을 관람하는 행사는 정신장애인의 일상에 활력을 주고 사회의 일원으로서의 소속감을 느끼게 하는 등 긍정적 측면이 많은데 진행하는 입장에서는 안전문제부터 귀가까지 신경 쓸 일들이 많아지므로 어려움이 있습니다. 주간재활시설로서 알찬 프로그램을 유지하고 새로운 프로그램 개발을 위해 더 많은 자원이 필요합니다.

그래도 무사히 잘 끝나고 모두 즐거운 표정을 보일 때 보람을 느낍니다.

장애인 간호 사업을 하는 복지시설은 후원자와 후원금 계발이 취약한 상태입니다. 간호사들의 사랑과 관심이 필요하나, 저의 역량부족도 있다고 생각합니다. 장애인 간호 사업이 사회에 정말 필요한 부분이 많은데도 불구하고 간호사들의 적극적 도전이 매우 부족합니다. 꾸준히 시설을 운영하고 확대하여 더 많은 간호대상자들에게 양질의 사회복귀프로그램을 제공하고 싶습니다. 그리고 저희 시설 방문을 언제라도 환영합니다. 지금도 일부 간호대학에서 저희 시설을 탐방하는 프로그램을 운영하고 있지요. 한 번에 1~3명 정도 오시면 좋겠습니다. 제가 직접 시설을 둘러보고 프로그램들을 설명할 수 있는 기회를 드리겠습니다.

3부

창의성으로 상상을 뛰어넘다

발명왕 간호사의 벤처기업 창업

〈엘케이 메디컬〉

특허출원에 성공한 간호사, 이영희 대표이사

KBS1 TV 〈황금의 펜타곤〉에 출연하다

2013년 조선대학교병원 간호사로 근무할 때 기업은행이 주관하고 KBS가 후원했던 중소기업창업경진대회가 있었습니다. 1,300여 팀이 참가하여 투자전문기관의 엄격한 서류심사를 거친 후 PT를 하고 최종 43개 업체가 선정되어(경쟁률 34:1) 결선에 진출한 43개 업체가 7팀으로 나뉘어서 매주 금요일 심사위원 5명 앞에서 사업아이템에 대해 설명을 하고 질의응답을 받아 사업성을 평가받는 〈황금의 펜타곤〉이라는 방송 프로그램이었어요.

제가 광주 전남에서 유일하게 결선까지 갔고 11월 23일 5회차에 출연했는데 1등을 하지 못해서 사업자금을 지원받지는 못했습니다만 황금의 펜타곤은 제 삶의 방향이 바뀌게 된 큰 계기가 된 것 같습니다. 황금의 펜타곤이 방영되고 난 후 여기저기서 투자를 하겠다는 제안을 받았는데 투자 의도를 알지 못하기 때문에 선뜻 받을 수 없었습니다. 자금유치를 위해 IR(기업설명회)에도 여러 차례 참석하기도 했으나 정부에서 좋은 기술만 있으면 사업을 할 수 있도록 담보 없이 돈을 융자해 주는 제도(기술금융)가 있다는 정보를 접한 후 제가 가지고 있는 지적재산권의 가치를 평가받아서 정부자금으로 사업을 하기로 사업자금 유치의 방법이 바뀌었습니다.

맨 처음 특허 낸 것은 혈압계였습니다. 혈압계를 오래 사용하다 보면 벨크로테이프 일명 '찍찍이'에 보풀이 일어나서 결속력이 떨어지게 되고 그렇게 되면 혈압을 다시 재야 하죠. 이렇게 반복해야 하는 번거로움이 발생하고 손으로 혈압계를 붙잡고 재야 하는 불편함까지 있어요. '벨크로테이프 대신 버클타입의 혈압계를 만들면 좋겠다.'는 생각을 하게 되어 2011년 '탈부착식 혈압측정용 커프'를 특허출원 했습니다. 혈압계 커프 특허등록에 성공한 후 가치평가를 의뢰했는데 '사업성, 시장성, 상품성 모두 좋다.'는 평가결과가 나왔어요.

'사업성이 좋다고 하니 혈압계를 만들어 봐야겠다.'고 여기저기 알아보고 다니던 중 한국발명진흥회 직원의 소개로 한 중소기업 사장을 만나게 되었죠. "혈압계를 만들어 줄 수 있는가?" 묻자, 그분은 '혈압계는 간호사가 사용하는 것이나 간호사가 병원의 실제 구매자가 아니다.'라는 생각에 '사업성이 없다.'고 판단했는지 저에게 "병원에 근무하면서 다른 불편한 점이나 개선해야 할 문제는 없었는가?" 물었습니다.

집에 돌아와서 곰곰이 생각해 보니 '처치준비를 하면서 주사기의 연결부위가 빠지는 일이 빈번했고, 수액의 연결부위가 빠져서 환자의 옷이나 침대가 피로 엉망이 되는 상황'이 생각났습니다. 그리고 그 문제는 제가 병원에 근무하는 동안 '지속적으로 반복되어 발생하는 문제'라는 것을 깨달았습니다. 그래서 '주사기와 주사바늘의 연결부위, 카테터와 수액세트 연결부위, 3-way stop cock과 수액세트 연결부위를 나사방식으로 결합하면 빠지지 않겠다.'는 생각을 하게 되었고 이 아이디어를 적용하여, 관련된 여러 개의 지적재산권을 2012년부터 차례로 확보하게 된 것입니다.

2010년 전후 '직무상 발명'이라는 단어가 화두로 등장하기 시작했는데, '현직 간호사로서 특허등록을 한 사람이 없었기 때문에 제가 세간에 관심을 많이 받았다.'는 생각이 듭니다. 혈압계 특허에 이어 주사기, 3-way stop cock, 수액세트 연결구, 필터주사기... 특허등록이 잇달았거든요. 그렇게 되자 "발명왕 간호사"라는 닉네임이 생겼습니다. 한국발명진흥회장상을 수상한 일회용 주사기 'Safelock 주사기'를 2013년 11월 말 서울 코엑스에서 열린 '2013 대한민국지식재산대전'(미국과 독일, 대만 등 31개국의 창의적인 혁신적인 발명품이 모인 최대 규모의 발명 · 기업인들의 축제의 장)에서 선보인 적도 있어요.

2012년에 전남 과학대학에서 주관하는 예비창업자 선정사업에 지원했고, 그 사업에 선정되면서 자연스럽게 사업을 시작하게 되었는데 당시 대학병원에 근무하고 있었기 때문에 내놓고 사업을 할 수 있는 입장이 아니었습니다.

2013년 황금의 펜타곤 방송출연이 예정되자 병원의 허락을 얻어야 했어요. 겸직을 금하는 병원 내규에 어긋나는 일이라 처음에는 제가 출연하지 못하게 막았습니다. 그런데 병원의 홍보효과를 의식해서인지 "'아이디어 제공자 즉 발명자'로 병원유니폼을 입고 출연을 해도 된다."고 허락해 주어 황금의 펜타곤에 출연하게 되었습니다.

그 후 제가 등록했던 여러 개의 특허가 "직무상 발명이다."라고 하며 병원에 귀속시킬 것을 종용하기도 했어요. 저는 그것을 용납하기 어려웠을 뿐 아니라, 이미 기술보증재단에서 융자(31억)를 받아 공장신축을 진행하고 있었기 때문에 '병원 일과 사업을 병행할 수 없겠다.'는 판단하에 2014년 4월 30일 병원을 퇴직하고 사업에 전념하게 되었습니다.

물음표에서 시작해서 특허출원까지

간호대학에서 학생들에게 '간호와 창업'에 대해 강의를 한 적이 몇 번 있습니다. 그때 저는 학생들에게 "일상에서 모든 것을 무심하게 지나치지 말고 모든 것에 '물음표'를 던져라. 왜 이렇게 만들었을까? 왜 이렇게 불편하지? 왜 이런 문제가 생길까? 나만 불편할까? 아니면 다른 사람도 불편할까?라는 질문을 스스로에게 하는 습관을 들여라. 그리고 좋은 아이디어가 떠오르는 즉시 아이디어

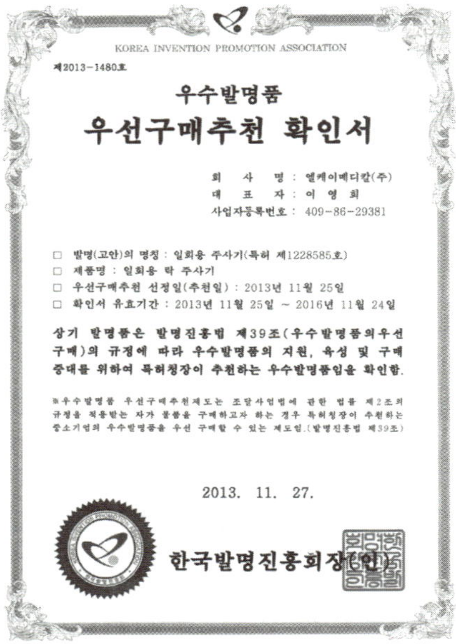

KOREA INVENTION PROMOTION ASSOCIATION

제2013-1480호

우수발명품

우선구매추천 확인서

회　사　명 : 엘케이메디칼(주)
대　표　자 : 이 영 희
사업자등록번호 : 409-86-29381

□ 발명(고안)의 명칭 : 일회용 주사기(특허 제1228585호)
□ 제품명 : 일회용 락 주사기
□ 우선구매추천 선정일(추천일) : 2013년 11월 25일
□ 확인서 유효기간 : 2013년 11월 25일 ~ 2016년 11월 24일

상기 발명품은 발명진흥법 제39조(우수발명품의우선구매)의 규정에 따라 우수발명품의 지원, 육성 및 구매증대를 위하여 특허청장이 추천하는 우수발명품임을 확인함.

※우수발명품 우선구매추천제도는 조달사업법에 관한 법률 제2조의 규정을 적용받는 자가 물품을 구매하고자 하는 경우 특허청장이 추천하는 중소기업의 우수발명품을 우선 구매할 수 있는 제도임.(발명진흥법 제39조)

2013. 11. 27.

한국발명진흥회장(인)

세상의 1%를 바꿀 수 있겠다는 자신감으로
사용자 입장에서 편리한 제품을 만들고 싶다는
꿈을 이루기 위해 겁 없이 도전했습니다.

노트에 메모하는 습관을 가져라."고 말합니다. '왜?'라는 질문을 계속하다 보면 그 원인도 분석하게 되지만, 어떻게 해결하게 될지 그 방법도 생각하게 되거든요. 그 후 아이디어 노트에 적은 것을 구체화하는 작업을 하는 것입니다. 아이디어가 구체화되면 우선 선행조사를 해야 합니다. 자신이 생각하기에 좋은 아이디어라고 하지만 이미 다른 사람이 출원했을 수도 있으니 선행조사를 통해 특허출원 가능성이 있는지 알아보지 않으면 출원을 해도 등록되지 않기 때문에 비용만 낭비하는 결과가 되기 때문입니다.

어떤 문제나 불편을 해결하는 방법(아이디어)은 당연히 여러 가지가 있겠지요. 그런데 떠오르는 아이디어를 다 특허출원을 할 수 있는 것도 아니고, 특허등록이 되었다고 해서 다 제품화가 되는 것은 아니에요. 또 제품화했다고 해서 다 상용화가 되는 것은 아닙니다. 특허 출원한 것 중에서 3% 정도가 특허를 받게 된다면, 그 특허 중에서 제품화가 되는 것은 3%에 불과하고, 제품으로 만들어져서 상용되는 것은 그중에서 3%도 안 될 정도로 성공 확률은 아주 낮아요. 특허를 사업화할 때는 이런 실패를 포함한 어려운 과정을 다 각오하고 시작해야 하는 거죠.

특허청 홈페이지(kipo.go.kr)에 들어가면 특허출원 과정이 이해하기 쉽게 설명되어 있어요. 특허받는 절차는 크게 '출원준비 → 출원 → 심사 → 등록'으로 나눌 수 있어요.

저는 머리에서 구상이 되면 우선 특허청 특허정보 검색사이트인 '키프리스(www.kipris.or.kr)에 들어가서 내가 하고자 하는 것을 검색어에 넣고 찾아봐요. 내가 하고자 하는 것이 이미 세계 어느 곳에서 나와 있는지 찾아봐야 하거든요. 그 사이트엔 세계의 모든 것이 다 들어 있어요. 내가 하고자 하는 것과 조금이라도 비슷한 것이 있으면 특허 등록 자체가 안 돼요. 특허이건 실용신안이건 모든 게 다 안 되거든요. 내가 하고자 하는 것이 있는지 없는지 먼저 선행조사를 해야 해요.

아는 만큼 보인다고 제가 볼 수 있는 것이 100개라고 하면 변리사는 그걸 직업으로 하니까 1,000개, 10,000개를 볼 수도 있죠. 제가 어느 정도 서치를 하고 특허 가능성이 있으면, 변리사를 찾아가서 변리사와 내 아이디어의 특허 가능성에 대해 상의해요. 변리사에게 갈 때는 내 아이디어를 글과 도면으로 정리하여 가져가죠. 기존 제품의 문제점을 쓰고 내가 개선할 사항을 중심으로 내 아이디어의 제품에 대해 설명하는 서류를 만들어요. 변리사는 내가 가져간 서류에 있는 내 아이디어를 검토하고 등록될 가능성이 있을 때 변리사와 아이디어의 권리범위를 넓게 잡을 수 있는지 아이디어 회의를 통해 명세서를 작성합니다.

다음, 특허 출원료를 지불하고 특허를 신청하죠. 변리사 비용과 관납료를 포함해서 변리사에게 주면, 변리사 사무실에서 대행합니다.

특허청 심사관은 접수된 순서대로 특허심사를 하는데, 전 세계의 DB(Data Base) 뒤져서 유사한 지재권이 있는지 찾아보죠. 심사관이 심사를 잘못한 경우 특허 분쟁이 생길 수 있으니 세계 구석구석을 다 찾아서 조금이라도 비슷한 것이 있으면 그 근거를 인용해서 의견제출통지서를 보냅니다. 그러면 저는 의견제출서의 사유를 해소할 수 있는 근거를 첨부하여 보정서를 제출하는 과정을 여러 번 거쳐 거절사유가 소멸되었을 때 특허가 등록되는 거예요. 보정명령이 적어도 한 번 이상은 있기 마련이에요.

간호사를 위한, 간호사에 의한, 간호사의 아이디어를 제품화하는 도전

등록된 특허가 전부 제품으로 탄생하는 것이 아니고 상용화까지 될 확률은 매우 낮기 때문에 '상품성, 시장성, 사업성'이 있는지 분석하는 과정을 통해 사업여부를 결정해야 합니다. 등록된 특허를 이용해서 직접 사업화할 수도 있고, 그 특허를 필요로 하는 사람, 즉 제품화하고자 하는 기업에 대가를 받고 권리 이전을 할 수도 있습니다.

저는 '제 아이디어를 직접 제품화 해 보고 싶다.'는 생각을 했습니다. '제 아이템이면 세상의 1%를 바꿀 수 있겠다.'는 자신감으로 '제조자의 입장이 아니고 사용자의 입장에서 사용이 편리한 제품을 만들고 싶다.'는 꿈을 이루기 위해 겁 없이 사업에 뛰어들었습니다.

그런데 문제는 자금이었어요. 사업을 하기 위해서는 자금이 필수이고 위험부담도 따르게 되는데 제 나이가 적은 나이가 아니었기 때문에 주변사람들의 걱정 섞인 반대도 많았고 "기술만 투자하고 자금은 투자하지 마라."는 조언도 많이 들었습니다. 그렇지만 사업을 하기로 한 이상 자본을 투자하지 않는다는 것은 말이 안 되는 일이었기 때문에 직장생활을 하면서 모아 놓은 돈으로 공장 부지를 샀습니다. 그리고 공장설비비와 건축비 마련을 위해 제가 가지고 있는 지적재산권의 가치평가를 의뢰해서 기술금융으로 31억을 융자받았고, 투자회사와 개인으로부터 엔젤투자도 받았습니다. 그리고 특허청장으로부터 우수발명품으로 추천받아 조달청에 납품기회를 얻기도 했어요. 당시에 "대학병원 간호사 발명 주사기 '제품화': 조선대 이영희씨, 바늘 분리 · 결합 자유로운 '일회용'"(데일리메디, 2013. 02. 03)이라는 인터뷰 기사도 있었죠. 이런 활동을 격려해 주는 상을 몇 번 받았어요. 2011년엔 광주시장으로부터 공로상을 받았고, 2016년엔 〈광주전남 · 중소기업인대회〉에서 모범중소기업인 표창을 받은 것 등이 있었죠.

지금 되돌아보면 '제가 사업경험이 없었기 때문에 좀 더 신중하지 못했고 시작을 너무 크게 했기 때문에 실패를 피할 수 없었다.'는 회한이 있습니다. 개발제품이다 보니 시행착오를 거치지 않을 수 없었고, 생산이 영업으로 이어지지 못하는 상황에서 지속적으로 지출되어야 하는 경상비 지출을 예상하지 못했던 결과 회사가 자본 잠식상태에 빠지게 되었습니다. 그래서 저를 믿고 도와주신 분들의 피해를 최소화 하기 위해 2016년 12월 법원에 법정관리를 신청하였고, 그 과정에서 2017년 11월 회사가 M&A 되었습니다. M&A로 회사를 넘길 때 자산평가액이 68억 정도였으니 실제 투자된 비용은 훨씬 더 많았을 것입니다.

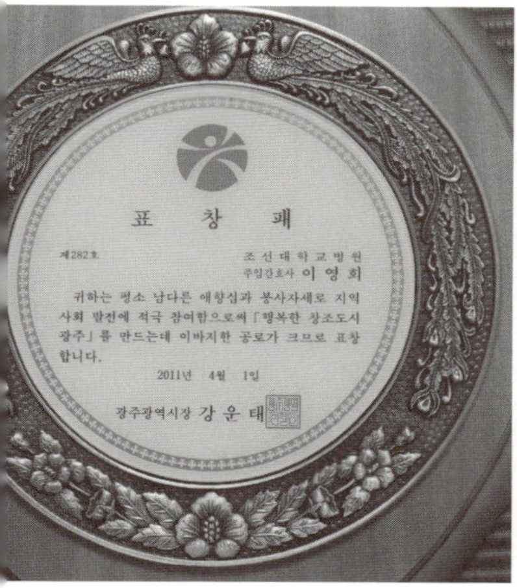

발명왕 간호사 이영희 대표이사
제 아이템이면 세상의 1%를 바꿀 수 있겠다는
자신감으로 사용자인 간호사의 입장에서 사용하기 편리한
제품을 만들고 싶다는 꿈을 이루기 위해
사업에 뛰어들었습니다.

〈세이프락〉이라는 상표권을 갖고 '일회용 의료기기의 락앤락(Lock & Lock)'을 꿈꾸며 애썼지만 기존 제품과의 호환에 문제가 있어서 널리 사용되지 못한 아쉬움이 매우 큽니다. 그렇지만 현직에 있는 간호사에 의해 일회용주사기 특허가 등록이 되었고 그 주사기가 유일하게 국내 최초 조달우수제품으로 선정되어 정부기관에 납품을 했다는 사실만으로도 큰 자부심을 갖고 있으며 발명가로서 CEO의 꿈은 아직도 진행 중입니다. 지금은 유치도뇨 환자에게 사용되는 소변주머니(urine bag)의 소변배출구의 위치와 잠금장치를 개선하여 지적재산권을 등록하고 생산 준비 중입니다. 기존의 소변주머니의 소변배출구는 좌측하단에 있어 배출구의 끝이 병실바닥에 닿을 수 있어 오염의 가능성이 높았죠. 소변배출구를 우측상단으로 옮기고, 기존의 잠금장치는 클립을 이용한 튜브 클램프 방식인데 '나사뚜껑방식'으로 바꾸어 간호사나 환자의 편의를 돕고 감염관리의 효율성을 높인 제품이지요.

물음표를 품어라!

저는 간호사 후배들에게 "있어야 할 자리에 꼭 필요한 사람이 되고, 당당한 모습으로 살아라."고 말하고 싶습니다. 간호사라는 전문분야에서 전문적인 지식을 갖지 못하면 스스로 자신 없는 모습이 되고 맙니다. 간호사를 택한 여러분들의 역량은 무한합니다. 개발되지 않은 자신의 능력을 찾아내고 발전시키려는 노력이 필요하다고 생각합니다. 불편하다고 불평만 하지 말고 불평을 넘어선 발상의 전환을 했을 때 좋은 결실을 맺을 수 있습니다. 생각을 키우고 긍정적이고 적극적인 태도로 일상을 살아간다면 특별한 하루하루가 만들어질 것이고 후배님들의 꿈도 현실이 되어 나타날 것입니다. 지금 그 자리에서 우선 물음표를 품어 보세요!

병원 문화의 새로운 창출

〈메디탑서비스연구소〉

의료인을 행복하게 하는 간호사 나현숙 소장

의료서비스 컨설팅의 탑을 향하여!

저희 메디탑서비스연구소는 병원 직원 대상으로 서비스 컨설팅, 교육, 코칭 등 관련 분야에 대한 다양한 지원을 하고 있는 교육연구소입니다. 의료인뿐만 아니라 모든 분야별 직원들과 어떻게 하면 병원에서 조금 더 즐겁고 행복하게 일할 수 있을지를 고민하면서 현재 저를 포함해서 7명이 함께 일하고 있습니다. 연구소는 기획팀과 강사진으로 구성되고, 기획팀은 3명으로 교육 지원과 기획을 담당하고, 강의를 담당하는 강사진은 4명 있습니다.

제가 병원을 다니던 시절에는 고객만족이라든지 친절교육 이런 말은 들어본 적이 없었습니다. 2000년도부터 고객 만족(customer satisfaction), 친절 이런 것들이 조금씩 사회적으로 화두가 되면서

국내에서 '의사 코칭 프로그램'을 최초로 만들었어요.
매년 350~400명의 의사 선생님을 만나고 있습니다.
메디탑서비스연구소 나현숙 소장

병원에서도 이러한 교육을 받기 시작했습니다. 그런데 기업이나 호텔, 백화점에서 일하시는 분들이 와서 병원에서 교육을 하시더라고요. 호텔이나 백화점은 사실 병원과는 많이 좀 동떨어지고, 저는 같은 종류의 교육이라도 병원을 아는 사람이 하는 교육과는 다를 것이라고 생각했습니다.

저도 처음엔 삼성이나 LG, 우리은행 등 일반 기업 직원 대상 교육으로 시작했는데, 제가 '기업을 잘 모르니까 한계가 있다.'는 생각을 하게 되었죠. '병원을 보다 전문적으로 교육하는 것이 낫지 않을까?' 해서 병원 교육에 집중하게 되었습니다. 사업의 규모가 커지면서, 사업자등록을 하게 되었어요. 이름을 어떻게 지을까 하다가 '메디탑'으로, 병원서비스 분야에서 다른 강사나 연구소보다는 더 좋은 프로그램으로 우리나라에서 탑이 되고 싶다는 바람을 담아 '메디탑서비스연구소'라고 이름을 지었어요.

새로운 시작, 병원 코디네이터 강의

병원을 그만두고, 변호사 사무실에서 잠깐 근무했었어요. 의료사고, 의료분쟁 관련 일을 지원을 하다가 아는 간호사 선생님에게 노인요양병원 간호사를 위한 보수교육 부탁을 받았습니다. 그날은 "못 한다."고 했었죠. 그런데 거절할 수 있는 상황이 아니어서 보수교육을 준비해서 강의하러 갔습니다. 교육 끝나고 났더니 갑자기 병원에서 "친절 교육을 해달라."고 부탁하시는 거예요. "친절 교육 못 한다."고 했더니, "오전에 30분만 해달라."고 부탁하시더라고요. 그래서 제가 집에 와서 강의 자료를 찾느라 여기저기 찾아봤죠. 그 과정에서 그동안 알지 못했던 다른 세계를 발견하게 되었죠.

인터넷을 막 뒤졌더니 논현이나 강남 이쪽에 'CS, 고객 만족'과 관련된 아카데미가 아주 많았어요. 저도 예전에 병원 코디네이터 과정을 2002년도에 들었던 기억이 났어요. '환자를 어떻게 응대하고, 환자들하고 어떻게 얘기해야 되는지' 같은 내용을 배운 기억이 난 거예요. 병원에서 부탁받은 강의 30분 하려고, 제가 강남의 한 아카데미에서 하는 교육을 3일 정도 끊었죠. 30분 교육하려고 3일. 24시간 교육을 들은 거예요. 3일 수강비도 75만 원이나 들었어요. 강의에 참여하면서 '아, 내가 모르는 이런 딴 세상이 있구나!' 하는 걸 실감하는 기회가 되긴 했죠. 아주 인상적이었어요. 강사들이 나와서 어떤 지식을 가르쳐주는 게 아니고 사람의 마음을 움직이고 사람을 아주 편안하게 응대해 주는 기법이었어요. 처음 듣고 생소하니까 아주 신기하고 '와, 정말 멋지다!'는 생각을 했었죠. 그런데 8시간씩 3일, 24시간이나 강의를 들었는데, 제가 강의할 30분 내용을 못 뽑아내겠더라고요. 다시 6개월 과정을 끊었어요. 나중에 그동안 들은 것들을 이것저것 짜깁기해서 병원에서 요청받은 30분 강의를 하긴 했어요. 강의하고 난 후 아쉬움이 많이 남았어요. 썩 마음에 들지도 않고 잘한 것 같지도 않고. 하지만 재미있었어요. 그래서 '안 되겠다. 좀 더 알아보자.' 하는 생각이 들었어요. 그때는 '이거를 하겠다.'는 생각보다는 우선 호기심에서 시작한 거죠. 6개월 과정 수강비는 그때 275만 원이었어요. 그게 시작이었어요.

그 과정에서 다양한 경험을 하고 커리큘럼이라든지 프로그램을 다양하게 접하게 됐잖아요. 그러고 이미 병원 코디네이터 자격증은 있었고 강사 과정도 밟고 했으니까 우연치 않게 어떤 간호 학원에서 '코디네이터 강사를 좀 해달라.'는 연락이 왔어요. 그렇게 또 다른 시작이 이루어졌죠. 병원 코디네이터란 '사람을 대하는 것에 대한 전문가'를 말해요. 간호사가 하는 일은 사람들을 대하는 거잖아요. 사람들을 대할 때 기본예절이나 태도 같은 환자 응대 방법을 전반적으로 알려주는 거예요. 요즘은 널리 알려져 간호대학 취업준비생이 병원 코디네이터 자격증을 따기도 해요. '병원 코디네이터' 제도를 처음에 들여온 게 〈예치과〉인데 1997년도 정도로 기억돼요. 제가 병원 근무할 때 그런 게 있는지 잘 몰랐지요. 결혼하고 임신했을 때 일을 안 하고 있으니까 시간이 좀 아깝더라고요. 2002년도에 우연하게 보고 병원 코디네이터 자격증을 딴 거죠.

저는 서울성모병원에서 8년 근무했는데, 병원 경력이 없으면 이걸 못 했죠. 병원의 상황은 일반 기업의 상황이랑 그 내용이 너무 다르죠. 일반 기업 강사들은 예를 들어, 아주 일반적인 친절, 미소 이런 걸 강조하기 쉽죠. 저는 병원 경험이 있다 보니까 실질적으로 뭔가 도움이 됐던 것 같아요. 그렇게 교육을 하다 보니까 병원에서 필요한 내용들을 점점 더 많이 알게 되었죠. 지식을 가르쳐 주는 게 아니고 내가 경험했던 것들, 내가 병원에서 어떻게 했을 때 내가 덜 스트레스 받고, 환자들하고 관계에서도 트러블을 줄일 수 있는지 등도 체험을 통해 알고 있는 거죠. 그래서 저의 주요 교과목이 '마인드'예요. 병원 코디네이터 과정 교과목에 '마인드, 이미지 메이킹. 전문가로서 신뢰감을 주는 이미지 메이킹 과정. 그다음에 커뮤니케이션 과정. 그다음에 환자 응대하는 거. 환자 유형별로 응대하는 과정이 있고요. 그다음에 MOT(접점별), 즉 환자가 병원 들어가서 나갈 때까지 주차장부터 그 접점별로 어떻게 응대하고 어느, 어느 포인트에 환자들이 그래도 병원에 와서 좋은 경험을 하고 가는지 등을 알려 주는 과정, 그리고 환자들이 컴플레인 했을 때 그 컴플레인을 어떻게 응대하고 어떻게 이야기하는지 등에 대한 과정'들이 있죠.

병원 문화 변화 촉진자의 꿈

투자비용은 별로 안 들었어요. 처음에 사업자등록증 내고 1인 기업으로 시작했거든요. 사업을 할 때 견적서 같은 게 들어가야 되니까 사업자등록증을 냈어요. 나중에 교육이 점점 많아지니까 한 명씩 채용하게 된 거죠. 강사는 인터넷을 활용해서 모집해요. 사무실은 2006년에 언제 처음 가지게 되었어요. 2002년에 시작했으니 5년만이네요. 처음에는 서초동에 오피스 빌려 주는 데에서 시작했어요. 저는 계속 밖에 나가서 일을 하고 상근직이 처음엔 필요 없으니까 오피스를 같이 공동으로 쓰는 데를 빌린거죠. 그런 데서 한 달에 50~60만 원 주고 거기 이제 전화 같은 거 받아주시고 다

하거든요. 그런 식으로 하니 처음에 비용이 안 들었어요.

우리나라에서 저희 〈메디탑서비스연구소〉가 병원 프로그램 제일 많이 만들고 있어요. 병원 쪽 교육을 제일 많이 하고 있죠. 그리고 '의사 코칭 프로그램'을 국내에서 최초로 만든 곳이 바로 우리 연구소죠. 또한 코칭을 병원 쪽에 처음 도입한 사람도 우리 메디탑서비스고요. 지금 1년에 의사 선생님을 1대1로 350~400명 가깝게 만나요. 우리 고객은 제주도까지 넓게 퍼져 있죠.

저는 예전에 조용하고 낯가림도 심한 사람이었어요. 제가 변화된 계기가 좀 있었어요. 1997년도엔가 성모병원에서 홍콩의 한 호스피스 병원에 견학을 보내 준 적이 있어요. 그때 호스피스 병원에서 만났는데 직원들의 얼굴 표정이 너무 좋더라고요. '어, 우리 병원 직원들 얼굴이랑 표정이 어쩜 저렇게 다를까?' 우리 병원 직원들은 일이 너무 바쁘다보니 뭔가 급해 보이잖아요. 홍콩 병원 간호사는 너~무 여유 있고 요즘 아이들 표현을 빌자면, 그야말로 힙해 보이는 거예요. 부럽더라고요. '저분들은 병원이 어떻게 이렇게 행복하고 편안할까?' 하는 생각이 들었죠. 지금 제가 이 연구소를 운영하면서 나름 꿈이 생기는 거예요. '아, 나중에 병원 문화가 바뀌면, 직원들이 일할 때 마인드가 우리나라 사람들도 병원에 와서 좀 편하게 진료받고 갈 수 있겠다. 병원 직원들이 만나는 환자나 보호자들의 수가 어마어마한데, 얼마나 큰 변화가 될까?' 여러 가지 생각들이 점점 종합이 되고 있죠.

병원간호사의 힘

'병원을 구석구석 알고 강의를 하는 것'과 '병원을 모르고 강의하는 것'의 차이는 엄청나죠. 교육생에게 단순한 지식이나 정보를 제공하는 것이 아니라, 제 강의는 '제가 경험했던 거라든지 제가 그동안 또 쌓아 왔던 이런 것'들을 교육생과 같이 공유하는 것이죠. 병원간호사 경험이 없었다면, 무엇을 공유하겠어요? 병원에 대해 실제적인 경험 없는 강사의 경우 교육을 듣는 입장에서 보면, '병원을 모르니 저런 소리한다. 그럼 당신이 와서 해 봐.'란 생각이 들 수 있고, 그야말로 "너나 잘 하세요!"가 되는 거죠. 제 강의에 대한 피드백을 보면, "병원을 알고 강의를 하니까 너무 공감된다. 선생님이 '인사를 해야 한다.'라고 말하면 그건 정말 해야 되는 거 맞는 것 같다."는 얘기를 많이 하시죠. 다른 기업 중심 강사들이 와서 강의하는 것과 병원을 알고 있는 간호사 출신 강사가 병원 강의하는 건 완전 달라요.

의사를 대상으로 강의할 때, 처음엔 저도 부담감이 약간 있었어요. '간호사한테 교육 듣는 걸 어떻게 생각할까?' 하는 생각에 좀 겁이 나서 처음엔 제가 간호사라는 사실을 말하지 않았어요. 교육 끝나고 나면 "전공이 뭐냐?"고 다 물어봐요. "의사세요? 심리학 전공이세요?" 저는 그냥 "아니요."라고만 답하고 "나중에 다 끝나면 얘기해 주겠다."고 했죠. 일단 교육 끝난 후 "간호사였다."고 하면 "아~ 역시 병원을~ 그러니까 저렇게 잘 알고. 어, 우리 교육을 저렇게, 우리 현실을 잘 아는구나!" 이런 얘기 많이 하세요.

처음 의사 코칭을 만들고 시장이 있을까? 의사가 이걸 받아들일까?
엄청나게 고민했습니다.
근데 의사가 변하면 의료문화도 바뀔 수 있다는 걸 깨달았습니다.

간호사가 아니면 그렇게 현실감 있게 강의하기 어렵죠. 흔히 '간호사는 병원에서 혈관 같은 존재'라고 하잖아요. 병원 구석구석에 간호사가 끼어 있지 않은 데가 없잖아요. 간호사가 아니면 몰라요. 그래서 간호대학 학생에게 강의할 기회가 있을 때마다, "나는 간호사라는데 자부심을 갖고 있다. 늘 감사한 마음이다."고 자신감 있게 말해 주곤 해요. '내가 남을 도울 때 자존감이 올라가고 스스로 가치 있게 생각하게 된다.'고 하죠? 우리 간호사의 일 자체가 늘 타인을 도와주고 간호사라는 직업이 늘 베푸는 일 아닌가요? 맞잖아요! 물론 저도 병원에서 근무할 땐 많이 힘들었지만 지금 나와서 뒤돌아보면 '정말 가치 있는 일이었구나. 의미 있는 일이었구나!' 하는 생각이 들어요. 간호사의 존재의미와 가치를 학생들도 경험할 수 있도록 지원해 주는 과정에 관심을 갖고 프로그램을 많이 만들고 있죠.

공유를 통한 상생이 최고의 홍보 전략

지속적으로 퍼주는 강의를 한다는 건 굉장히 힘든 일이죠. 퍼주기 위해 틈만 나면 저도 계속 강의 들어요. 어느 한 주제의 강의만 듣는다기보다 인문학을 포함하여 다양하게 관심의 폭을 넓히고 있어요. 요즘엔 유튜브에 좋은 강의가 많아서 자주 애용하죠. 또 요즘 트렌드를 살펴보기 위해 주말엔 서점에도 종종 들러요. 물론, SERICEO 같은 지식플랫폼도 활용하죠.

우리 직원들과의 관계도 살펴보면, 단순한 직원관리 차원을 넘어 상생의 발전 기회로 볼 수 있어요. 저희는 주기적으로 만나서 컨퍼런스, 프로그램 개발을 위한 아이디어 회의를 하죠. 책도 다 같이 사요. 6권, 7권을 같이 사서 같이 읽어요. 사람은 누구나 관점이 다 다르기 마련이지만, 이렇게 같은 책을 읽고 토론하면서 우리 팀워크를 위한 틀을 잡아 나가죠. 또 좋은 강의도 발견하면 다 함께 공유해요.

우리 연구소는 물건을 파는 조직이 아니라 사람 행동변화를 목적으로 하는 '교육' 서비스를 하기 때문에 굳이 홍보가 필요할까 생각이 들었어요. '내 교육이 좋으면 입소문이 나지 않을까?' 생각했죠. 제가 생각한 마케팅은 자연스러운 입소문에 의지해서……. 예를 들어, 서울 성모병원 강의에서 여의도 성모병원으로 갈 거고 아산에서 교육한 게 좋으면 아산에서 다른 곳으로. 또 병원은 네트워크가 또 잘 되어 있잖아요. 처음엔 그냥 그것만 믿었어요. 그래도 2002년에 시작해서 지금 워낙에 오래 되어 우리 연구소가 교육하는 병원은 다 친숙하고 특별히 다른 홍보를 안 해도 지금 넘쳐나서 다 못 할 정도이긴 하죠. 의사 코칭 같은 경우에는 워낙 많잖아요. 우리 연구소 내부적으로만 하기에는 양이 넘치는 거죠. 그래서 좋은 선생님들 하실 분들 있으면 함께하고 싶은 생각은 늘 해요. 근데 그게 사명감도 있어야 되고 좀 약간 목적의식도 있어야 되니 찾기가 쉽진 않아요. 후배를 양성해야겠다는 생각이 절실해지고 있죠.

특히 간호사 선생님들 병원에서 막 일할 때 너무 힘들게 일하는 거 보면 좀 안타깝죠. 간호가 가치 있고 의미 있는 일이고 행복하게 할 수 있는 일인데 저렇게 힘들게 일하는 거 보면 되게 안타깝고 도와주고 싶은 생각도 들죠. '어떻게 하면 조금 더 효율적으로 쉽게 일할 수 있을까?' 간호사가 늘 하게 되는 '환자에게 설명하기'를 예로 들어 보죠. 간호사가 환자에게 아무리 여러 번 설명해도 환자는 못 알아듣고 나중에 막 딴 소리하는 경우가 많죠. 그래서 환자도 만족하고 간호사도 일을 좀 편하게 할 수 있는 설명 방법을 탐색해서 프로그램으로 개발하여 같이 공유하고 나누려고 해요.

콘텐츠 싸움에서 최대 전략은 창의적인 차별화

교육 비즈니스는 결국 콘텐츠 싸움이에요. 제가 의사 코칭 프로그램을 만들었어요. 우리 강사들 하기에 벅차서 외부 강사나 기업 강사를 불러온 적이 있었죠. 나중에 보니 그분들이 자기가 만든양 인터넷에 제 프로그램을 올렸더라구요. 고민했죠. 지적재산권이니까 소송하라고 부추기는 사람들도 있었어요. 소송을 한다면 시간도 오래 걸리고 제가 감당할 일이 한두 가지가 아니죠.

저는 '이 프로그램을 좀 더 깊이 있게 만들어서 완전 차별화시키는게 낫겠다.'고 생각했어요. 다른 업체나 다른 강사가 할 수 없을 만큼 조금 더 깊게 만들자. 거기에 더 몰입해서 완전 차별화시켰죠. 그리고 그 사람들은 어차피 벤치마킹, 베껴 간 거잖아요. 게다가 제가 알려 준 거고. 한계가 있더라고요. 그래서 아무리 마케팅을 하고 홍보를 해서 퍼트린다 하더라도 그 수준에서 못 넘어가더라고요.

박사급 코치가 의사 코칭을 담당하게 하고 있는 것도 같은 취지죠. 이 분야는 콘텐츠 싸움인데, 제 강의 들으러 온 사람이 제 강의 PPT를 사진 찍어서 바꾸지도 않고 막 써요. 그래서 겹치는 시청각 자료를 보여 주는 상황이 초래되기도 해요. 이렇게 속상한 일이 많죠. 지재권 신청을 해 보려고 몇 번 생각은 했는데 생각처럼 쉽지 않고 그거 한다 하더라도 우리 콘텐츠를 모두 다 아울러서 신청하는 것도 쉬운 일이 아니죠. 이 바닥에서는 그냥 남들보다 한 발 앞서가는 게 최대 전략이죠. 지금까지는 남들보다 한 발 더 앞서 프로그램을 개발해서 먼저 하는 게 최선이죠.

2009년도 일이에요. 병원간호사회 강의에 내부 강사가 부족해서 다른 분을 모셔 온 적이 있었는데 정말 어이없는 일이 발생했어요. 그때 시어머니 병환으로 제가 정신이 없을 때여서 확인을 덜 했더니, 유인물에 자기를 대표라고 쓰고 저를 주임 강사로 적은 거 있죠. 강의 당일에 강의 장소에 가서야 잘못된 걸 알았어요. 지금까지 겪은 일 중에 가장 큰 사건이었죠. 그 강사는 병원 쪽에서 전혀 모르는 의사거든요. 전혀 모르고 더구나 저한테 의사 코칭을 잠깐 배워서 한 거였죠. 이 교육시장엔 이런 일들이 비일비재해요.

저는 구태여 정정하지 않아도 우리끼리는 다 아는 거고 무슨 큰 일이 있을까 했어요. 마침 삼성서울병원 담당자가 새로 바뀌어서 그날 강의를 들으러 왔다가, "의사 코칭이 너무 마음에 든다. 삼성서울병원에 의사 코칭을 해달라."는 요청을 진짜 대표라 생각하여 그 사람에게 전화를 했나 봐요. 코칭은 저한테 해 달라고 했지만 일이 복잡하게 꼬였던 적이 있죠. 2~3년 지나 학회에서 만났는데 서로 어색했죠.

저희가 홈페이지에 자료를 많이 올리지 못하는 이유가 단어 하나 싸움, PT(프레젠테이션) 하나 싸움이기 때문이에요. 우리 강의는 대학 강의와는 달라요. 우린 자극적이진 않더라도 지루하지 않게 재밌게 그러면서도 유익해야 하거든요. 끊임없이 연구하고 노력해야 하거든요.

교도소에서 온 응답의 감동

10여 년 전에 아는 교수님의 부탁으로 출소 한 달 전인 수감자에게 강의한 적이 있어요. 모범수로 그 안에서 이제 제과 제빵 등 다양한 직업훈련을 받은 분들의 취업을 도와줄 '면접 이미지 메이킹' 강의를 해 달라는 부탁이었죠. 저도 처음엔 편견이 있었어요. '교도소'라는 말을 들으니 갑자기 너무 무서웠어요. 게다가 남자교도소라는 거예요. 제가 교수님한테 전화했죠. "저는 너무 무서워요. 혹시 다른 사람으로 바꾸면 안 되겠어요?" 그분이 남자 교수님이었는데 "담을 하나 사이에 두고 안과 밖에 있는 사람의 차이다."고 하시는 그 말을 듣는 순간 '아, 맞다. 내가 가야겠구나!' 생각이 들었어요. 처음 교도소에서 강의하는데 분위기가 무섭더라고요. 대강당에 수강자가 쫙 모아져 있고 뒤에 경찰이 쫙 앉아 있고.

몇 번을 더 갔는데 수강자의 반응이 너무 없어요. 강의를 잘 하려고 애를 써도 별 반응이 없었어요. 제가 강의를 하면서도 '아, 교도소 강의는 그만 해야겠다. 내가 자질이 없나 보다. 내가 잘 하고 있는 건가? 왜 이렇게 반응이 없지?' 별 생각이 다 들었어요. 그런데 밤에 메일이 하나 와 있더라고요. 그 수감자, 교도소에서 강의 들으신 분 중에서 한 명이 메일을 보낸 거예요. "지금까지 한번도 들어 보지 못한 강의였다. 이 강의로 내 인생이 달라질 것 같다." 고. 감동적이었어요. 그래서 '아, 지금 내가 아직 많이 부족하지만 그래도 이런 사람이 한 명이라도 있으면 강의를 해야겠다. 이게 보람이지 않을까?' 그 메일을 보고 힘을 얻어서 또 열심히 공부하고 조금이라도 더 잘 해 보려고 노력하게 되었죠.

의료인이 행복해야 환자도 만족

고객 서비스 · 고객 만족이라는 단어가 병원에 들어온 지 그렇게 오래 되진 않았잖아요. 그리고 기업에서 받아들였고. 보통 기업 강사들이 와서 강의할 때는 정말 '미소 지어라, 친절하라.' 이게 주예요. 근데 저는 병원의 CS는 미소, 인사, 친절 이상의 것이라고 생각하거든요. 예를 들어 어떤 간호사가 정맥주사를 놓으려고 하는데 한 번 실패하고 "어, 환자분 너무 아프시죠. 제가 두 번째는 정~말 안 아프게 잘 놔 드릴게요." 하고 아주 상냥한 목소리로 말했어요. 근데 두 번째에도 실패했어요. 더 상냥한 목소리로 "어, 너무 아프시겠다. 정말 죄송해요." 이때 환자가 만족할 수 있을까요? 환자에게 필요한 것은 '간호사가 잘 봐주는 것, 낙상시키지 않는 것, 정확한 투약'이죠. 지금까지 기업이나 호텔 직원들에게 강의하거나, 승무원 출신 강사들이 하는 친절 강의를 CS 교육으로 했죠. 저는 지금까지 20년 넘게 해 왔지만, 한번도 그런 친절 교육을 한 적은 없어요. 병원의 가장 좋은 서비스는 '전문성'이에요.

의사들도 CS 교육 들을 때 처음엔 "내가 왜 이 서비스 교육받아야 돼요? 이거 내가 왜? 왜 우리가 서비스냐?"고 막 이래요. 연세드신 교수님들은 반감이 더 심하죠. 또 어떤 의사는 "무슨 서비스 교육이냐? 아무리 시대가 바뀌어도 의사는 진료 잘하는 게 중요하지."라며 거부반응을 보이죠. 저는 "맞아요! 전문성! 그러면 어떻게 하면 짧은 시간에 교수님의 전문성을 잘 드러낼 수 있을까요?"라는 질문을 던지며 시작하죠. 마찬가지로 간호사도 전문성을 갖고 있죠. 일반 행정직원과는 다르죠. 그러나 그 전문성을 환자나 보호자들이 우리 전문인만큼 잘 알지 못해요. '짧은 시간에 어떻게 하면 간호사나 의사의 전문성을 잘 보여줄 것인가?' 바로 이런 것을 바로 이런 문제 인식에서 우리가 의사 코칭을 만들었죠. 의사 한 명당 직원들 보조 인력이 10명에서 15명이에요. 의사 한 명에 따라 그날 주변 직원들의 기분이 달라지고 일의 분위기가 달라져요. 병원 직원을 교육할 때 잠깐 반짝 바뀌어요. 시간이 지나면 직원들이 다시 되돌아가 있기 마련이죠. 물론 한 번 교육한다고 나아지는 건 아닌 줄 알지만, 그래도 '근본적인 문제는 무엇일까?'를 생각해 보았어요. 교육에 참여한 병원 직원들이 공통적으로 "의사가 바뀌어야 되지 않겠냐."고 늘 얘기해요. 그래서 '그 분들을 어떻게 바꿔볼까?'를 생각하다가 만든 게 '의사 코칭'이죠.

처음에 의사 코칭을 만들고 '이게 이제 사장되지 않을까? 의사들이 이걸 받아들일까?' 엄청나게 고민을 했거든요. 그리고 의사들이 바뀌면 의료계 문화가 바뀌겠다. 아픈 환자들이 사실 치료하는 것도 중요하지만 치료뿐만 아니고 와서 위안받고 싶어하잖아요. 부산에서 정말 당뇨 하나 갖고 약 처방 거기서 받아도 되는데 굳이 서울까지 와서 "교수님 얼굴 한 번 보러 왔어요." 그러면 교수님이 하시는 말씀이 "거기 부산에서 처방받으세요." 해도 "아니, 교수님 얼굴 보면 기분도 좋아지고 힘이 난다."고 하는 환자가 있어요. 의료라는 거는 단순하게 저희가 약만 주고 수술만 잘 해준다고 환자에게 치료가 다 되는 건 아니잖아요. 의료인의 말 한 마디, 따뜻한 눈빛 하나 사실 그걸로 인해서 환자들이 또 용기도 얻고 위로도 되는 거잖아요.

이렇게 의사의 전문성 안에 친절이 포함되는 거죠. 환자는 의사의 전문성 수준을 잘 모르잖아요. 의사가 자신의 전문성을 전달할 때 표정이나 아이컨택 등을 양념으로 쓰는 거죠. 비행기에서 응급상황이 생기면 승무원이 먼저 산소마스크를 쓰는 거 아시죠? 엄마하고 아이하고 비행기에 탔는데 응급상황이 발생하면 엄마가 먼저 산소마스크를 써야 되잖아요. 그래야 아이를 돌볼 수 있는 것처럼 의료인들이 먼저 행복해야 돼요. 의료인들이 병원에서 일하는 게 즐거워야 돼요. 의료인이 지치면 안 되거든요.

환자가 상처받으면 안 되거든요. 아직 이상한 의료인들이 더 많

환자가 상처받으면 안 됩니다.
그래서 먼저 의료인이 행복해야 합니다.
이것이 저의 사명입니다.

아요. 상처 주는 의료인들이 훨씬 더 많아요. 교육할 때 "선생님들이 상처받으면 안 되고 선생님들이 쉽게 일해야 된다. 그리고 짧은 시간에 효율적으로 일하자."고 강조해요. 그 말은 곧 '내가 일하는 게 편하고 내가 안 힘들면 그 에너지가 어차피 환자나 보호자한테 갈 수 있다.'는 거죠. 그게 기본인 거죠. 그래서 의사가 바뀌면, 의사들의 문화가 바뀌면 병원의 문화가 바뀌게 되는 거죠. 가장 보람된 거는 '병원의 CS를 통한 의료 전문성의 향상'으로 의료인의 친절과 고객만족 개념을 바로잡을 기회를 제가 갖고 있다는 거죠.

환자 경험 평가

지금 가장 뜨거운 주제는 '환자 경험 평가'잖아요. 평가 문항을 보면 우리가 이미 다 하고 있는 것들임에도 불구하고 환자들에게 질문하면 환자들은 "다 안 해줬다."고 답해요. 그만큼 의료 서비스 제공자와 환자의 경험 사이에 갭이 큰 거잖아요. 그렇다고 직원들한테 '뭔가 더 하라.'고 하면 안 된다고 생각해요. 지금 인증이다 평가다 해서 직원들도 얼마나 힘들어요? 근데 거기다 환자 경험 평가까지 하니까 더 잘 하라고 하면은 설득력도 없고 동기 부여도 잘 안 되죠. "여러분이 지금 늘 하는 것이다. 단지 조금 더 효과적으로 하자. 전략적으로 티 나게 하자."는 거죠. 티 나게 해서 '환자들이 받았다.'는 느낌이 있어야 환자 만족도가 올라가겠죠.

10여 년 전 텔레비전 프로그램 〈인간극장〉에서 국가대표까지 하다가 시력을 잃는 병을 앓게 된 20대 초반의 남학생 스토리를 보았어요. "오늘 병원에 가면 무슨 얘기를 들을 것 같냐?"는 질문에 "병원 가면 모두들 바쁘고 정신없기 때문에 오늘도 가면 그럴 것 같다. 눈이 안 보이는 것보다 난 차라리 팔이나 다리가 하나 없어지는 게 낫겠다."고 답했어요. 잘 보이던 세상이 안 보이게 되니 얼마나 답답하겠어요. 그 장면을 보면서 저는 '아, 저 학생이 지금 눈이 안 보이는 것만으로도 정말 하늘이 무너질 지경인데 병원에 가도 위로 받기보다 늘 바쁘고 정신없는 상황에서 상처를 너무 많이 받고 있구나. 저런 절망에 빠지고 아픈 환자들이 병원에 와서 조금이라도 편하게 진료를 받고 갔으면 좋겠다. 내가 그런 문화를 만드는 데 조금이라도 기여를 하면 너무 좋겠다.'는 생각이 간절하게 들었어요.

아직도 원장님들 가운데 마인드가 안 되신 분들은 "이런 거 왜 하냐? 진료 잘 보면 되는 거 아니야? 수술 잘 하면 되는 거 아니야? 다 필요 없어!" 이렇게 얘기하시는 분들이 아직도 많아요. 근데 사실 의사가 수술만 잘 하면 그건 단순 기술자에 불과한 거죠.

'환자 경험 평가' 덕분에 우리 교육 서비스 하는 사람들은 일하기가 좋아진 면도 있어요. 그걸로 측정해서 우리 교육의 성과를 명확하게 보여 줄 수 있게 되었으니까요. 의사 코칭 같은 경우도 의사들이 하면서 도움 많이 된다고 하니까 지금까지 이제 다 퍼져서 전국에 정말 제주대학까지 하게 된 거잖아요. 연변대학에서도 "의사 코칭하겠다."고 연락이 와서 중국에 가서 미팅하고 왔어요. 그만큼 의사 코칭이 필요하고 중요하다는 게 알려진 거예요.

한 번 들어가서 바로 끝내고 나오는 게 아니고 계속 하게 되죠. 서울성모병원 같은 경우 2008년도 새 병원 짓기 전에 어떻게 우연찮게 제안서를 냈는데 프로그램이 너무 좋다고 채택했는데, 지금까지 쭉 하잖아요. 아산병원도 2014년도에 들어가서 지금까지 쭉~ 하고 다른 프로그램도 더 많이 진행하고 있죠. 그 강의 들어갔을 때 "CS 강의인 줄 알았는데 너무 힐링되고, 힘들어서 미처 생각하지 못했던 부분들도 알게 되었다."는 피드백을 들으면 굉장히 즐거워요. "병원이 좀 변했다. 직원들이 일 하는 데 좀 더 즐거워하는 것 같다. 문화가 조금씩 바뀌고 있는 것 같다."는 말을 들으면 보람 있죠.

간호사의 태움과 조직 문화 변화

간호사 조직 문화를 조금 바꿔보는 것이 끊임없는 저의 숙원 사업이거든요. 저는 '간호사 업무는 인계로 시작해서 인계로 끝난다.'고 생각해요. 인계만 잘 이루어져도 간호사의 이중 업무나 직무 만족도가 달라지더라고요. 간호사 출신 강사들과 힘을 합해 인계문화를 바꿀 프로그램도 만들고 전국을 돌아다니며 강의하고 싶어요.

나아가 병원에 코칭룸이 하나씩 마련되어 함께 일하는 사람들과 말하기 어려울 때 와서 편하게 얘기하는 기회를 만들면 좋겠어요. 코칭은 답을 준다기보다 자기가 갖고 있는 문제점을 자기 스스로 이렇게 깨우치고 자기 스스로 느끼고 가는 거잖아요. 코칭룸에 와서 힐링을 얻고 가면 좋겠지요. 쉽지 않을 것 같던 의사 코칭 프로그램이 정착되었으니, 이제 간호사와 간호사 사이 의사소통의 핵심인 인계를 서로 편하고 업무도 효율적이 될 수 있도록 바꿀 수 있는 교육프로그램을 만들고 함께 해결해 나가길 꿈꾸고 있어요.

창업의 꿈을 병원 현장 경험에서 시작하라!

간호학과 졸업을 한 다음에 어떤 창업을 하든 간호사는 기본이라는 거죠. 적어도 병원에서 임상 경력이 5년은 아무리 못 해도 있어야 될 것 같아요. 사실 일단 간호사면허를 갖게 되면 평생 간호사잖아요. 국가 자격증 안 없어지잖아요. 어딜 가든 간호사거든요. 지금 학생들이 생각하는 것보다 간호사 현장 경험을 하고 나면 병원 밖에 나와서 할 건 너무 많아요. 병원 현장 경험이 없으면, 그게 밑받침이 안 되면 물거품이 되기 쉬워요. 안 돼요. 좀 깊이가 없죠.

학생들이 분명한 목적의식이 있으면 좋겠어요. 구체적인 목표를 세우는 것도 필요해요. 간호사가 취업 잘 된다고 무작정 간호학과에 입학해서 그냥 공부하다가 그냥 4학년이 되죠. 제가 만나본 간호사 중에 "저는 이 병원에 너무 들어오고 싶었어요. 1학년 때부터 이 병원 들어오고 싶어서 그때부터 꿈꿨어요."하고 말하는 사람은 선배의 훈계를 '태움'으로 느끼지 않아요. 목적이 있는, 목표가 있는 학생과 없는 학생은 너무 달라요. 학생들한테 저는 "1학년 때부터 내가 어떤 간호사가 되고 싶은지 막연하게라도 생각해 보라고 이야기 합니다. 내가 어떤 간호사가 될 건지, 간호학과 졸업하고 간호사를 안 할 경우 어떤 진로를 선택할 건지 나름대로 자기만의 길을 생각해 보라."고 권하죠. "어떤 길을 가더라도 그래도 임상 경력은 꼭 있어야 된다."고 말해 주고 싶어요. 간호사라는 걸 부끄러워하거나 '간호사 너무 싫어.'라고 하는 간호사를 보면 안타까워요. 얼마나 가치 있고 의미 있는 직업인데 너무 가치 없게 땅에 떨어뜨리는 것 같아요.

간호학과에 들어온 사람들은 그래도 조금은 측은지심이라는 게 있는 것 같아요. 그래서 전문성에 측은지심이 더해진다면 어디서 어떤 일을 하든 그 간호사라는 국가자격증으로 인해서 보람된 일을 많이 할 수 있을 것 같아요. 그래서 간호학생들이 자부심도 갖고 좀 더 당당했으면 좋겠어요.

소통의 선순환으로 건강한 '조직성장'을 돕는 〈이로운 컨설팅〉

현장을 기억하는 병원 컨설턴트 양지숙 대표

환자 경험의 질을 높여 주는 족집게 컨설팅

이로운은 '이롭다'의 형용사입니다. 한자로는 '이익'의 '이', '길 로', '돌 운'이라는 뜻인데, 이로운 소통의 길을 병원에 계신 선생님들, 환자분들이랑 같이 찾아서 병원 안팎으로 소통의 선순환이 될 수 있도록 돕고자 이런 이름을 지었습니다. 결국 서로가 서로에게 이로운 관계가 되는데 목적을 둔 이름이라고 할 수 있습니다.

제공하고 있는 서비스는 주로 의료기관의 조직개발(Organizational Development)와 인재개발(Human Resource Development)입니다. 한마디로 의료기관의 조직을 개발하는 관점에서의 컨설팅을 제공하고 있는데, 특히 환자경험, 직원경험과 관련된 분야에 OD와 HRD 컨설팅을 제공하고 있습니다.

세가지 차별성

첫째는 기존의 CS(customer satisfaction: 고객만족)라고 부르던 접근이 아니라, 환자경험관리를 조금 더 CARE적인 측면에서 접근하는 거고 'CARE(돌봄)'야 말로 의료인이 일하는 것을 더 가치 있게 높일 수 있는 것이라는 생각을 해서 그렇게 접근을 하고 있고요. 일이 즐거워질 수 있는 방안을 고민을 하고 있고 이와 같은 방안들이 환자와의 소통에서도 쓰일 수 있도록 하는 방법을 늘 고민하고 있습니다. 그래서 각 병원에 맞는 솔루션을 제공하고 있는 게 가장 다른 점이고요.

두 번째는 환자경험증진을 위한 사업을 탑다운 방식이 아니라 버튼업 방식으로 접근하려고 노력한다는 겁니다. 아무리 좋은 해결책도 현장직원들이 수월하게 할 수 있는 게 아니라면 해결책으로 작용하기 어려워서 현장의 소리를 반영하려고 하고 있고요.

세 번째는 천편일률적인 도구적인 접근으로 접근하는 것이 아니라 병원 규모, 부서, 직종별로 맞춤 서비스를 제공하고 있습니다.

사업을 하는 소비자의 특성은 컨설팅의 경우에는 바로바로 퍼포먼스(성과)가 나와야 되는 분들을 대상으로 하고 있어요. 그리고 교육과 같은 경우에는 강의에 충분히 몰입할 수 있는지 없는지에 대한 부분이 어떻게 보면 소비자를 만날 때 가장 관건이 되고 그 사람들이 몰입할 수 있는지 여부가 특성이 될 수 있을 거 같아요. 그래서 컨설팅은 퍼포먼스를 바로 내야 되는 부분이 소비자 분들의 특성이고 교육은 얼마나 참여할 수 있는 직종이냐, 시간대냐 이런 것들이 특성이 될 수 있을 것 같습니다. 근데 컨설팅과 같은 경우에는 예전에는 이렇게 똑같은 틀에 의존해서 조직을 진단하고 진단결과에 따라서 솔루션을 줄 때 있어서도 항상 비슷한 결과를 제안했었어요. 똑같은 틀을 적용하는 것은 컨설팅업체에는 시간 소요와 에너지 소요가 적기 때문에 더 많은 병원 컨설팅을 할 수 있는 장점은 있지만, 실질적으로 병원이나 조직에도 도움이 되는 경우는 드물다고 보시면 됩니다. 반면, 병원 규모나 이슈가 되는 문제에 따라서 맞춤 틀을 적용하면 컨설팅업체의 입장에서는 시간 소요나 에너지 소요가 많이 되긴 하지만, 병원에는 보다 실질적인 변화에 추동력을 발휘하는 데 도움이 될 수 있습니다.

아까 제가 HRD & OD를 한다고 말씀 드렸는데요. HRD 같은 경우에는 개인의 능력과 역량을 끌어올리는 데 있어서 교육들의 초점이 맞춰져 있다고 보시면 됩니다. 이는 문제현상의 표층에 있는 개개인들이 행동만을 수정하는 데 도움이 됩니다. 직원들에게 어떻게 보면 더 짐을 지우기도 하는 것이죠. 하지만 사람이 행동을 할 때에는 여러 층위의 관계들이 개개인들에게 영향을 미치기 때문에 그 관계들을 서로 변화시키면서 교육도 함께 진행해야 합니다. 많은 대기업들에서는 교육만을 진행하면서 한계를 느꼈기에 조직차원에서의 개발을 어떻게 해야 되는지 고민하고 있습니다. 그래서 대기업들은 예전에 HRD(인재개발부서)부서에서 조직개발부서로 명칭을 변경하였습니다.

병원 현장 경험에서 출발한 창업

엄청난 결심을 하고 '한번 해봐야지' 하고 시작했다기보다 자연스럽게 이루어졌어요. 집안 사정이 있어서 퇴직을 하게 되었고, 이후에 집안 사정이 좀 정리되면서, 정말 앞으로 '내가 뭘 해야 될까?' 고민을 하던 중에, 병원에서 원내강사를 한 경험을 토대로 강의가 들어올 때마다 하나둘씩 강의를 하기 시작을 했고 그러다가 정말 병원에 도움이 되는 걸 해 보고 싶었습니다. 그때 고민을 했던 게 제가 강의를 주로하는 '강사'가 하고 싶은 건지, 아니면 병원에 실질적인 솔루션을 제공하여 실제적인 변화에 도움이 되는 사람이고 싶은지를 고민하게 되었죠. 그렇게 결론을 내린 것이 실제 도움이 되는 사람이 되자는 것이었습니다. 저 역시 현장경험, 병원에서 교육을 기획하는 경험을 모두 겪어 보며 일회적인 교육만으로 실제 변화를 만들어 내기는 어렵다는 것을 절감했었기 때문이죠. 교육은 문화를 만들어 내는데 중요한 역할을 하기는 합니다. 이러한 문화가 빨리 잡기 위해서는 병원 전반의 시스템의 변화도 함께 이루어져야 하고요. 변화가 자생적으로 이루어지기 위한 촉진도 필요합니다. 그래서 늘 실제 조직차원에서 어떻게 도움을 줄 수 있는지를 컨설팅을 하기 위해 최선을 다한 사람이 되었습니다.

병원에서 간호사가 강사를 할 때 자격증이 따로 필요하지는 않아요. 그래도 병원에 다닐 때부터 많은 교육을 들었습니다. '비폭력대화'의 모든 과정을 다 이수를 했고, '회복탄력성'과 관련된 자격증도 취득했었죠. 병원에서 교육담당자로 근무를 할 때 직원경험을 증진하기 위해서 어떻게 할 수 있을지 고민하던 끝에 여러 교육을 모두 다녔던 겁니다. 창업을 한 이후에는 전문적으로 HR컨설팅을 제공하면서 교육도 기획을 하려고 교육공학과 석사를 마쳤습니다. 지금은 교육공학과 박사과정 중에 있구요. 이런 노력 외에도 기본적으로 일주일에 책 두 권 이상은 읽고, 글을 쓰기 위해 노력합니다. 모든 책을 정독하고 있지는 못하지만 매일 책을 읽고 정리하면서 병원 및 조직에 도움이 되는 지식을 습득하고 실제 컨설팅에 적용하기 위해서 노력하고 있습니다.

지식산업분야라서 사업을 시작할 때 비용이 크게 몇 억씩 들어가지는 않아요. 처음에 홈페이지 제작비용이 좀 들어간 정도예요. 하지만 이동이 많아서인지 이전에 병원에 근무할 때 고정적으로 출퇴근할 때보다 소요되는 비용은 훨씬 많습니다. 그래서 강사를 원하시는 분들은 버는 비용만을 기준으로 생각하기보다 소요되는 비용도 많다는 걸 고려해 보는 게 좋겠습니다.

'업적'이라는 단어를 보고 '과연 내가 업적을 쌓았나?' 생각이 들긴 합니다. 아직 과도기적인 단계여서 늘 새로운 업적을 만들어 가기 위해 계속 노력하고 있습니다. 현재 많은 병원들에서 하고 있지만, 분당서울대학교병원에서도 환자경험관리 개선을 위한 컨설팅을 했어요. 특히 산부인과에서 환자의 통합적인 경험을 외래에서부터 병동에서까지의 경험을 쭉~ 살펴보고, 이에 대한 경험을 좀 개선할 수 있는 방안들을 솔루션으로 적용해서 점수도 많이 올랐습니다. 그리고 올해는 외과 회진모델을 개발하기 위해서 현장조사를 완료한 상황이구요, 솔루션 제공을 위해서 대안마련을 하고 있습니다.

무엇보다 제가 제일 좋아하는 건 교육 현장인데요 작년부터 대한간호협회에서 순회보수교육을 진행을 하면서 병원의 선생님들을 만나고 있습니다.

사람에 대한 공감을 바탕으로 한 병원 컨설팅

저는 의료인들에게 오히려 도움을 제공하고 있다는 생각들이 많이 들어요. 제가 환자경험평가와 관련된 사업들을 많이 추진하면서도 직원들의 감정관리라든지 회복탄력성을 증진할 수 있는 방안도 함께하고 있기 때문이죠. 궁극적으로는 환자에게 도움이 될 수 있겠지만 일차적으로 의료인들에게 돌봄을 제공하고 있는 게 아닐까 하는 생각을 합니다. 저는 일단 그렇게 하는 이유가 의료인이 행복해야 병원이 행복해지고 정말 건강한 세상이 만들어진다고 확신하고 있어요. 의료인이 행복하려면 병원의 시스템도 중요하지만, 환자 때문에 또 행복해지거든요. 그래서 의료인이 행복해지려면 환자가 행복해야 되고, 거꾸로 환자가 행복하려면 의료인이 행복해야 하는 이런 순환적인 과정에서 조금 더 이로운 소통을 할 수 있는 방법들을 도와주려고 하고 있죠. 구체적으로 보자면 '이 둘의 소통관계가 정말 실질적으로 대화관계뿐만 아니라 물리적으로, 프로세스적으로 어떻게 잘 소통할 수 있을지 도움을 주는 일을 하고 있어서 그 부분이 병원에 도움을 주고 있는 게 아닐까.'라는 생각도 듭니다.

저도 ICU에서 간호사로서 일했었기 때문에 제가 솔루션을 제공하더라도 '이게 과연 될까?' 또는 '현장에서 이게 선생님들에게 업무적으로 더 부과가 되지는 않을까?'와 같이 현실적인 고려를 하려고 애쓰고 있죠. 이런 현장 이해를 바탕으로 효율적으로 일할 수 있는 방법에 플러스하여 소통디자인을 하고 있기 때문에 도움이 된다는 생각도 들어요.

기억에 남는 스토리라고 하면 환자분 인터뷰를 하는 경우가 많은데, 잡상인 취급을 하는 경우가 굉장히 많이 있어요. 목걸이를 차고 가도 간호사일 때는 간호사 유니폼을 입기 때문에 어느 정도 존중을 해 주시지만, 그냥 사복에 명찰을 달고 가면 잡상인 취급을 하느라고 답을 안 해 주시기도 하거든요. 재활의학과 프로젝트를 할 때 그랬었는데, 근데 그분이 제가 한 3주 정도 계속 방문하고 촬영하고 인터뷰를 하면서 뵙다 보니 나중에는 음료수를 사 주시면서 고생이 많다고 하면서 정말 따뜻하게 대해 주셨어요. 그리고 프로젝트 취지에 정말 필요했던 인터뷰를 해 주셨었죠. 제가 경영성과만을 기반으로 한 컨설턴트로 그 환자, 보호자분께 다가간 것이 아니라 의료인의 마음으로 다가갔기에 그분께서도 진정성을 느끼신 게 아닐까 생각했습니다. 이 스토리가 '간호사의 경험이 이렇게 컨설턴트를 할 때도 도움이 되는구나'라며 뿌듯하고 감사했던 추억입니다.

처음 시작할 때 서류적인 행정업무를 위해서 비의료인 출신 중에 CS를 담당하신 선생님도 채용을 했었죠. 제가 가고자 하는 방향과 약간의 괴리감이 있어서 지금은 파트너십으로 병동 간호사로서의 경험이 있는 선생님과 함께 컨설팅이나 교육을 진행을 하고 있습니다. 좋은 인재가 있다면 수시로 언제든지 채용할 계획이 있으니 많이 관심 갖고 지원해 주십시오. 혹시 이 글을 읽으시는 분 중에 〈이로운 컨설팅〉에 지원하고 싶은 간호사님이 계시다면, 언제나 환영합니다.

서비스의 질 관리를 위해서는 저에게 강의나 컨설팅을 요청하시는 곳에서 '궁극적으로 달성해야 되는 목적이 무엇인가?'를 파악하는 노력을 많이 하고 있습니다. 목적과 방향성은 명료히 하되 중간중간 변수들이 많이 발생하기에 목표들은 수정해가며 유연하게 대처합니다. 목적성은 성과만을 다루기보다 '사람' 또한 함께 그 목적의 방향에 다룰 수 있도록 생각하고 있어요. 여기서 말하는 '사람'은 환자와 직원, 그리고 병원경영자의 입장을 모두 고르게 볼 수 있도록 하는 것입니다. 그러기 위해서는 모두의 입장을 공감할 수 있는 사람에 대한 이해도 중요한 것 같아요. 그래서 요즘에는 문학책을 오디오북으로도 듣고, 주말에 짬짬이 읽습니다. 그러다 보면 굉장히 성과만을 좇아야 하는 dry해진 일상에 큰 도움이 되더라고요. 이러한 보이지 않는 노력들을 바탕으로 똑같은 솔루션을 제공하기보다 실제 그 병원 상황 맥락에 맞는 솔루션들을 제공할 수 있는 것 같아요. 그 자체가 서비스의 질을 관리하는 것이라고 생각합니다.

지금도 기억에 남는 고객과의 스토리가 있다면, 컨설팅 분야에 있어서는, 제가 제안을 했을 때 실제로 '이렇게 물리적인 구획을

저는 의료인들에게 도움을 제공하고 있습니다.
환자경험평가와 관련된 사업들을 많이 추진하면서도
직원들의 감정관리라든지 회복탄력성을
증진시킬 방안도 함께 찾고 있어요.
이로운컨설팅 양지숙 대표

바꿔봤으면 좋겠어요.' 예를 들면 응급실 같은 경우에는 퇴원 환자분들과 입원하시는 환자분들의 구역이 혼재되어 있다 보니까 간호사님들이 환자를 찾으러 다니느라고 너무 많은 시간을 소요를 하고 그로 인해서 불필요하게 환자분들한테 불만을 듣게 되는 그런 상황들이 있어서 그 공간을 그냥 분리하는 어떻게 보면 단순한 아이디어지만 기존의 고정관념을 깨는 그런 상황이 있었는데, 그 공간을 분리하고서 실제로 간호사님들이 너무 효율적으로 바뀌었다고 나중에 응급실을 방문했을 때 저를 알아봐 주시고 이야기를 해 주셔서 굉장히 보람도 있고 행복했었죠.

제가 이때까지 봤던 그 현장에서의 조사 경험이 실제 문서화돼서 보고서로 나왔을 때 뭔가의 희열감을 느끼고요. 그리고 두 번째는 그게 실제 현장에서 바뀐 모습으로 구현이 됐을 때 그때 굉장히 감사하고 행복하고 보람도 느껴요.

그리고 한번은 교육을 듣던 친구가 어떻게 제 연락처를 알게 돼서 전화를 줘서, "교육 때 이러이런 내용을 들었는데, 실제 프리셉티한테 이렇게 이야기를 해 봤다. 근데 이런 점이 다시 궁금하더라……."라는 걸 인터넷으로 제 전화번호를 찾아서 연락을 주더라고요. 그래서 그때 '그냥 흘려들은 게 아니라 정말 병동에서 시도를 해 봤구나.'라는 부분에 감사했고 보람도 느꼈죠.

마케팅과 넘어야 할 산들

사업 초기에는 마케팅이 굉장히 고민이 많이 되더라고요. 그래서 블로그 교육도 듣고 SNS마케팅 교육도 듣고 했었는데, 가장 첫 번째로 제가 했어야 되는 작업은 블로그에 제가 하는 사업을 인터넷으로 검색했을 때 가장 먼저 나올 수 있게끔 하는 것, 그래서 블로그 작업을 가장 노력을 했었고. 이게 홍보의 방안이라고 생각을 합니다. 아 그리고 이제 페이스북 페이지를 만들 계획을 하고 있는데요. 이 부분은 필요한 정보들을 제가 교육하고 있는 분야에 대한 최신 정보라든지, 실제적으로 병원에서 적용할 수 있는 정보들을 취득하실 수 있는 페이스북 페이지로 제작을 하려고 합니다.

가장 첫 난관은 RN때에는 일단 기존의 업무를 어떻게 하고 있는지, 그 시간에 따라서 정해진 루틴이 있어요. 그리고 어떤 일을 해야 하는지가 다 정해져 있어요. 그런데 그게 아니라 창업을 한다거나 RN의 업무가 아닌 다른 업무를 했을 때에는 실제로 내가 그 시간을 배분해서 기획을 해야 되고 어떤 일을 해야 되는지 스스로 개척해 나가야 되는 게 가장 어려웠던 것 같습니다. 그래서 그게 '난관'이라고 한다면 난관일 수 있을 거 같고, 창업을 하고 나서는 이게 가장 어려웠던 거 같아요. 제가 이동시간이 많다 보니까 물리적인 시간이 부족해서 그런 부분들을 어떻게 좀 효과적으로 효율적으로 시간을 활용할 수 있을지에 대한 부분들, 그런 부분들이 좀 어려웠던 거 같습니다.

그래서 관련 서적을 많이 봤어요. 사업기획에서 중요한 것은 무

행복한 의료인이 만드는 건강한 세상을 만들고 싶어요.
도망가는 창업이 아니라 문제점을
개선하고 싶다면 도전해 보세요.

엇인지, 사업운영에서 필요한 것은 무엇인지, 그리고 제가 새로운 도전을 할 때 어떤 의식을 가지고 해야 되는지 동기부여 해 줄 수 있는 서적들도 많이 보고요. 비즈니스 관련된 정기간행물 하버드 비지니스 리뷰나 동아비지니스 리뷰 등은 정기구독하면서 꼭 챙겨보고 있습니다. 독서는 정말 중요한 것 같아요. 독서를 많이 하고 싶은데, 하루 평균 3시간 이상 읽고 싶었습니다. 그래서 오디오북 앱을 다운받아서 운전할 때에는 활용하고 있습니다. 2일 운전하면 책 한 권 정도는 들을 수 있어 매우 유용하더라고요.

그 외 시간관리는 플래너를 저에게 맞는 플래너를 선정해서 쓰고 있습니다. 그 플래너는 시간대별로 새벽 4시부터 24시간동안 무얼 해야 되는지 리스트를 정리하고, 시간을 분배할 수 있는 부분에 대해서 나와 있는 플래너여서 그것도 활용을 하는 게 큰 도움이 됐습니다.

지금 하는 업무 중에서 보고서를 쓰는 것은 정말 저 자신과의 싸움이거든요. 적절한 시간배분이 매우 중요해요. 뽀모도로라는 앱이 있어요. 이게 15분이나 25분 단위로 알람이 울릴 수 있도록 '째깍째깍' 소리가 들어가면서 15분, 25분 단위로 무슨 일을 할지 다 적어 놓고 그때 알람이 울리는 때까지 내가 일을 할 수 있게, 마감시간을 미리 정해 놓고 할 수 있어 긴장감도 조성되고, 실제 일의 분량에 대한 감을 잡기에도 도움이 되어 참 좋습니다.

'행복한 의료인이 만드는 건강한 세상'

너무 거창한 거 같지만 '행복한 의료인이 만드는 건강한 세상'을 만드는 데 제가 일조하고 싶습니다. 제 사업, 사세 이런 거를 확장하는 게 제 목적이 아니라 실제로 저와 같은 일을 하시는 분들이 좀 많아졌으면 좋겠어요. 그래서 강사과정과 컨설턴트 양성과정을 오픈하려고 계획 중에 있습니다.

한마디로 말씀을 드리기 쉽지는 않지만 '도전해 볼만한 영역이다.'라고 말씀드리고 싶어요. 후배들에게 들려 주고 싶은 말은 '병원이 싫어서 도망가기 위해서 창업을 결심을 하는 것보다 병원에서 내가 문제점을 봤고 이 문제점을 정말 개선하고 싶다면 창업에 도전해 보라.'는 것입니다.

아직 저와 같은 컨설턴트가 많지 않으니, 간호사 선생님들이 창업을 더 많이 했으면 좋겠어요. 의료인의 입장과 환자를 돌보는 마음에서 개선할 수 있을 테니까요. 간호사 여러분이 더 많이 도전했으면 좋겠습니다.

사회변화에 부응하는 돌봄 인력 양성

〈천안베스트간호학원〉

미래의 돌봄 인력을 키우는 박명숙 원장

사회변화와 간호조무사, 요양보호사 교육

'의료포괄수가제, 간호 · 간병통합서비스, 노인장기요양보험제도' 등 보건의료제도의 변화와 요양병원의 증대로 간호조무사에 이어 요양보호사인력의 수요는 점점 더 커지는 추세죠. 4차 산업혁명, 특히 AI가 의료현장에서 접목될 경우 단순 반복적인 업무를 인공지능 로봇이 대체할 수도 있다고 하지만, 세심한 돌봄의 부분까지 로봇이 수행한다는 것은 한계가 있을 거예요. AI가 할 수 없는 오로지 우리만이 할 수 있는 간호의 세심함을 간호사와 간호조무사가 함께하고 있어요.

간호조무사 과정 수강생은 주로 비진학 고등학교 재학생부터 경력단절의 30~50대 여성, 그리고 취약계층인 생활보호대상자,

새터민, 다문화가족 등 대부분 취업을 목적으로 하는 사람들이죠. 요양보호사 과정을 수강하는 사람은 다양하지만, 특히 경력단절 여성들이 다시 일어설 수 있게 도울 수 있으니 매우 흐뭇한 일이죠. 요양보호사로 활동하시는 분들이 '사회적으로 중요한 사람'이라는 것, 더 나아가 연령대가 50대, 60대, 70대임에도 불구하고 '일을 할 수 있고 자기 일을 갖는다.' '내 인생에 있어 오늘이 가장 젊다는 것'을 스스로 인식하게 하고 자랑스러운 일임을 상기시킵니다. 자부심을 갖게 하고 그렇게 하기 위한 질적인 노력도 함께 하고자 의지를 불러일으키죠.

더 깊게, 더 높게, 더 넓게

학원을 설립할 당시 거의 모든 학원이 한글이름으로 학원명을 짓는 추세였지만, 저는 조금 더 멀리 보고 편안하고 누구나 쉽게 부를 수 있고 나름대로 최고의 의미를 주는 이름이 무엇일까 생각하던 중 '베스트'라는 단어가 떠올랐어요. 영어단어지만 누구나 친숙하고 쉽게 접하고 부를 수 있는 단어가 'BEST'죠. 우리 학원생들을 조금 다른 차원으로 양성하고 싶었거든요. 그 당시 노동부 간호조무사 국비과정 평가 심사를 나온 심사위원들이 이름에 대하여 거론하신 분도 있었어요. 간호학원으로서는 획기적인 간호학원 명칭이라고 말했죠. 아직도 10년 전의 그 기억이 생생해요. 현재는 여러 지역에 "베스트"라는 명칭의 학원이 생겼지만, 그 당시에는 기억에 오래 남는 '천안베스트간호학원'이라는 이름을 가지게 된 거예요.

지금도 학원명칭에 맞는 '베스트'로 만들기 위하여 열심히 하고 있어요. '좀 더 깊게, 좀 더 높게, 좀 더 넓게.'라는 미션을 품고 간호조무사 직무능력의 질 향상에 최선을 다하고 있습니다. '환자에 대한 마음을 언제나 깊게 새기고, 나의 가치를 좀 더 높게 하기 위하여 공부하고 노력하며, 좀 더 넓은 경험과 마음을 갖자.'는 의미죠. 간호조무사과정이나 요양보호사과정에서도 그 직종에 맞는 훌륭한 마인드를 가진 '베스트인'을 배출하고자 노력합니다. 최고가 아니라 하더라도 최선을 다하는 모습을 보이고, '베스트인'이 되고자 노력하고 있죠.

우리 모두는 베스트가족이라는 생각을 가지고 있어요. 학원생들의 이야기를 많이 들어 주고, 많이 이해하고, 스스로 할 수 있게 응원하죠. 교육생들이 교육과정에서 본인의 목표를 달성할 수 있도록 우리는 한 배를 타고, 함께 한 방향으로 노를 저어가고 있는 거예요. 한 사람이라도 노를 놓아 버리면 서로가 힘이 들지만, 우리는 학원 선생님들과 학생들이 함께 힘을 모아 목표를 향해 전진해 가고 있어요. 그 결과 간호조무사 자격증 합격률과 병·의원 취업률 및 고용유지율이 지역에서 가장 우수한 학원으로 인정을 받고 있죠.

지금의 일을 하면서 가장 뿌듯한 마음을 가질 수 있는 것은 오로지 간호사들만이 할 수 있는 일이라는 거죠. 저는 강사를 채용하고자 할 때도 임상경험을 중요하게 생각해요. 임상을 바탕으로 현실감 있는 수업진행은 수업에 참여하는 간호조무사들에게 실질적인 강의의 힘이 되거든요. 이젠 간호조무사들도 간호사들과의 동반자로 의료기관에서 함께 할 수 있는 간호인력으로 자리 잡을 수 있도록 지역사회 의료기관과 같이 하고 있죠.

또한 노인장기요양보험제에 따른 고령이나 노인성 질병을 가진 어르신들이 장기요양급여를 제공받고자 하는 대상자들도 결국은 care가 진행되므로 간호사들의 영역은 한층 넓어져 요양보호사의 교육에도 많은 영역을 차지하고 있답니다.

'지금의 기회로 한 발 더 앞서자'

서울에서 간호사로 근무하던 중 남편의 회사가 모두 천안으로 이전을 하게 되어 저도 병원을 사직하고 함께 천안으로 이사하게 되었죠. 천안에 이사 온 후 어느 날, 우연히 대한적십자사의 강사 모집공고를 접하고 지원하여 강사의 길에 처음으로 입문하게 되었어요. 아이들을 키우면서도 '나는 일을 할 거야. 그러면 연년생으로 빨리 아이를 키우고 내 일을 가져야지.'라고 생각했어요. 처음 간호학과를 지원할 때는 힘들다는 생각 때문에 많이 망설였죠. 그러나 시간이 지나면서 점점 간호사에 대한 직업의 매력을 알게 되었어요. 더욱 큰 매력은 '간호사면허증'이 힘이 되어 언제든지 일을 다시 시작할 수 있다는 것이었죠. 그러기에 아이들이 유치원에 가 있는 사이에 틈틈이 강의를 할 수 있는 용기를 가졌던 거죠.

인성교육을 중시하고
간호조무사에게 필요한 기술과 지식을
최선을 다해 가르치고 있습니다.

처음에는 '누군가의 앞에 선다는 것, 강의를 하는 것'이 매우 두려웠지만, 간호사이고 중환자실에 근무했던 경험이라면 나의 능력을 충분히 발휘할 수 있을 거라고 스스로 다짐을 하곤 했답니다.

그 당시에는 노인장기요양보험제도가 시행되기 전이라, 가정에서 가족을 돌보고, 입원가족도 직접 돌보는 사람들이 많았던 시기여서, 그들을 대상으로 가정간호교육을 하는 교육이었어요. 환자간호기술을 일반인에게 집에서 가정 간호를 할 수 있도록 교육하는 과정이었죠. 병원 재직시절 중환자실 근무 경험 덕분에 환자 간호를 교육하는 것은 어렵지 않았어요.

교육을 듣는 사람들이 "진작 이런 교육이 있었다면 우리 부모님을 쉽게 간호할 수 있었을 텐데"라는 아쉬움과 현장감 있는 교육에 대해 만족해하며 저에게 감사의 마음을 전하는 분들이 많았죠. 수강자들의 긍정적인 피드백에 힘 입어 저는 점점 강의에 흥미를 가지게 되었으며, 그 후 그 계기가 되어 간호학원에 강사로 취업까지 하게 되었죠. 간호학원 강사를 하다 보니 간호조무사 교육이 좀 더 현실성 있고 보다 체계적이고 실질적인 현장 교육의 필요성을 인식하게 되면서, 내가 직접 간호학원을 운영해 보고 싶은 의욕을 갖게 되었어요. 병원근무경험과 강의 경험 등을 통해 '생동감 있는 수업을 진행할 수 있겠다.'는 자신감이 생겼죠.

초기 사업 자금은 그동안 내 저축과 약간의 대출을 받아 준비했어요. 간호학원은 특히 위치 선정이 매우 중요해요. 초기 간호학원의 교육생 대부분이 서민층의 여성들과 미진학 고교생, 미취업 청년층이기에 대중교통 이용이 편리해야 되거든요. 이제는 경력

단절 여성들의 활발한 사회진출로 인하여 주차장이 완비된 교육기관을 선호하는 시대의 흐름이 바뀌고 있네요.

학원을 열고 적극적으로 지역의 생활정보지와 홈페이지, 블로그, 카페 등 온라인 오프라인을 모두 이용하여 교육과정 및 관련 정보를 제공했죠. 무엇보다 직접 찾아온 사람을 상담할 때 눈높이에 맞추어 정확하고 자세한 교육과정에 대한 정보를 제공하려고 애쓰죠. 특히 간호조무사국가고시 준비기간에는 블로그를 통하여 지속적 특강을 위한 기출문제를 정리하여 블로그에 게재해주죠. 우리 학원생뿐만 아니라 전국 간호조무사국가고시 대상자들이 함께 공유할 수 있어요. 덕분에 학원생들의 합격률은 물론이고 모든 간호조무사 국가고시 대상자들이 함께 합격이 기쁨을 같이 하고자 해요. 당연히 베스트가족들은 높은 합격률로 서로 자부심을 갖게 해요. 수업을 잘 하고 진로를 잘 지도하는 교육기관으로 자리를 잡은 결과가 학생들을 모집에도 큰 영향을 준다고 생각해요.

가까운 거리에 신생학원들이 설립되면서 학생들의 유치를 위해 수강료를 하향 조정하는 곳도 더러 있어요. 수강료를 낮추면 도저히 질 좋은 교육은 할 수 없다는 것을 알면서 저도 많이 흔들리곤 했어요. '이럴수록 더 내실을 다지자.'고 마음을 다잡곤 했죠. 꾸준히 노력한 결과 수강료에 따라 옮겨 다니던 학생들에게도 참된 교육과정이 통하게 되었답니다.

또한 교육과정에 있어 뛰어난 간호조무사들에게 말합니다. '지금의 기회로 한 발 더 앞서보자고.'

간호조무사들도 간호사들과의 동반자로 의료기관에서
함께 할 수 있는 간호인력으로 자리 잡을 수
있도록 노력하고 있습니다.
천안베스트간호학원 박명숙 원장

간호학과 지원을 권유합니다.

간호학원에서 1년을 이수하고 간호학과를 지원한 제자들이 간호학 수업에 자신감을 갖고 장학금을 탔다고 자랑하러 온답니다. "1년 공부한 것이 많은 도움이 되었다고 해요." 현재 이런 제자들이 간호사가 되고 또한 본 교육원에서 강사로 함께 하고 있어요. 나름 큰 자부심이죠.

배출된 많은 제자들이 의료현장에서 신뢰받으며 일하고 있어요. 우선 인성교육을 중시하면서, 간호조무사에게 필요한 기술과 지식을 현장의 요구에 맞추어 최선을 다한 결과라 할 수 있습니다. 간호사들과 함께 의료시장을 함께 하는 것에 큰 자부심을 느껴요.

교과목마다 지정 강사로 운영하고 있어요. 강사는 모두 간호사 면허증을 소지자이며 충분한 임상경험자입니다. 교육생들에게 의료, 간호기술과 서비스 정신은 가르칠 수 있는 자질과 강의능력을 가진 강사 위주로 선발하여 채용하고 있어 다양한 교과목에 이론과 실기를 충분히 교육할 수 있죠. 이론 교육의 중요성과 실질적인 간호기술의 중요성을 알게 하고 새로운 교육방법에 대해 강사들과 함께 공유하면서 쉽게 지도하고 받아들이는 방법을 제안하여 개선하고 있답니다. 각종 외부 교육에 참여하여 변화하고 있는 의료분야와 취업에 대한 정보를 제공하고 있어요.

교육지원 및 행정을 담당하는 직원은 학원의 분위기를 잘 알고 업무처리와 상담을 해야 하므로 간호조무과정을 수료한 학원 출신 중에서 직무능력과 전문적인 경험을 가진 간호조무사 경험자를 채용하고 있어요.

취업에 도움이 될까 하여 원생들에게 다른 자격증을 더 취득하도록 권하기도 합니다. 권유하기 이전에 자격증의 활용도와 난이도 등을 경험해 보기 위해 제가 먼저 피부관리사 자격증, 사회복지사자격증, 요양보호사자격증, 코디네이터자격증, 훈련교사자격증, 보육교사자격증 등을 취득했답니다.

이러한 결과 상담에서도 경험과 생동감 있는 상담을 하는 과정에서 학생들 관리와 입학을 위한 상담에서 많은 역량을 발휘할 수 있는 기회가 되었습니다.

학원운영만이 아니라 저는 지역에 작은 보탬이라도 되기 위해 지역의 취약계층을 위한 보호대상자의 건전한 사회복귀촉진과 법무보호 사업 후원활동 등 한국 법무보호복지공단 위원활동, 배아나 유전자를 취급할 때 인간의 존엄성과 가치를 침해하는 악영향을 방지하는 기관생명 윤리위원회 활동 등을 하고 있어요.

더욱 큰 꿈을 향하여

저는 보다 종합적이고 다양한 의료지원 인력을 양성하는 '메디컬아카데미'를 세우는 꿈을 꾸고 있어요. 뉴질랜드의 NSIA라는 요리종합 학교를 보고 깜짝 놀랐답니다. '그래 우리나라에도 NSIA같은 형태의 다양하고 종합적인 메디컬아카데미가 있었으면' 메디컬아카데미는 현재 간호 관련 직업교육기관, 학원 등은 있지만, 좀 더 확대된 종합적이고 다양한 영역을 가진 교육기관의 설립이 목표입니다. 간호 관련분야, 요양지원, 뷰티, 헤어, 네일 등 인간의 삶의 질을 높이고자 하는 영역으로 확대하여 그 분야의 전문성과 다양성을 서로 연계할 수 있도록 각 분야별 전문적이고 종합적인 메디컬아카데미를 세우는 것입니다.

다양성과 종합성과 더불어 글로벌 교육기관으로의 발돋움을 위하여 다양한 교육생(다문화 가족, 소수민 등)들의 꿈을 충족하기 위하여 그들의 문화와 언어를 이해할 수 있는 상담사와 교·강사들로 구성하여 설립하고 싶어요. 물론 해외이주여성들에게 취업의 문을 열어 주고 싶죠. 이 과정에서 간호사들은 물론 전문적인 영역의 직업인들이 함께 할 수 있는 길을 가고 싶답니다. 임상을 떠나 간호의 세계를 밖에서 객관적으로 바라볼 기회가 많았던 거죠. 후배들에게 병원 밖으로도 눈을 돌려보라고 말하고 싶어요. 간호사의 길이 병원이 아닌 다른 길이 많다는 것을 다시 한번 강조하고 싶어요.

그동안 경험을 통해 저는 어떤 일을 하던 최선의 노력을 하면 '노력한 만큼의 대가'를 얻을 수 있다는 확신이 생겼어요. 물론 창업은 끊임없이 창의적인 노력이 필요하긴 합니다. 첫 계단을 밟지 않고 마지막 계단에 설 수는 없는 일이죠? 현재 병원에 근무 중인 간호사라면, 지금 병원에서의 경험은 바로 다음 단계로 올라가는 첫 계단이 될 것입니다. 저는 후배들에게 다음과 같은 당부를 하고 싶어요.

– 가능한 많은 경험을 해라.

– 자기 자신을 잃지 마라.

– 간호의 선택을 후회하지 마라.

내 인생에 있어 지금이 가장 중요한 시기라고 생각해요. 언제나 자신감 갖고 도전하는 전문인이 되길 바랄게요.

저의 좌우명 '오늘도 충실히' 언제나 응원합니다.

나비 날개 같은 메디컬 유니폼을 만드는 〈나비秀〉

옷을 짓는 간호사 김윤정 대표

부드러움과 아름다움의 상징, 나비수

처음 의류분야 사업을 하시는 지인을 통해 이 분야에 대해 알게 되었고 그분 일을 도와주면서 한번 이 일에 도전해도 괜찮겠다는 생각이 들었습니다. 이 분야나 사업에 대해 사전 지식은 거의 없었지만, 평소 갖고 있던 옷에 대한 관심과 간호학생과 간호사 시절 유니폼을 입었던 경험으로 이 일을 시작하게 되었습니다. 간호대학생들 유니폼을 보면서 품질 대비 가격이 높다는 생각을 했고 제가 좀 더 나은 옷을 만들 수 있지 않을까 하는 막연한 생각이 출발점이었습니다.

이름을 지을 때 어감이 부드러웠으면 좋겠다는 생각을 했습니다. 문득 아름다운 '나비'가 생각났고, 아름답고 빼어나다는 의미를 전달하기 위해 한자 '秀(수)'를 합쳐서 이름을 만들었습니다.

'나비秀'의 특징은 당연히 최고 품질입니다. 자체 공장에서 모든 제품을 직접 생산합니다. 그래서 품질 관리도 일정하게 할 수 있고 문제 발생 시에도 신속하게 대처가 가능합니다. 그리고 원단 및 부자재를 신중하게 선택하고 패턴, 재단, 봉제, 다림질, 포장, 모든 단계에서 심혈을 기울이고 있습니다. 원단의 경우도 좀 더 기능적으로 나은 원단을 찾기 위해 원단 사장님들과 끊임없이 소통하고 저희만의 새로운 원단 직조도 의뢰합니다. 간호사 가디건이나 간호화의 경우 기존 시장 제품들을 가져다가 납품하는 경우도 많은데, 가디건은 보온성을 높이기 위해 울혼방으로 가벼우면서도 간호복을 덮을 수 있는 기장으로 길게 짜고 신발은 남녀 공용으로 발볼을 넓히고 쿠션감을 주어 가볍고 편안하게 직접 OEM으로 생산합니다. 제작과정에서나 납품 후 조금이라도 문제가 있으면 걸러내고 기술자와 소비자의 의견을 반영해 개선할 부분은 반드시 반영하고 있습니다. 절대로 공정을 빠르게 하거나 단가를 맞추기 위해 저렴한 원단을 쓰거나 제작과정에 적당히 타협해서 질을 포기하는 일이 없습니다.

예를 들어, 간호복 상의를 보면 뒷판 1개와 앞판 2개로 제작하는 경우도 있는데 저희는 앞판・뒷판 각 4쪽씩 총 8쪽로 재단하여 바느질을 하고, 긴팔 자켓의 팔 부분도 하나의 통으로 하면 만들기 수월하지만 2쪽으로 나누어 보기에도 좋으면서 활동적이 되도록 합니다. 명찰꽂이도 크기와 모양을 일정하게 하고 명찰 형태에 따라 트임도 달리해 주며 볼펜꽂이 하나를 만들 때도 속주머니 형태로 깊이를 깊게 해서 볼펜을 꽂았을 때 겉주머니 모양이 늘어지지 않으면서 볼펜 잉크가 새더라도 겉주머니까지 심하게 오염되지 않도록 합니다. 상의 기장도 길게 하여 여러 간호행위 시 속옷이나 속살이 보이지 않도록 하고 시접도 여유 있게 두어 살이 찌는 경우 사이즈를 늘릴 수 있도록 대비합니다. 네크라인 디자인도 목이 불편하지 않도록 하고 소비자가 브이넥 상의를 주문하면 저희는 업무환경을 고려해 V-자의 패임 정도를 달리하는 과정을 거쳐 샘플을 업그레이드해서 옷 패턴을 만듭니다.

간호학생 실습복을 제작할 때에도 역시 기능적인 면에 중점을 두면서 보이지 않는 부분까지 정성을 들입니다. 제가 간호사였기 때문에 좋고 편한 유니폼의 특징을 잘 알고 있고, 이런 아이디어를 실제 제품에 반영합니다. 예를 들어, 나비수는 간호학생 실습복 상의를 길게 제작하고 바지 길이도 복숭아뼈를 덮는 길이로 제작하는데 가끔 학생들이 유행에 맞춰 줄여 입으려는 경우가 있습니다. 그럼 제 경험을 바탕으로 병원에서는 상의가 긴 것이 속옷이나 속살이 보이지 않기 때문에 편하다는 것과 자기를 보호하기 위해 바지 길이가 적절한 것이 좋다는 것을 설명해 줄 수 있습니다. 또 학생 시절을 돌이켜 보며 학생들에게 실습복과 신발을 넣을 수 있는 가방도 제작하게 되었습니다.

저희 회사는 제품 문의가 오면 계약 여부나 인원 수와 상관없이 동일하게 고객이 직접 확인할 수 있는 샘플을 여러 개 만들어 가서 직접 입어 보게 합니다. 간호학생 유니폼은 샘플을 만들 때 대학 로고를 자수로 넣게 되는데 옷 색깔과 대학의 상징 컬러가 잘 조화

의류 분야에 대한 사전 지식은 거의 없지만,
평소 옷에 대한 관심과
간호사 시절의 경험으로 시작하게 되었습니다.
나비수 김윤정 대표

되도록 여러 개를 제작해 학교에 가서 직접 설명합니다.

작은 시작과 꾸준한 키움

이 분야 창업에 필요한 자격증은 없습니다. 다만 제품을 생산하는 시스템 구축과 판매처를 확보하기 위한 노력이 필요했습니다. 저는 제가 할 수 있는 여건에 맞게 작게 시작해서 처음엔 자본이 많이 필요하지는 않았습니다. 큰 욕심을 내지 않았고 사업자금은 남편과 상의해서 도움을 받지 않아도 될 수준에서 시작했습니다. 하지만 지나고보니 자금력도 어느 정도 필요한 일이었습니다.

처음 2009년에 사무실에 컴퓨터와 팩스만 두고, 제 공장이 없어서 나비수 제품만 제작하는 기존 공장을 계약해 제품 디자인과 샘플 제작을 하여 제품 안내책자를 만들어 일을 시작했습니다. 그리고 1년 후 직접 공장을 차렸습니다. 제품 제작의 각 파트별로 인력을 수급해 제품 생산과 판매가 원활하고 안정적으로 진행되도록 하였습니다.

병원 임상을 오래하지 못하고 그만둔 것이 늘 아쉬움으로 남았기에 무슨 일이든 한 우물을 파려면 10년은 해야 한다는 각오를 가지고 시행착오를 겪으면서 시작했습니다. 오히려 아무것도 몰랐기 때문에 무작정 뛰어들 수 있었던 것 같습니다. 저로서는 좋은 제품을 만들겠다는 나름의 사명감을 가지고 성실하게, 열정만 가지고 시작했으니 매일 벌어지는 일에 직접 부딪쳐 보면서 배울 수

밖에 없었습니다. 다만 제가 옷에 대해 갖고 있던 관심이 원단, 디자인, 바느질 등 제품의 세세한 부분을 볼 줄 아는 안목으로 이어져 이 일을 하는 데 도움이 되었습니다.

현재 공장 용도로 지어진 단독 건물을 매입해서 지하 1층부터 2층까지는 공장으로 사용하고 있고 3층은 사무실로 사용하고 있습니다. 서울 나비수는 현재 18명이 함께 일하고 있는데 창립 멤버도 있고 대부분 7~8년 동안 함께 근무해 오고 있습니다. 작년에는 베트남에 공장을 열었고 지금도 추가적으로 필요한 시스템을 만들어 가는 중입니다. 나비수는 메디컬 유니폼뿐만 아니라 서울시 공공디자인과의 협업으로 서울시 아동병원 어린이 활동복, 1인용 노숙자 텐트, 뇌병변 환아를 위한 휠체어 낙상방지 보호대 등 다양한 제품도 제작했습니다.

상생을 통한 승부

병원들은 예전보다 이미지를 중요시하면서 유니폼에 대한 인식도 많이 높아졌습니다. 그러나 병원이 비용적인 면을 고려하다 보니 가격을 중요시하는 경우가 많습니다. 학교 거래처도 많은데 학생들도 실습복 업체를 선정할 때 작은 가격 차이에도 민감합니다. 겉으로는 같아 보이는 디자인이지만 자세히 살펴보면 원단, 바느질, 여러 미세한 부분에서 차이가 있는데 가격비교만 하는 경향이 많습니다. 학교의 경우는 매번 새로운 학년이 실습복을 구매하다 보니 입어본 경험이 없어서 가격만 좇아갔다가 낭패를 보는 경우들이 많아 안타까울 때가 있습니다. 하지만 품질을 우선시할 때는 반드시 저희 나비수를 찾아 주십니다.

메디컬 유니폼은 단체복이 주를 이루기 때문에 소비자가 원하는 가격으로는 맞춤제작이 어렵습니다. 그런데 대부분 맞춤제작이라고 알고 계셔서 이 부분에 대한 정확한 안내를 필요로 합니다. 단체복 가격에 맞춤 제작한 옷을 입는 것만큼 만족도를 높이기 위해 원단별 사이즈 샘플을 각각 제작해 직접 입어 본 후 사이즈를 결정할 수 있도록 합니다.

이 분야는 가격 경쟁이 심한데 제가 품질을 강조하다 보니 제시된 가격보다 저렴하게 협상을 하는 것이 정말 어렵습니다. 대부분 메디컬 유니폼들이 얼마 되지 않는 금액 차이에도 불구하고 무조건 가격이 저렴한 제품을 선정하는 경향이 있습니다. 하지만 저는 단가를 낮추기 위해 제품의 원단 및 부자재 등의 질을 떨어뜨리지 않습니다. 매번 샘플을 가지고 원단과 부자재, 패턴, 재단, 재봉 등의 퀄리티와 사후 관리 등에 대해 꼼꼼하게 브리핑합니다. 그러다 보니 저렴한 곳에서 하셨다가 결국 다시 나비수를 찾아오는 것을 보면 진심이 통한 것 같아서 참 기쁜 생각이 듭니다. 또 감사 메시지를 받을 때, 처음 브리핑을 간 학교에서 나비수는 퀄리티가 좋다는 것을 전해 듣고 알고 계신다고 말씀해 주시거나, 또 고객 소개로 연락을 받았을 때 힘이 납니다. 저희가 병원 침장류도 고품질로 제작해서 공급하는데, 어느 실버타운 게스트하우스에 머물렀던 분이 그 이불이 너무 좋다고 개인적으로 사고 싶어서 실버타운에

요청을 했다는 소식을 전해들은 적이 있습니다. 개인 대상 판매는 하고 있지 않아서 그분 요청을 들어드릴 수는 없었지만 뿌듯한 생각이 들었습니다.

저는 나비수에서 함께 일하는 직원들이나 다양한 거래처분들과 상생하는 관계라고 생각합니다. 그분들과 신뢰를 유지하기 위해 제가 가진 원칙과 약속을 지키고 있습니다. 낮은 가격을 제시하는 업체가 있더라도 기존 거래처와 관계를 악화시키는 결정은 하지 않습니다. 그리고 저도 어려워 봤기 때문에 직원 월급이나 대금 결제는 절대 미루지 않습니다.

저만 잘 사는 것이 아니라 이 일을 통해 보다 많이 나눔을 실천하고 싶습니다. 몇 년 전에는 아프리카에서 한국의 대학으로 견학을 왔던 학생들에게 실습복을 지원했습니다. 작년에는 아프리카 잠비아에 신설된 치모와 간호대학에 학생 실습복을 후원했고, 잠비아 선교후원회에 원단 및 각종 제품들을 보냈으며, 그곳에 있는 고아원을 후원하고 초등학교 교실 한 칸을 기부하기도 했습니다. 언젠가 아프리카에 직접 가서 봉사하자는 생각을 갖고 있었는데, 제가 잘 할 수 있는 이 일을 하면서 플랫폼 역할을 해 주시는 분들을 통해 봉사하는 것도 의미 있겠다 싶은 생각이 동력이 되었습니다. 지금도 크고 작은 소소한 기부들을 하고 있고 앞으로도 그렇게 할 생각입니다.

제 간호사 경력 덕분에 의료인과 현장에 대한 이해를 바탕으로 기능적인 유니폼을 만들 수 있었습니다. 앞서 말씀 드린 것처럼 간호사 유니폼을 제작할 때 제 경험을 살려서 세세한 부분을 신경 쓸 수 있다는 것이 장점입니다. 그리고 몸이 아픈 환자들이 조금이라도 더 편안하게 지낼 수 있도록 좋은 품질의 침장류를 제작하고 있습니다. 병원과 학교 유니폼에 관해서도 계속 공부하면서 질 좋은 제품을 만들고자 하는 사명감을 가지고 있습니다. 골수이식병동에서 간호사로 일한 경험으로 사람에 대한 사랑을 배울 수 있었고, 일에 있어서는 원칙을 지키면서 최선을 다하는 습관을 익힐 수 있었습니다.

저희 회사는 개인 소비자가 찾는 곳이 아니라서 건물에 입간판도 설치하지 않았고 사실 별도의 홍보를 하지는 않습니다. 대부분 제품을 사용해 보신 분들의 입소문을 통해 알려지고 있습니다. 저는 좋은 품질에 대한 자부심을 가지고 직접 영업을 뛰고 있기 때문에 특별한 노하우가 필요한 것은 아닙니다. 다만 비교 제시할 수 있는 샘플 제작에 품을 많이 들이면서 다양한 샘플들을 보유하고 있으며 주문과 연결되지 않더라도 충분한 정보를 드리려고 꼼꼼한 브리핑을 합니다. 그리고 주문을 받았을 경우 반드시 퀄리티를 높여 주고 어떤 경우라도 납기일은 지키며 사후 A/S도 빠른 시일 내에 진행하며 소량 주문, 응급 시에도 최선을 다해 응대합니다. 이것이 가격을 좇아갔던 고객들이 다시 저희에게 돌아오는 이유입니다. 그리고 학연이나 지연을 이용해 영업한다는 오해를 받을까봐 동문이나 지인이 직책을 맡고 있을 때는 오히려 그 분들을 피하게 됩니다. 병원이나 학교 구매부서와 가격 흥정을 하지 않는 대신 그만큼 좋은 품질로 보답하기 때문에 당당할 수 있습니다.

최고의 품질은 함께 일하는 사람의 마음에서

질 관리를 위해 모두 함께 원칙을 지키도록 하고 있습니다. 쉽게 일하기 위해 바느질 땀을 크게 늘려서 바느질 하는 직원이 있었는데 좀처럼 일하던 습관이 바뀌지 않아서 결국 사직하게 된 직원이 있었습니다. 품질과 관련해서는 기대하는 바를 똑부러지게 전달할 필요가 있다고 생각합니다. 그래서 작은 문제가 생겨도 바로 보고를 하고 개선을 합니다. 사람이 하는 일이다 보니 실수를 하는 경우가 있지만 절대 얼굴 붉히며 나무라지 않고 똑같은 실수를 반복하지 않도록 주의를 주며, 문제 발생 시에는 책임을 묻는 것이 아니라 해결에 초점을 맞추어 빠른 결정을 내려 줍니다. 지금은 제가 자리를 비워도 언제나 자기 일처럼 해 주는 분위기가 만들어졌습니다.

직원을 선발할 때는 현재 일하시는 분들과 화합할 수 있는 분을 찾습니다. 기술도 중요하지만 동료를 배려할 수 있는 사람을 선발하고 있습니다. 직원들을 위해 작업 환경을 좋게 만들어주는 것도 중요합니다. 어느 사업장보다도 깨끗한 환경에서 일하시도록 여건을 만들었고 불편사항이 있으면 이야기하도록 합니다. 실무팀에서 인원보충 요구가 있을 시 필요한 인원만큼 즉시 보충해 줍니다.

기억에 남는 고객은 정말 훌륭한 간호사의 자질을 보여준 간호대학생과 학생들을 진심으로 아끼고 위하시는 교수님들이십니다. 학생들과 유니폼 제작 및 납품을 진행하는 과정에서 세심하게 도움을 주고 예의 바른 응대와 감사함을 표현하는 학생들이 있습니

자기 분야를 다 알고 창업을 시작할 수 없습니다.
겁이 나면 시작하기 힘듭니다.
잘 안되도 도전해 봐야 배울 수 있습니다.
그래야 자양분이 됩니다.

다. 이러한 학생들을 볼 때 사람에 대한 존중과 배려가 느껴져 제가 오히려 감동을 받는 경우가 많습니다. 교수님들의 경우, 학생들에게 지성뿐만 아니라 인성의 함양을 강조하시며 애정 어린 관심과 존중의 모습을 보여 주십니다.

사람에 대한 존중과 배려가 유난히 돋보인 학생들에게 혹시 나중에 간호사가 되어 제 도움이 필요한 일이 있으면 연락을 달라고 제 명함을 주었습니다. 제가 존경하는 교수님들은 기도 중에 기억하고 마음으로 소통합니다. 몇 년 만에 뵈어도 한결같이 반겨 주시고 학생들에 대한 애정을 여전히 가득 담고 계십니다.

산티아고 순례길에서 얻은 지혜

난관이라고 할 것까지는 아니지만 대학생들 커뮤니티에 저희 나비수를 음해하는 글을 올리는 업체가 있었습니다. 명예훼손으로 법적인 대응을 하려다가 사실이 아닌 일에 예민하게 반응할 필요가 없을 것 같아 그냥 두었더니 해당 업체가 오히려 지탄을 받고 사라졌습니다.

개인적인 난관으로 늘 긴장하면서 일하고 작은 일에도 예민하게 대응하다 보니 몇 년 전에는 심신이 모두 지쳐 있었습니다. 회사를 비우면 안 될 것 같아 휴가도 못 갔고, 일요일에 성당도 못가면서 '월화수목금금금'으로 일했습니다. 안 되겠다 싶은 생각이 들어서 산티아고 순례길을 걸었고, 명상센터를 다니면서 제 관점을 바꾸었습니다. 예전에는 문제가 생기는 것에 대해 문제를 용납할 수 없었는데 이제는 문제가 생기고 해결하는 과정을, 더 큰 사건 · 사고를 예방하는 것이라고 생각하며 편하게 받아들입니다. 제 시야가 넓어지고 깊어졌고 제 자신도 많이 성장했던 것 같습니다.

병원과 학교 유니폼에서 '품질'하면 '나비수'로 기억되고 싶습니다. 모르는 분들이 나비수 제품이 질이 좋다더라 하는 얘기를 할 때 정말 보람 있습니다.

베트남 공장이 최고 품질의 유니폼을 생산할 수 있도록 여러 면에서 노력 중입니다. 향후 10년 정도 후에는 국내에서 재단이나 봉제 기술자를 구하기가 거의 불가능할 것이므로 유니폼 생산 공장을 국내에서 운영할 수 없습니다. 베트남 공장에서 안정적으로 제품 생산이 가능하도록 에어컨 설치, 맛있는 식사 제공 등 좋은 근로 환경을 만들고 있습니다. 이 계획이 성공적으로 실현될 수 있기를 바랍니다.

창업을 하면서 작은 규모의 회사를 성장시켜 나감과 동시에 그 과정에서 시장에 유통되는 유니폼 품질의 개선을 이루어 낸 부분이 가장 큰 보람이었습니다. 유니폼에서 우선시되어야 하는 주된 가치인 품질이 이제는 저뿐만 아니라 소비자들도 중요하게 고려하는 요인이 됐다는 것을 느낍니다. 또한 회사를 운영하면서 직원들 및 소비자들과의 소통을 통하여 사고의 폭이 넓어지고 유연해졌습니다. 제가 아닌 상대방의 눈높이와 입장에서 바라볼 수 있게 되었습니다. 그리고 회사를 지금까지 운영해 오면서 그 과정에는 항상 나눔이 있었습니다. 창업을 통한 성장의 가장 궁극적인 목표는 바로 '나눔'입니다.

후배들이여, 당신의 꿈에 도전하라!

자기 사업 분야에 대해 다 알고 뛰어들 수는 없는데, 겁을 내면 시작하기는 힘들 것입니다. 설령 사업이 뜻대로 안 될지라도 도전해 봐야 안 되는 이유를 제대로 배울 수 있고 그것이 자양분이 되는 것입니다. 저처럼 열정이 있다면 일단 된다는 신념을 가지고 도전해 보라고 하고 싶습니다. 그리고 한 가지 명심할 것은 어떤 일이든 근본에는 사람에 대한 사랑이 밑받침되어야 한다는 것입니다. 김수환 추기경님의 '서로 많이 사랑하고 배려하라'는 말씀이 생각납니다. 사람에 대한 사랑을 기본으로 남이 알아 주지 않더라도 원칙을 지키는 것, 손해 볼 줄 알기, 작은 일에 최선을 다하기, 함께 가기, 감사하기를 가슴에 품었으면 합니다. 또한 전공 공부에만 전념하기보다는 책도 많이 읽고 공연, 전시회도 많이 보며 여행을 다니는 등 다양한 문화생활을 접하라는 조언을 하고 싶습니다.

아픔에서 시작된 〈세호〉

의료기기사업자로 변신한 이영란 대표

한 마디 말의 무게

먼저, 이 글을 읽으시는 간호사 분들의 창업에 대해 관심 갖게 된 계기가 저와 비슷하거나 동일한 상황이 아니더라도 도전 그 자체만으로 응원받아 마땅하다는 것을 알려 드립니다. 그 앞길에 저와 저희 세호의 이야기가 조금이나마 도움이 되기를 바랍니다.

〈세호〉는 대한민국에서 장루와 항문에 관한 한 없는 것이 없는 회사로 발전하려는 목표를 가지고 시작했습니다. 처음 시작은 병을 갖게 된 제 동생을 돌본 후 자원봉사하면서 만난 장루보유자들이 겪는 어려움들을 들으며, 환자 입장에서 겪게 되는 문제를 해결하거나 줄여 줄 수 있는 제품을 해외 학회에 가서 찾아본 것이 우리 사업의 시작이 된 것입니다.

제 남편은 결혼 전에 아들을 낳으면 '세호'라 이름 짓고 싶어 했습니다. 결혼해서 우리의 가장 큰 재산이며 보물인 두 딸을 낳아 키웠으니, 세호란 이름이 묻힌 거지요. 16년 전에 사업을 계획하면서 사용하지 못한 아들 이름을 기억해 내어 회사이름으로 사용하게 되었습니다. 세상의 호수가 되도록 키우려 하는데 우리의 기업정신과 맞아서 잘 지었다 생각하고 있습니다. 무어든 다 담을 수 있는 너른 마음의, 또 많은 지혜를 담을 수 있는 커다란 호수가 되기를 바라며 또한 〈세호〉를 통해 고통받는 환자에게 잔잔한 평안을 선물하고픈 마음입니다.

이런 의미에서 〈세호〉의 미션은 세호 명함에도 나와 있듯이, 한 마디의 말이 얼마나 큰 마음의 위로가 되는지를 배웠습니다. 한 가지 작은 지식이 얼마나 큰 생활의 평안이 되는지를 배웠습니다. 이제 이곳에서 한 잔의 차를 나누며 혼자서는 힘든 투병생활에 조그마한 쉼터가 되었으면 합니다. 오셔서 함께 나누었으면 합니다.

제가 배워온 '간호'의 지식위에 사람에 대한 폭넓은 관심을 더하여 같은 고통을 호소하는 사람들에게 나눌 수 있는 일이 있는데, 그 일을 통해 돈을 벌 수 있다면 그보다 더 좋은 일이 없겠지요? 지금부터 어떻게 시작하였고 어떤 준비를 했으며 무엇을 하는지에 대해 이야기해 보려 합니다.

대장암으로 투병하는 동생의 보호자가 되어 보니…

저는 1980년 간호대학을 졸업하고 1982년 대학원 졸업과 동시에 모교의 성인간호학 교실의 일원으로서 6년을 근무하며 1987년 유학을 준비하던 중 지금의 남편을 만나 1988년 결혼했습니다. 학교를 그만 둔 후에 두 딸 아이 키우고 동네 아줌마들과의 돈독한 친분을 쌓으며 8년을 보내다 큰 아이가 초등학교 입학하던 해에 대학 은사님의 추천을 받고 시간강의를 시작했습니다. 동네에서는 똑똑한 아줌마로, 또 일주일의 이틀은 대학교수로 강의를 나가면서 나름 부러워하는 삶을 지내고 있었습니다.

그러던 중 1999년 미국에서 공부를 하고 한국에 돌아와 사업을 하고 있던 여동생이 대장암 진단을 받으며 제 인생의 방향이 바뀌게 된 거지요. 너무 젊고 또 바쁘다는 이유로 미루다 치료시기를 놓친 제 동생을 위해 할 수 있는 것은 통변을 위한 인공항문을 만들 수 있을 뿐, 3개월 정도의 시간이 남았다는 것을 알게 되었습니다. 많은 후회와 아쉬움을 가지고 혼자된 제 동생을 돌보기 시작했습니다. 삶이 2000년 봄까지만 남아있다고 생각되던 제 동생은 저희 가족들의 정성과 교회 교인들의 기도와 사랑으로 조금 더 우리 곁에 있다가 2002년 2월 하늘로 먼저 이사를 갔습니다.

남들이 부러워하는 삶을 살았습니다.
갑자기 여동생이 대장암 진단을 받으며
방향이 바뀐 겁니다.

고통받는 환자에게 평안을 선물하고픈 세호의 꿈

2002년 10월부터 제 동생의 주치의였던 세브란스병원 외과 교수님 추천으로 장루보유자들의 홀로서기를 위한 자원봉사를 시작했습니다. 병원을 방문하는 장루보유자들의 고통을 보면서 저는 제 동생에게 해 주지 못해 아쉬웠던 일들을 마음을 다해 가르쳐 드리고 같이 울고 기도하며 보냈지요. 그때 만났던 분들 중에는 아직도 제게 안부를 전해 주시는 분들도 계십니다. 저 또한 체계적인 교육의 필요성을 느껴서 상처장루실금(Wound Ostomy Continance: WOC) 간호 교육을 이때 받았습니다.

자원봉사하는 동안 많은 암환자들을 만나며, '왜 우리나라의 환자들에게는 이런 편리한 용품이 공급되지 않을까?', 또 '이런 제품이 한국에 있으면 환자들의 일상생활이 참 편하겠구나!' 등등 많은 생각을 하던 중에 한 환자를 만났습니다. 일시적으로 장루를 만들어 사용하다 복원 후에 항문으로 변을 다시 보게 되면서 하루에 10회 이상 설사나 실금을 하시는 분이었는데 항문주위의 쓰라림은 물론 시도 때도 없이 나오는 변실금으로 피부가 엉망이 된 상태였습니다. 이런 분들을 많이 만났지만 이분은 그런 분들 중 가장 심한 경우였습니다.

이런 분들을 위한 제품을 찾던 중에 미국 샌프란시스코에 있는 암센터(UCSF Cancer Center)를 방문할 기회가 생겼습니다. 그곳의 간호사를 만나 제 고민을 이야기했더니 한 제품을 소개해 주었는데 그것이 "Ca-Rezz Moisture Barrier Cream"이었습니다. 그리고 한국에 돌아와 외과 교수님의 허락을 받고 제가 봉사하며 만나던 환자들에게 도포해 주었더니 효과가 좋았습니다. 환자들의 반응에 힘입어 한국에 수입하기 위해 미국의 "Ca-Rezz Moisture Barrier Cream" 제조회사에 제 학력과 경력을 이메일로 보내어 확답을 받은 후 회사를 직접 방문해서 한국 수입을 확정 지었습니다. 드디어 2005년 6월 국립암센터 앞에 매장겸 사무실을 열어 본격적인 의료기사업을 시작하게 되었습니다. 처음부터 판매할 상품은 정해진 상태라 그다음 필요한 것은 자금이었는데 마침 남편이 대기업에서 명예퇴직을 하며 목돈을 받게 되어 그 돈이 종자돈이 되었습니다.

이렇게 시작한 세호가 14년 8개월이 되었습니다. 처음에 그저 장루보유자들, 또 그 보호자들과 투병하며 지내는 이야기를 들으며 제가 먼저 경험한 것들을 나누고자 시작한 세호는, 대한민국에서 장루와 항문에 관한 한 없는 것이 없는 회사로 발전하려는 목표를 가지고 매년 8개국으로 15번 이상의 출장을 다녀옵니다. 또한 국내외 관련학회와 의료기전시회와 관심 제품 전시회 등도 참석을 하여 새로운 제품군과 시장의 방향을 조사하고 있습니다.

세호가 했던, 하는, 하려는 일...

2008년 7월은 간호사들에게 참 좋은 기회가 열린 시기입니다. 급증하는 노인세대의 의료비를 줄이기 위해 국가에서 시행하는 노인장기요양보험제도가 시작되면서 많은 간호사들이 자신의 센터를 열고 사업을 시작하게 되었습니다. 그러나 나름대로 여러 설명회나 교육을 참여하고 많은 준비를 하여 사업을 시작하였으나 사업을 진행하면서 벌어지는 다양한 상황에 대한 대처가 미흡하여 서로 우왕좌왕 했답니다. 저 역시 간호사의 사업이 관심이 있어 지켜보았으나 이렇게 해서 과연 잘 진행이 될 수 있을지에 대한 의문이 생겼습니다.

2008년 11월 29일 〈세호〉의 주관으로 연세대학교 간호대학에서 전국에서 약 100여 명의 간호사업자들이 모이는 모임을 열어 6개월 동안 시행해 본 경험을 서로 나누었습니다. 이 모임을 통해 '서로 정보를 교환할 수 있는 창구가 필요하다'는 걸 알게 되어 2009년 7월 19일 다음카페에 비공개카페(재가장기 요양 간호사회)를 열고 10여 차례의 교육모임을 하였고, 방문간호 시 필요한 소모품과 의료장비를 세호를 통해 공동구매하는 일도 시작했습니다. 그러나 오해도 많이 받았습니다. '방문간호사들의 모임을 통해 장사를 하려고 한다.'거나 '방문간호사들을 모아 단체를 구성하려 한다.'는 등등… 그러나 진심은 어디서나 통하기 마련입니다.

그 모임이 기초가 되어서 "(주)간호사가 여는 세상"이 설립이 되었고 이 법인의 주주와 회원사들이 지금은 노인장기요양보험서비스의 방문간호분야에서 주도적 역할을 하고 있습니다. 사업하는 간호사들 간의 입소문으로, 또는 간호협회 보수교육 강의를 통해 저를 알게 된 간호사들이 그들이 현장에서 만나는 어려운 사례들에 대한 처치나 해결하기 어려운 문제들을 제게 보내면 함께 고민하며 조언하고 있습니다.

2010년 미국에서 열린 미국 상처장루실금간호사회(WOCN, Wound Ostomy and Continence Nurses Society)와 국제장루간호사회(WCET, World Council of Enterostomal Therapists)에서 '한국 방문간호사의 새로운 도전'을 발표하였습니다. 미국에서는 간호사가 자신의 클리닉을 여는 것이 일상적이지만–물론 자격을 갖춘 간호사에 한 한 것이지만– 한국에서는 노인장기요양보험으로 처음 시작되었기에 이 제도를 통해 사업을 시작한 간호사의 홀로서기〈한국 노인장기요양제도하에서 상처장루실금간호사의 새로운 도전〉에 대한 발표를 하였습니다. 그 후 대한간호협회 노인간호사회 기획이사로 4년을 일하며 보건복지부와 건강보험공단, 보건진흥원 등의 회의에 전문가로 초대되어 현장의 소리를 전하였습니다. 또한 노인간호사 분야회로 재가분야회를 구성하여 재가분야회의 고문으로 상처드레싱 교육과 문제 상담역으로 최선을 다하며 일하고 있습니다.

또한 노인장기요양보험 제도 안에서 어르신들을 돌보는 사업을 하려는 많은 간호사들을 위해 센터 창업이나 시설 확충 등을 포함해서 노인요양 시설 세팅 컨설팅을 하였습니다. 하나공익재단의 하나케어센터, 강남구립 역삼노인요양원, 다솜이 재단 노인요양시설, 송파구립 노인요양센터, 건강보험공단 서울요양원, KB 골든라이프케어 위례빌리지 등입니다. 이 중에는 컨설팅 후 직접 세팅한 곳도 있지만 관심을 갖고 모델이 되도록 최선을 다해 컨설팅하며 세팅을 하고 싶었으나 최저입찰에 걸려 컨설팅만 하고 세팅을 못한 곳도 있습니다. 즉, 이 시장에는 경쟁이 엄청나게 치열합니다.

연세대학교 간호대학에서 초대하여 한국국제협력단 지원사업인 방글라데시 간호전문대학원 설립사업에 기자재전문가로 5년 동안 현지를 15번을 왕복하며 방글라데시 국립 간호전문대학원(National Institute of Advenced Nursing Education and Research in Bangladesh)의 교육과 시설 기자재를 컨설팅하고 세팅을 하였습니다. 이 또한 제가 간호사였기에 가능하였다고 생각합니다.

방글라데시 국립 간호전문대학원 세팅 이전에도 한국국제협력단에서 지원하는 도미니카 공화국, 에콰도르, 에티오피아, 피지북섬, 파푸아뉴기니, 캄보디아 등의 모자보건센터나 의료기관 세팅 장비 등을 컨설팅하였습니다. 이때의 경험들이 방글라데시 국립 간호전문대학원 세팅에 큰 도움이 되었지요. 현지에서 느낀 놀라운 점은 한국의 젊은 간호사들이 자신의 이념과 신앙으로 열악한 현지에서 현지인들을 돕는 것을 보고 많은 생각을 하였답니다. 이 글을 읽는 여러분들 중에도 앞으로 이런 일들을 감당할 간호사들이 배출되기를 간절히 바랍니다.

〈세호〉는 암환자 용품은 물론 급속히 늘어나는 노인세대를 위한 제품들도 제조, 수입, 공급하고 있습니다. 그중 재활치료시설과 노인요양시설 세팅 컨설팅을 하며 얻은 노하우로 요양에 필요한 제품들을 디자인 및 생산, 공급하고 있는데 주요 상품을 소개하자면 냄새제거용 원단을 이용한 제품들, 여러 요양용품들, 즉 환자나 어르신 요양용품인 식사용 에이프런, 방수포, 시트, 실내용 미끄럼방지 덧신, 잇몸에 자극이 적고 구강 내 청결에 용이한 칫솔, 낙상방지용 밴드 등을 제작하여 납품하고 있습니다. 또한 간병 시에 필요한 턱받이 컵을 개발하여 특허도 받았습니다.

도움이 필요한 노인세대가 급증을 하는데 그 노인을 돌보는 인력조차 노인세대가 되다 보니 국가에서는 이 사회문제를 해결하기 위해 적은 인력으로 많은 노인들을 돌보기 위하여 돌봄 로봇 개발에 대한 장기 계획을 세우고 있습니다. 그 주관을 국립재활원 연구소에서 진행하고 있으며, 저는 돌봄 로봇 개발 프로젝트의 자문으로 위촉되어 현장의 가장 맞는 제품으로 개발되도록 제 역할을 하고 있습니다. 실제로 이런 국가 프로젝트에는 간호사는 거의 없고 공학자와 의 · 공학 전공이 대부분을 차지하고 있어 제품을 위한 연구로 흘러가기 쉽고 그렇게 개발된 제품들이 상용화에 실패하여 사장되는 경우를 많이 봐 왔기에 자문할 때 목소리를 높이고 있습니다.

간호사가 의료기사업자로 최고 적임자인 이유

사실 저는 간호대학에서 성인간호학을 가르쳤지만 실제 사람 몸에 있는 장루는 제 동생 것으로 처음 보았습니다. 그래서 너무 많은 시행착오를 저질렀고 정말 간단한 한마디 설명이면 해결될 일들도 사건이 되곤 하였습니다.

간호사는 하루 중 1/3만 환자를 돌보기에 환자의 24시간을 실제로 다 경험하진 못하는 반면 환자와 한집에 사는 보호자들은 그 환자의 변화를 정말 잘 알게 됩니다. 저 또한 제 동생과 보낸 시간들이 제 사업을 하는 데 정말 아팠지만 좋은 경험이 되었습니다. 또 자원봉사하는 동안 '상처장루실금 간호사' 교육을 받게 되었고 그것이 기반이 되어 미국의 상처장루실금간호사회 회원으로 가입하여 매년 연례 보수교육에 참석을 하며 제 눈과 지혜를 높이고 있습니다. 하지만 모든 사업자에게 이런 아픈 경험을 직접 하라고 말씀드리진 못하겠습니다. 제 동생과 함께 한 2년 6개월 동안의 고통은 저 뿐 아니라 제 가족들에겐 다시 하고 싶지 않은 아픈 경험이니까요.

제가 제언 드리고 싶은 방법은 '현재 임상에서 일을 하신다면 현장에서 일어나는 상황들을 면밀히 주의 깊게 보시고 아주 작은 거지만 그때 떠오르는 생각들을 메모하라.'는 것입니다. 그것이 제품이든, 그때의 감정이든, 환자의 반응이든, 또는 동료들의 대화까지도 느낌이 있었던 것들을 기록해 놓으면, 후에 아주 좋은 사업아이템을 그 속에서 발견하시게 될 것입니다. 제가 개발한 턱받이 컵 또한 그렇게 만들어진 것이기에 장담합니다.

사업을 시작할 간호사들의 앞날을 축복합니다. 병원이나 학교 밖의 현장이 얼마나 힘든지는 저 스스로도 경험을 하고 있고 또 저희 모임의 간호사들을 통해 듣고 있습니다. 그러나 간호사가 병원이나 어떤 조직에 속하지 않고 독자적으로 할 수 있는 사업이 있다는 것은 우리들에겐 매우 독립적이고 고무적인 일이라 생각됩니다.

제가 처음 〈세호〉를 개업했을 때, 제품 구매하러 오셨던 어르신

임상에서 일어나는 모든 일을 면밀히 관찰하고
작은 것이라도 생각이 떠오르면 메모하세요.

이야기입니다. 10년도 넘게 혈당을 쟀던 분이 혈당 검사지를 사러 오셨는데, 제가 "찌르는 바늘은 필요하지 않으시냐?"고 했더니 "지금 쓰는 것이 있다."고 하셔서 "얼마나 되었냐?"고 물었더니 "한 1년 되었나~~" 하시는 거에 제가 놀라 "바늘은 매번 또는 매일은 갈아야 한다."고 했더니 "이제까지 어느 의료기기 매장에서도 그렇게 이야기한 사람이 없었다."고 말씀하시며 놀라셨던 기억이 있습니다.

또, 많은 분들이 TV나 인터넷 매체를 통해 전해들은 의료기기를 구매하러 매장에 오십니다. 대부분 정확한 사용법이나 적응증에 대한 어떠한 정보도 없이 "~~~를 쓰면 ***에 좋다던데" 이렇게 말씀하시는 분들이 대부분이죠. 간호사의 전문적인 현장교육이 필요한 상황이 얼마나 많은지 실감이 나시지요?

세호가 공급하는 제품들

미국의 FNC Medical에서 Ca-Rezz Moisture Barrier Cream은 설사나 실금 등 잦은 배변으로 자극 받은 피부에 보호막을 형성하고 거칠어진 피부에 적당한 수분을 공급해 주며, 불쾌한 냄새를 줄여줌으로서 환자와 보호자들을 편안하게 해 주는 제품으로 병원은 물론 노인 요양시설에서 많이 사용되고 있습니다.

미국의 Nu-Hope Lab.에서 Stoma Hernia Support Belt는 대장암 등으로 인공항문을 만든 환자들의 탈장이나 장탈루 등을 예방하기 위한 복대를 수입하고 있습니다.

영국의 TG Eakin Ltd.에서 무알콜이며 피부친화적인 Cohesive Stoma & Wound Products를 수입하여 식약처에 의료기기 등록을 하고 건강심사평가원에서 의료보험 품목으로 등재하여 현재 국내 병원에서 환자들에게 보험급여로 처방되고 있습니다.

스웨덴의 Jarven Healthcare에서 욕창예방 폼 매트리스를 수입하여 식약처 인증을 받아 간호간병병동이나 호스피스병동, 재활병원 그리고 요양원 등에 납품을 하였고 환자 개인이 구매하여 집에서도 사용하고 있습니다. 렌텍스 매트리스는 완벽한 체압분산으로 구름 위에 누운 것 같은 편안함과 봉제선 없이 렌텍스(라틴어로 늘어난다는 뜻) 테이프로 포장이 되어 있어 매트리스 안으로 스며드는 분비물로 인한 교차감염을 예방할 수 있는 고 사양의 매트리스입니다.

덴마크 Tytex Ltd.에서 수입하여 의료기를 등록한 "그물망팬티"는 식약처에서 이런 것이 의료기냐고 의아해하기도 하였지만, 덴마크 본사 홈페이지의 내용을 바꾸게 하였지요. 원래는 일회용 일자 기저기 고정용 팬티였는데 제가 "왜 항문 수술환자 드레싱 고정으로 사용하면 안 되나?" 질문했더니, 그 후 홈페이지에 드레싱 고정용으로도 사용할 수 있다는 문구를 덧붙이게 되었습니다.

제가 참석해서 최신 정보를 얻는데 도움을 받고 있는 의료 관련 전시회의 사이트를 알려 드립니다.

http://www.kimes.kr/

국제 의료기기 & 병원설비 전시회, 코엑스, 서울

http://www.medica-tradefair.com/MEDICA

뒤셀도르프, 독일

http://www.hcrjapan.org/english/HomeCareRehabilitation

동경빅사이트, 일본

http://www.wocn.org

미국 상처장루실금간호사회 년 미팅 미국 전역(매년 개최도시 다름), 상처 등 드레싱용품과 병원기자재에 관한 1,000여 개 업체가 참석하는 전시가 동시에 열림

http://www.wcetn.org

2년마다 전 세계 도시를 돌면서 개최

외국의 다양한 제품을 알아보기 전에 국내에서 생산되거나 수입되고 있는 제품들을 먼저 조사해 보길 권합니다. 코엑스나 킨텍스의 전시회 일정을 부지런히 검색하다 보면 자기 나름의 아이디어가 떠오르게 되고 전시회장을 돌면서 간호사라는 직함이 얼마나 큰 반응을 일으키는지 직접 체험해 보기 바랍니다.

새로운 꿈:
노인 공동 주택과 Global Aging Network in Korea

저는 딸이 둘이 있는 63세의 간호사입니다. 그러나 딸이든 아들이든 이제는 부모세대가 자녀들에게 부양의 짐을 지울 수 없는 시대 환경이지요. 그래서 딸들에게 짐이 되지 않고 가능한 오랫동안 건강하게 지낼 수 있도록 독거노인들의 자립 생활이 필요한 공동체용 주거공간을 만들어 모여 살아갈 수 있는 환경을 만들려고 합니다. 저 역시 제 남편과 함께 들어가 살아갈 수 있게 만들려고 합니다.

또한, 전 세계가 노인화가 되어가면서 은퇴한 전문직들의 지혜와 자원을 사회에 환원하기 위한 비영리 모임인 미국의 Global Aging Network에 한국 지부를 결성하여 2021년 우리나라에서 치루어질 세계대회를 준비하고 있습니다.

미국은 다양한 국민들이 모여 만든 나라입니다. 그중 단언코 많은 인종이 유태인과 아일랜드인, 그리고 멕시칸을 포함한 남미인들이며 1980년대 들면서 많은 보트피플들도 정착하여 하나의 국가를 이루고 있습니다. 이런 다양한 민족들이 모여 살고 있음에도 강할 수 있는 이유 중 하나는 지식층, 부유층 등 소위 말하는 하이소사이어티 사람들은 물론 일반인들조차도 기부에 대해 어릴 때부터 교육이 잘 되어 길러진다는 것입니다. 단지 현금의 기부뿐 아니라 재능, 시간, 노동 등 다양한 종류의 기부가 이루어져 나라 근간을 받치고 있다고 해도 과언이 아닐 것입니다.

그중 노인으로 구성된 비영리 단체가 Global Aging Network입니다. 몇 년 전에 미국 본부로부터 한국지부 세팅에 대한 제언이 있어 지난 2년 동안 소규모 세미나와 미팅을 하였고 2019년 5월에는 미국 본부의 담당자가 와서 한국의 상황과 또한 제주의 많은 부분을 둘러보고 2021년 세계대회를 제주에서 개최하기로 결정하였습니다.

한국은 세계에서 고령화가 가장 빠르게 진행되는 나라 중에 하나이어서 정부는 2008년 7월부터 의료보험재원인 노인장기요양보험제도를 통해 65세 이상의 서비스가 필요한 노인들에게 시설입소나 방문요양, 목욕, 간호, 주야간보호 등의 서비스를 제공하고 있고, 국민연금 공단의 재원으로 장애인 등급을 받은 노인세대에 대한 서비스를 제공하고 있습니다. 또 지자체별로는 노인세대를 위한 여러 서비스가 지원되어 제공받고 있습니다.

그러나 건강하고 노인성 질병으로 인한 장애가 없는, 아직은 일을 할 수 있는 지식과 능력과 체력을 가지고 있는 건강한 노인세대에 대한 국가적 서비스는 전무한 상태입니다.

직종별로 다르기는 하지만 65세에 정년을 하게 되면 일을 할 수 있음에도 할 수 있는 일을 찾기 어렵고, 그러다 어렵게 찾으면 젊은이의 일자리를 차지하고 있다는 따가운 눈총을 받는 경우가 종종 있고, 특히 고학력의 전문직을 평생 수행하던 건강한 퇴직자의 그 박탈감은 더욱 크게 느껴집니다. 또 그들이 사회에 공헌할 수 있는 경험이 많음에도 사장되는 경우가 많아서 머지않아 젊고 건강한 노인세대의 사회문제가 될 것은 미루어 짐작할 수 있습니다.

외국의 다양한 제품을 알아보기 전에
국내에서 생산되거나 수입되고 있는
제품들을 먼저 조사해 보세요.
전시회장을 돌면서 간호사라는 직함이 얼마나 큰 반응을
일으키는지 체험해 보세요.

그래서 Global Aging Network 한국지부는 이런 능력이 있는 퇴직자들 간의 교류와 사회적 모임을 통해 그들에게 일을 할 수 있게 도와주고 또 그들이 알고 있는 전문지식을 후대에 계승할 수 있는 기회를 만들어 주려는 사회운동을 하려고 합니다.

또 한가지는 약해진 노인들의 삶에 가장 큰 적인 우울증과 혼자 살아가는 것에 대한 두려움을 도와주고 지켜 주기 위한 공동생활 가정의 필요성을 알리고 있습니다. 실제로 나이가 많은 혼자 사는 과부나 홀아비들의 걱정은 '이러다 내가 죽어도 발견을 못하고 죽은 지 며칠 있다 발견되는 게 아닌가?', 또는 '혼자 있다가 아프면 어떻게 하지?' 등이 가장 무섭다고 합니다. 또 다른 예는 '아픈 아내나 남편을 돌보다 내가 먼저 죽으면 이 사람을 어떻게 하지?'라고 걱정하다 상대를 죽인 후 자신도 자살하는 경우도 종종 알려지고 있습니다.

이 모임을 통해 노인세대의 삶을 건강하게 유지하고 삶의 의미를 보다 보람되게 하며 끝날까지 건강하고 안전하게 유지하기 위한 기초를 다지기 위해서 노력을 하고 있습니다. 이 사업이 아마 제 마지막 사업이 될 것입니다.

글을 마치며...

저는 젊은 간호사들에게 강의를 많이 다닙니다. 그러면서 그들에게 80세까지 일을 할 수 있는 세컨 잡을 찾아 퇴직 전에 미리 준비하도록 독려를 하고 있습니다. 젊음은 참 많은 선택을 할 수 있고 가능성이 많은 축복의 세대입니다. 그중 사람을 돌보는 간호사라는 직종은 사람이 죽을 때까지 돌보며 자신의 달란트를 사회에 환원할 수 있는 아주 독특한 직업이라 생각합니다.

최근엔 간호대학의 실습실이 실제의 간호현장형으로 바뀌고 있습니다. 간호현장을 가장 잘 아는 우리 간호사야말로 이러한 현장형 간호실습실 세팅이나 관련 소모품 납품을 전문적으로 할 수 있죠. 왜냐하면 병원에서 사용되어지는 소모품이나 기계들이 날로 변화하고 있기 때문에 최적의 실습환경을 유지하려면 많은 정보와 신제품 대체가 필요하기 때문에 지속적인 관리가 필요하거든요.

이 글을 읽으시는 간호사 여러분, 제가 열거한 단편적인 일화 속에서도 간호사의 할 일이 병원 밖에도 아주 많다는 것이 느껴지시죠? 또한 나라에서는 커뮤니티케어에 대한 정책도 준비 중입니다. 이 분야에서도 간호사의 역할이 매우 비중이 클 거라 여겨집니다. 일반 의료용품 공급업자들이 경험해 볼 수 없는 병원현장에서 간호사가 느끼는 불편과 필요는 충분한 사업 아이템이 될 수 있고 기존의 의료기 업자들과 차별화된 경쟁력을 갖출 수 있는 장점입니다. 이에 국내외에서 열리는 관련 학회나 전시회에 가 보시고 눈과 생각을 열어 간호사의 역할을 확대하는 데 동참해 보시겠습니까?

다양한 분야와 현장에서 간호사가 투명하게 일을 하면서 대한민국이 보다 밝고 건강하게, 그리고 진정으로 노력한 사람들이 대접받는 세상을 만드는 데 오늘도 열심히 고민하고 축복된 만남들을 함께 엮어가기를 고대합니다. 또한 간호사업자들의 작은 시도가 대한민국을 건강하게 만드는 엄청난 결과를 가져오기를 기대합니다.

꿈을 가진 많은 후배들의 도전을 축복하며 이 글을 마칩니다.

업무의 전문성 향상과 개인 삶의 풍성함을 더해주는 플랫폼

〈널스노트〉

간호사 업무와 적응을 돕는 애플리케이션 개발자 오성훈 대표

'리딩널스'에서 '널스노트'로

전남대학교병원에서 간호사로 근무할 때 〈리딩널스〉라는 이름으로 '간호사 공감툰'을 연재했었죠. 간호사의 고충을 이해하고 어루만져 주는 내용이었는데 인스타그램에서 3만이 넘는 팔로워가 생기는 등 반응이 매우 좋았습니다. '웹툰만으로 문제를 근본적으로 해결하는 데는 한계가 있다.'는 생각이 들었어요. 그러던 중 병원 내에서 부서 QI 활동으로 '신규 간호사의 적응력과 업무능력 향상을 위한 애플리케이션 개발' 작업을 진행했었습니다. 이 경험을 바탕으로 '기능을 고도화 시켜 전국적으로 활성화시켜 볼 수 있지 않을까?'라는 생각까지 하게 되어 창업까지 연결되었습니다.

많이 알려진 문제이기도 하지만 간호사가 1년 내 이직과 사직

을 선택하는 비율은 40%에 육박합니다. 그 이유로는 직무 스트레스와 폭언이 무려 80%를 뛰어 넘습니다. 당연히 업무 강도가 개선되기가 쉽지 않고, 선배가 후배를 1:1로 교육 지도를 해야 하는 상황에서 선배 간호사들은 좀 더 세심한 조언을 할 상황이 되지 않습니다. '태움'과 같은 갈등 문화가 형성되거나 의료사고로 이어지는 위험한 환경들이 형성되는 것을 막기 위해 스스로 학습하고, 모르는 걸 물어볼 수 있는 〈널스노트〉를 개발하게 되었습니다.

병원 현장에서 신규간호사가 어려웠던 부분들에 대해서 어떻게 해결하면 좋을까 고민하다가 '언제 어디서든 모르는 것을 물어볼 수 있는 스마트한 업무 지침서가 있었으면 좋겠다.'라는 생각으로 현재 애플리케이션을 개발하고 있습니다.

〈널스노트〉는 간호사 업무능력 향상과 적응을 돕는 스마트노트 플랫폼입니다. 간호사를 위한 노트 애플리케이션을 만들고 싶어 직관적으로 한 눈에 알아볼 수 있게 'nurse note'라는 이름을 짓게 되었습니다. 〈널스노트〉는 밴드처럼 부서별로 간호사들이 손쉽게 소통할 수 있는 플랫폼입니다. 임상현장 적응력을 높일 수 있게 도와주는 업무자료, 교육자료, 실무지침서 등을 카테고리별로 체계적으로 정리해 공유할 수 있습니다. 오늘의 듀티(근무표), 공지사항, 캘린더(일정), 앨범(사진) 등도 탑재돼 있습니다. 검색기능을 통해 쉽고 빠르게 자료를 찾아볼 수 있습니다.

언제 어디서나 최신 업데이트된 자료를 실시간으로 공유할 수 있습니다. 부서별로 팀을 만들어서 사용할 수 있고, 개인별로 '나만의 간호노트'를 만들어 쓸 수도 있습니다. PC와 앱이 실시간으

2020-01-21 오후 11:12:28 / 최종편집일 : 2020-01-21

간호신문 THE KOREAN NURSES ASSOCIATION NEWS

간호협회 활동 | 지부/산하단체 | 대한간호복지재단 | 한국간호교육평가원

사람들

이슈/기획
정책
간호인력 취업교육센터
의료기관
지역사회
대학/학회
관련단체
사람들
보건의료계
여성계
국제간호
시론/칼럼
간호문학상
게시판
독자페이지

Home / 사람들

간호사 전용 앱 '널스노트' 출시 … 오성훈 간호사 개발

부서별 교육자료, 실무지침서, 근무표 등 공유

[편집국] 정규숙 편집국장 kschung@koreanurse.or.kr 기사입력 2020-01-14 오후 04:34:49

[사진] 널스노트를 개발한 오성훈 간호사

간호사 전용 맞춤형 애플리케이션(앱) '널스노트' 베타버전이 출시돼 무료이용 서비스가 제공되고 있다. 인스타그램에서 '리딩널스'를 운영하고 있는 오성훈 간호사가 개발해 출시했다.

널스노트는 간호사 업무 능력 향상과
적용을 돕는 스마트노트 플랫폼입니다.
근무표, 공지사항, 일정, 사진도 탑재되어 있습니다.

로 연동되기 때문에 PC에 있는 자료도 스마트폰에서 공유할 수 있다는 게 장점입니다.

현재 제공되고 있는 베타버전 서비스는 최종 완성품을 상용화하기 이전에 직접 사용해 본 간호사들의 의견을 듣고 완성도를 높이기 위해 실시하는 무료 서비스입니다. 현재 약 5000여 명이 가입해 사용하고 있습니다. 구축되는 자료들이 빅데이터화되면 짧은 교육 기간 후 현장실무에 투입되는 간호사들은 업무수행 정확도와 처리 시간을 단축할 수 있고, 병원 역시 마찬가지 효과를 누릴 수 있는 선순환이 형성될 거라 기대하고 있습니다.

업무와 생활까지 묶는 커뮤니티 형태의 통합 플랫폼은 〈널스노트〉가 처음입니다. 더불어 조선간호대학교 교수와의 산학연계를 통해 빅데이터 플랫폼으로서의 완성도도 높다고 할 수 있습니다. 아울러 무엇보다 리딩널스를 통해 구축된 네트워킹은 물론 전국 주요 대학병원 간호사들과 활발한 소통채널을 보유하고 있기 때문에 우리 프로그램에 대한 피드백이 즉각적으로 가능하다는 점도 강점입니다. 이와 같은 네트워킹을 기반으로 다양한 캠페인을 통해 우리 가치관들을 보다 많은 곳에 전파할 계획입니다. 더불어 다양한 협력 기관들과의 MOU를 통해 함께 성장할 미래 가치도 만들어 가는 중입니다.

카페를 전전하던 시절

같은 대학병원 친구와 IT계열을 전공한 분을 팀원으로 모셔 간호사 출신 IT 관련 회사를 만들게 되었습니다. 창업을 하면서 난관이 없었다고 하면 거짓말이겠죠. 처음 시작할 때 안정적인 직장인 대학병원을 그만두고 불확실한 창업의 세계에 뛰어든다는 것 자체가 엄청난 난관이었습니다. 부모님의 반대부터 주변 사람들까지 모두 반대했었습니다. 심지어 자금도 확보되지 않은 상황에서 무작정 도전하기에는 불안한 요소들이 많았습니다. 처음엔 사무실이 없어서 카페를 전전하며 아이디어들을 개발해 나갔습니다. 겨울이었는데 너무 추워서 졸업했던 학교를 찾아가 사무공간을 좀 얻을 수 있냐고 총장님, 교학처장님, 총무팀장님을 설득하여 지하에 있는 창업 동아리방을 사용하기도 하였습니다. 그러다 사무실을 얻게 되자 '우리만의 보금자리가 생겼다'라는 게 얼마나 기뻤는지 모릅니다.

뿐만 아니라 함께 공동으로 창업을 한 2명의 팀원도 원래의 직장과 대학병원이라는 안정적인 직장을 그만두고 나와 주변의 만류가 심했고, 아직까지도 그 과정은 계속되고 있다는 말을 들을 땐 정말 '이들과 함께 꼭 성공해서 주변의 그 걱정과 만류를 기쁨과 희망으로 바꾸고 싶다.'는 생각이 더욱 간절해집니다.

그리고 〈널스노트〉의 아이디어 자체가 병원에서는 생소하고, 처음 시도되는 분야의 플랫폼 비즈니스이다 보니 많은 이해관계자들을 이해시키고 설득하는 과정이 쉽지만은 않았습니다. 눈에

널스노트는 철저하게 간호사를 위한
플랫폼입니다. 간호사들의 교육 및 업무 적용을 돕고
어디서나 교육자료를 찾아볼 수 있게 했습니다.
널스노트 오성훈 대표

보이는 형태의 제품이 아닌, 무형의 가치를 연륜 있는 선배님들께 소개하는 것 자체가 처음엔 난관이었지만 시대가 변하고, 그 시대에 빠르게 발맞춰 나가고자 하시는 선배님들의 도움으로 그 애로사항도 어느 정도 극복해 나가고 있습니다.

또한 여러 난관이 있을 때마다 옆에서 든든히 지원해주는 아내, 가족, 팀원들이 있어 버틸 수 있었고 조선간호대학교, 광주테크노파크, 광주정보문화산업진흥원, 광주창조경제혁신센터, 조선대학교창업지원단 등 각 기관의 도움을 통해 지금까지 잘 버틸 수 있었습니다.

'린스타트업' 방식

저희 같은 경우는 간호 base의 전문성을 요구하는 창업이기 보다는 사회에서 흔히 말하는 '스타트업'에 가깝습니다. 최소한의 아이디어를 빠르게 현실화시키고 시장의 반응을 통해 끊임없이 수정하고 고도화해 나가는 '린스타트업' 방식이라고 할 수 있습니다. IT분야나 새로운 창업에 대해서는 모르는 부분이 많이 있었습니다. 그러한 부분들은 실제 IT 전공자나 개발자들을 많이 찾아다녔었고, 정부나 지자체에서 하는 창업 프로그램도 많이 쫓아다녔습니다. 초기 창업을 하기 위해 최소 50명 이상을 만났고, 지금까지 창업을 위해 쫓아다닌 각 분야의 전문가들만 300명 이상이나 됩니다. 모르는 게 있다면 끊임없이 배우고, 교육 프로그램 등을 쫓아

다니는 게 도움이 많이 됐습니다.

요즘엔 청년창업 지원사업 제도가 정말 잘 되어 있습니다. 특히 인공지능, 빅데이터와 같은 4차산업혁명 시대에 맞는 아이디어에 대한 정부 지원금이 많이 배정되어 있습니다. 우리 〈널스노트〉도 정부의 지원이 없었더라면 출시하는 게 쉽지는 않았을 겁니다. 창업진흥원과 중소벤처기업부에서 주관했던 '예비창업자 패키지' 선정부터 지자체의 광주테크노파크, 광주정보문화산업진흥원 등에서 진행했던 '스마트 콘텐츠 지원사업' 최근엔 중소벤처기업부에서 주관한 '초기창업 패키지' 등에 선정되며 1년 6개월 동안 약 1억 5천만 원 이상의 지원을 받아 서비스 개발 및 인건비 지원 등을 받게 되었습니다. 사무공간도 광주광역시에서 주관한 '사무공간 지원사업'에 선정되어 '아이플렉스'라는 곳에서 최소한의 관리비만 납부하며 일을 하고 있습니다.

실속 있는 운영

〈널스노트〉는 철저하게 간호사를 위한 플랫폼입니다. 위에서 설명한 내용처럼 간호사들의 교육 및 업무적응을 돕고, 언제 어디서든 부서 내 업무나 교육자료를 찾아볼 수 있게 하는 게 가장 핵심 기능이라고 할 수 있습니다. 이 일은 간호사로 실제로 일해 보지 않았더라면 결코 알 수 없었던 내용이기에 간호사로 근무했던 게 이 일을 할 수 있기까지 큰 도움이 되었습니다.

현재 플랫폼 개발을 위해 끊임없이 연구 및 테스트를 진행하고 있습니다. 실제 삼성서울병원, 서울대학교병원, 서울성모병원, 세브란스병원 등의 임상 간호사 총 16명을 공식 체험단으로 선정하여 매달 모여 토론 및 사용성 테스트 및 피드백을 통해 불편사항 및 개선사항을 접수받고 있습니다. 뿐만 아니라 병원과 MOU를 맺어 사용 방안 논의 및 필요한 기능에 대해 피드백 받으며 고도화시켜 나가고 있습니다. 나아가서는 SNS 플랫폼을 통해 실시간 유저들과의 소통 및 아이디어를 수집하며 서비스 품질관리에 최선을 다하고 있습니다.

직원 채용 및 관리는 우선 공동 창업자 2명과는 끈끈한 우정을 바탕으로 문제없이 각자의 전문성을 가지고 일을 해 나가고 있습니다. 추가 직원 채용 관련해서도 정부, 지자체의 지원사업이 있어 디자이너, 마케터 등 필요한 인력을 지원사업으로 충원하기도 하고, 간단한 업무나 갑자기 필요한 인력은 아웃소싱을 통해 해결해 나가고 있습니다. 몸집을 최대한 작고 실속 있게 운영하는 게 저희 회사의 운영 방침입니다.

뜨거운 반응

〈널스노트〉는 2019년 11월 11일에 테스트 베타버전이 출시되었습니다. 출시와 동시에 의학관련 앱 1위, 가입자가 3,000명 이상을 웃돌며 뜨거운 반응을 보였습니다. 서울의 빅5 병원 간호사를 비롯하여 현재 널스노트 앱은 전국 2,000개 이상의 병원에서 개별적으로 가입한 8,000여 명의 간호사들이 사용하고 있습니다. 현재는 약 5,000명 이상의 간호사 분들이 가입하여 함께 테스트에 참여하고 있습니다. 오프라인 및 기존에 확보했던 데이터베이스를 포함하면 약 10,000명 이상의 데이터베이스를 확보하여 플랫폼 개발 및 연구를 진행하고 있습니다.

2020년에는 광주보훈병원, KS병원과 공식 업무 협약을 통해 신규 간호사들의 교육 및 업무능력 향상을 위한 연구를 진행하고 있습니다. 뿐만 아니라 조선간호대학교, 목포가톨릭대학교, 한국사회조사연구소 등 산, 학, 연 , 민간단체와의 공식 MOU를 통해 간호사들의 교육 관련 문제점 해결과 시스템 구축을 위해 노력하고 있습니다.

이러한 노력들을 하다 보니, 동아일보, 국민일보, 간호신문 등 언론에서 총 15회 이상 보도가 되었고, 2019년에는 광주 KBS1 〈집중인터뷰 이사람〉에 출연하여 '간호로 만드는 좋은 세상'이란 주제로 TV에 방영되기도 하였습니다. 뿐만 아니라 '간호사 인식 개선 캠페인'으로 진행했던 와디즈 크라우드펀딩이 4,130%를 달성하며 2,065만 원이라는 기록적인 금액으로 캠페인을 진행하기도 했습니다. 간호사에 대한 진정성과 노력이 결실을 맺었던 사례라 무척이나 뿌듯했습니다.

최근 2020년 8월에는 헬스케어 스타트업 전문 엑셀러레이터인 디지털 헬스케어 파트너스(DHP)에서 1억원의 시드머니를 투자받고, 엑셀러레이팅을 받게되어 국내 최고의 디지털 헬스케어 전문가, 의사, HCI(컴퓨터 인공지능 상호작용)분과 협업하여 널스노트를 고도화 할 예정입니다.

온 · 오프라인을 넘나드는 홍보전략

저희 널스노트의 고객은 크게 분류하면 B2B(병원), B2C(간호사)로 나눌 수 있습니다. 먼저 B2B 고객인 병원에 저희 사업을 홍보할 때는 재학했던 학교 교수님들과 협력하여 다른 병원 소개 및 공동 연구를 진행하고 있습니다. 또한 대학병원에 근무했던 경험을 바탕으로 지역 병원간호사협회에 가서 저희 아이템을 발표하기도 하고, 적극적으로 홍보를 실시하여 병원 관계자분들과의 네트워크를 형성해 나가고 있습니다. 병원과의 공식 MOU 및 기사화를 통해 앞으로 더욱 확장시켜 나갈 예정입니다.

B2C 고객인 개인 간호사에게는 인스타그램 reading_nurse에 보유하고 있는 38,000명의 팔로워를 중심으로 간호사 인플루언서분들과 협력하여 공감 컨텐츠 제작 및 영상 제작 등을 통해 유입시키고 있습니다. 최근엔 유튜브 컨텐츠 제작을 통하여 '널스노트'의 인지도를 전국적으로 넓혀나가고 있는 상황입니다.

앞으로 2020년 상반기에는 협약 맺은 병원과 개인 간호사들을 중심으로 널스노트 플랫폼 사용성 테스트 및 매뉴얼 시스템 확보에 최선을 다해 시장에서 검증을 받는 게 목표입니다. 어느 정도 검증이 완료되면 본격적인 마케팅 및 시장 선점 전략을 통해 대중들에게 인식되는 서비스를 제공할 예정입니다. 또한, 열심히 창업 활동을 하고 있었던 2020년 2월 말, COVID19 사태 당시 확진자가 하루에 900명 이상 발생할 무렵 첫 사망자가 발생한 '청도대남병원'에 의료봉사를 자원하여 당시의 급박한 상황을 웹툰으로 그려내기도 했습니다. '코로나 전사의 일기'는 〈KBS 9시뉴스〉, 〈MBC 뉴스데스크〉 〈JTBC 뉴스룸〉 등에 소개되며 전 국민의 눈시울을 붉히기도 했습니다. 이후 〈중앙일보〉에 '코로나 전사의 일기'를 연재하고 〈동아일보〉, 〈국민일보〉 등의 한국 언론뿐만 아니라, 〈블룸버그통신〉 등 외신에도 소개되어 대한민국 간호사의 현실을 알릴 수 있었습니다.

간호사를 간호하는 간호사로 처음에 시작했던 리딩널스 인스타그램의 글, 웹툰이 지금은 실제 간호사분들을 돕는 플랫폼 개발까지 이어졌습니다. 불가능할 것만 같고, 무모해 보이는 도전 가운데 수많은 간호사 선생님들께서 응원해 주셨습니다. 앞으로도 그 감사한 마음 잊지 않고 '간호사를 간호하는 간호사'가 되는 회사로서 다양한 활동을 이어 나가고자 하니 많은 관심과 응원 부탁드리고 싶습니다. 〈널스노트〉가 있기에 간호사 한 분 한 분 모두 행복해지기를 꿈꾸며 오늘도 한 걸음 한 걸음 나아가겠습니다.

열정이 꽂히는 문제에서 출발하라!

저는 기업의 존재 목적을 '문제해결'이라고 생각합니다. 어느 분

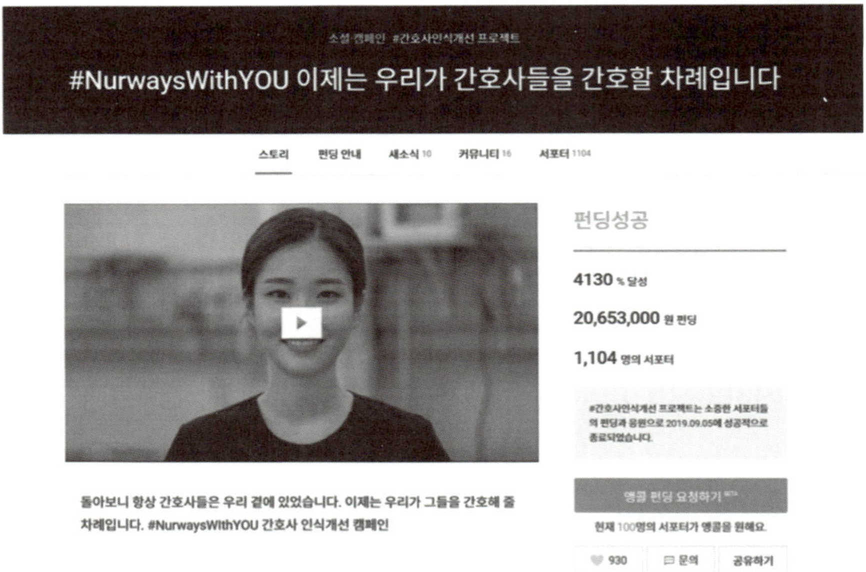

간호사를 간호하는 간호사의 인스타그램으로 시작해서
플랫폼 개발까지 이어졌습니다.
불가능하고 무모한 도전이지만
수많은 간호사 선생님들께서 응원해 주셨습니다.

야의 해결하고 싶지만 누구도 도전하지 않고, 그 문제를 해결해야겠다는 생각조차 하지 못하는 분야의 가운데에 뛰어들어 그 문제를 해결했을 때 엄청난 성취감과 보람이 있습니다. 스타트업의 매력은 '할 수 있는 일을 하는 게 아니라, 해야 하는 일을 하는 것'이라고 생각합니다. 능력에 맞는 일보다는 일에 맞는 능력을 구하고, 찾고, 노력해 나아갈 때 어느 한 분야가 바뀌고 '혁신'이라는 게 일어난다고 생각합니다. 〈널스노트〉를 통해 간호계의 '혁신'이 일어난다면 그보다 더 큰 보람이 있을까요?

그러나 창업은 현실입니다. 멋져 보이거나 막연하게 하고 싶어서 기존에 다니던 직장을 그만두고 창업을 하려고 한다면 다시 한 번 생각해 보시길 바랍니다. 직장에 근무할 때와는 다르게 창업을 하면 하나부터 열까지 본인의 선택과 결정에 의해서 움직입니다. 멋져 보이는 일도 있지만 현실적으로 세무, 회계, 경영, 조직관리, 행정 처리 등 보이지 않는 어려운 일들도 굉장히 많습니다.

하지만 이 모든 리스크와 힘든 업무들을 감수하고서라도 본인이 이루고 싶은 꿈, 해결하고 싶은 문제에 대한 갈망과 포기하지 않을 열정이 있다면 '창업'을 추천 드리고 싶습니다. 물론 그 일이 맞는지 안 맞는지는 기존의 일을 해 보면서 간접적으로나 직접적으로 꼭 체험을 해 볼 필요가 있습니다. 그 체험을 바탕으로 실제 매출이나 시장의 반응을 분석하는 과정도 필요하겠지요. 이런 실제적인 과정을 거치면서 결심이 굳어지면 자신감을 갖고 과감하게 창업에 도전해 보면 좋겠습니다.

간호사를 위한 창업 교과서
병원을 나선 간호사 19인의 생생한 스타트-업 스토리

2020년 9월 5일 1판 1쇄 인쇄
2020년 9월 15일 1판 1쇄 발행
2020년 10월 23일 1판 2쇄 발행

지은이 | 엄영란 · 박미현 · 박은준 · 박찬숙 · 조수경 · 한미현 · 홍성경
펴낸이 | 김진환
펴낸곳 | 학지사메디컬
04031 서울특별시 마포구 양화로 15길 20 마인드월드빌딩
대표전화_ 02-330-5188 팩스_ 02-326-0338
등 록 | 2010년 2월 8일 제313-2010-36호
메 일 | hakjisamd@hakjisamd.co.kr
홈페이지 | http://www.hakjisamd.co.kr

ISBN 978-89-6069-889-5 93510

가 격 | 15,000원